David F. Ehlebracht

Verantwortlichkeitsklagen gegen Mitglieder der Verwaltung und der Geschäftsführung einer Genossenschaft

Recht in privaten und öffentlichen Unternehmen
Law for Private and Public Enterprises
Band / Volume 34

David F. Ehlebracht

Verantwortlichkeitsklagen gegen Mitglieder der Verwaltung und der Geschäftsführung einer Genossenschaft

DIKE

Mit freundlicher Unterstützung
der Law and Economics Foundation St. Gallen

Law and
Economics
Foundation
St. Gallen

Bibliografische Information der Deutschen Nationalbibliothek
Die Deutsche Nationalbibliothek verzeichnet diese Publikation in der Deutschen Nationalbibliografie; detaillierte bibliografische Daten sind im Internet über http://dnb.dnb.de abrufbar.

ISBN 978-3-03891-187-6

www.dike.ch

Meinen lieben Eltern

Matthias und Christine

Dank

Herrn Prof. Dr. Roland Müller danke ich ganz herzlich für die Unterstützung und Betreuung beim Verfassen dieser Arbeit. Er hat mir geholfen, den Fokus auf die wesentlichen Bereiche zu legen und mich zugleich motiviert, stets mein Bestes zu geben. Gemeinsam mit Herrn Prof. Dr. Kurt Pärli und Herrn Prof. em. Dr. Dr. h.c. Thomas Geiser ist er ausserdem für die Aufnahme in die Schriftenreihe «Recht in privaten und öffentlichen Unternehmen» verantwortlich. Dank gebührt weiter auch dem Korreferenten Herrn Prof. Dr. Andreas Binder.

Ein herzlicher Dank geht an M.A. HSG in Law and Economics Urs Stürmer, M.A. in International Affairs David Schork, Bachelor of Medicine Eva Ehlebracht und M.A HSG in Law Cyril Schenker für die Durchsicht des Manuskripts sowie die hilfreichen Hinweise und Korrekturen. Zu Dank bin ich zudem gegenüber den zahlreichen Interviewpartnern und Umfrageteilnehmenden für Ihre Auskünfte verpflichtet. Mein bester Dank geht auch an Frau Caroline Mendelin, die Herstellungsleiterin des Verlags, für die Drucklegung der vorliegenden Arbeit. Mein bester Dank geht zudem an die Law and Economics Foundation St. Gallen, welche sich an den Kosten für die Publikation dieser Arbeit grosszügig beteiligt sowie an Frau lic. iur. Suzanne Dvořák, Direktorin der Stiftung und Herrn B.A. HSG in Law and Economics Max Faulhammer für die Entgegennahme und Betreuung der Sponsoringanfrage.

Herzlicher Dank geht insbesondere an meine Familie und Freunde, allen voran an meine Eltern, Dipl. Ing. Matthias Ehlebracht und Christine Ehlebracht, die mich während meiner Ausbildung stets bedingungslos unterstützt und sich auch an den Kosten für die Drucklegung der vorliegenden Arbeit beteiligt haben. Ein grosser Dank geht an Noemi Ganarin, die mir mit Rat und Tat zur Seite stand, sowie Sandra Mosimann die mir kurz vor Abgabe der Arbeit bei der Formatierung behilflich war. Dankbar bin ich zudem gegenüber jedem einzelnen Mitglied der Interkonfessionellen Christlichen Gruppe (ICG) der Universität St. Gallen sowie des Treffpunkts Steinbock, welche für mich während des Verfassens der Arbeit ein starkes und ermutigendes Umfeld schufen.

Die vorliegende Arbeit wurde im Juli 2019 fertiggestellt. Literatur und Rechtsprechung konnten bis März 2019 – später Erschienenes nur noch vereinzelt – berücksichtigt werden.

Zürich, März 2020

David F. Ehlebracht

Inhaltsübersicht

Inhaltsverzeichnis

Abkürzungsverzeichnis

a.a.O.	am angeführten Ort
Abb.	Abbildung
Abs.	Absatz
Abt.	Abteilung
AG	Aktiengesellschaft
AHV	Alters- und Hinterlassenenversicherung
AHVG	Bundesgesetz über die Alters- und Hinterlassenenversicherung vom 20. Dezember 1946 [SR 831.10]
AJP	Aktuelle Juristische Praxis [Zürich]
ALV	Arbeitslosenversicherung
a.M.	anderer Meinung
Art.	Artikel
AS	Amtliche Sammlung der Bundesgesetze und Verordnungen
BankG	Bankengesetz über die Banken und Sparkassen vom 8. November 1934 [SR 952.0]
BBl	Bundesblatt
Bd.	Band
BEHG	Bundesgesetz über die Börsen und den Effektenhandel vom 24. März 1995 [SR 954.1], Text ausser Kraft seit dem 01. Januar 2020
BetmG	Bundesgesetz über die Betäubungsmittel und die psychotropen Stoffe vom 3. Oktober 1951 [SR 812.121]
BJR	Business Judgment Rule
BG	Bundesgesetz
BGE	Amtliche Sammlung der Entscheidungen des Schweizerischen Bundesgerichts
BGer	Bundesgericht
BGS	Solothurnische Bereinigte Gesetzessammlung
bspw.	beispielsweise
BV	Bundesverfassung der Schweizerischen Eidgenossenschaft vom 18. April 1999 [SR 101]
BVG	Bundesgesetz über die berufliche Alters-, Hinterlassenen- und Invalidenvorsorge vom 25. Juni 1982 [SR 831.40]

bzw.	beziehungsweise
CEO	Chief Executive Officer
CHF	Schweizer Franken
DBG	Bundesgesetz über die direkte Bundessteuer vom 14. Dezember 1990 [SR 642.11]
d.h.	das heisst
E.	Erwägung(en)
eidg.	eidgenössisch
engl.	in englischer Sprache
EO	Erwerbsersatzordnung
et al.	und weitere
f.	auf der nächsten Seite
FAK	Familienausgleichskasse
ff.	auf den nächsten Seiten
FINMAG	Bundesgesetz über die Eidgenössische Finanzmarktaufsicht vom 22. Juni 2007 [SR 956.1]
Fn.	Fussnote
FusG	Bundesgesetz über Fusion, Spaltung, Umwandlung und Vermögensübertragung vom 3. Oktober 2003 [SR 221.301]
GeKV-SG	Gerichtskostenverordnung des Kantons St. Gallen vom 9. Dezember 2010 [System Nr. sGS 941.12]
GesKR	Zeitschrift für Gesellschafts- und Kapitalmarktrecht [Zürich]
gl.M.	gleicher Meinung
GwG	Bundesgesetz über die Bekämpfung der Geldwäscherei und der Terrorismusfinanzierung vom 10. Oktober 1997 [SR 955.0]
HGer	Handelsgericht
h.L.	herrschende Lehre
HonO-SG	Honorarordnung für Rechtsanwälte und Rechtsagenten vom 22. April 1994 [sGS 963.75]
HRegV	Handelsregisterverordnung vom 17. Oktober 2007 [SR 221.411]
Hrsg.	Herausgeber
IG	Interessengemeinschaft
inkl.	inklusiv(e)
i.V.m.	in Verbindung mit

IV	Invalidenversicherung
KG	Bundesgesetz über Kartelle und andere Wettbewerbsbeschränkungen vom 6. Oktober 1995 [SR 251]
KGer	Kantonsgericht
KMU	kleine und mittlere Unternehmungen
lit.	litera
M.A.	Master of Arts
m.E.	meines Erachtens
m.V.a.	mit Verweis auf
Mio.	Million(en)
MGB	Migros-Genossenschafts-Bund
Mrd.	Milliarde(n)
MWSTG	Bundesgesetz über die Mehrwertsteuer vom 12. Juni 2009 [SR 641.20]
n	Anzahl der Umfrageteilnehmenden an einer Frage
Nr.	Nummer
NZZ	Neue Zürcher Zeitung [Zürich]
OGer	Obergericht
OR	Bundesgesetz betreffend die Ergänzung des Schweizerischen Zivilgesetzbuches (Fünfter Teil: Obligationenrecht) vom 30. März 1911 [SR 220]
PK	Pensionskasse
Rz.	Randziffer
S.	Seite(n)
sGS	Gesetzessammlung des Kantons St. Gallen
SJK	Schweizerische Juristische Kartothek [Genf]
SJZ	Schweizerische Juristen-Zeitung [Zürich]
SR	Systematische Sammlung des Bundesrechts
SSHW	Schweizer Schriften zum Handels- und Wirtschaftsrecht [Zürich]
ST	Schweizer Treuhänder [Zürich]
StG	Gesetz über die Staats- und Gemeindesteuern des Kantons Solothurn vom 1. Dezember 1985 [BGS 614.11]
StGB	Schweizerisches Strafgesetzbuch vom 21. Dezember 1937 [SR 311.0]

StGer SO	Steuergericht des Kantons Solothurn
StPO	Schweizerische Strafprozessordnung vom 5. Oktober 2007 [SR 312.0]
SVGer	Sozialversicherungsgericht
SZW	Schweizerische Zeitschrift für Wirtschaftsrecht [Zürich]
Tab.	Tabelle
TG	Thurgau
u.U.	unter Umständen
VAG	Bundesgesetz betreffend die Aufsicht über Versicherungsunternehmen vom 17. Dezember 2004 [SR 961.01]
VG	Bundesgesetz über die Verantwortlichkeit des Bundes sowie seiner Behördenmitglieder und Beamten vom 14. März 1958 [SR 170.32]
VGeK	Verordnung des Bundesgerichts über den Genossenschaftskonkurs vom 20. Dezember 1937 [SR 281.52]
VGer	Verwaltungsgericht
vgl.	vergleiche
VStG	Bundesgesetz über die Verrechnungssteuer vom 13. Oktober 1965 [SR 642.21]
VRP	Verwaltungsrechtspflege
VStR	Bundesgesetz über das Verwaltungsstrafrecht vom 22. März 1974 [SR 313.0]
z.B.	zum Beispiel
ZGB	Schweizerisches Zivilgesetzbuch vom 10. Dezember 1907 [SR 210]
ZH	Kanton Zürich
Ziff.	Ziffer
ZPO	Schweizerische Zivilprozessordnung vom 19. Dezember 2008 [SR 272]
ZSR	Zeitschrift für Schweizerisches Recht [Basel]

Tabellenverzeichnis

Abbildungsverzeichnis

Literaturverzeichnis

Die nachstehenden Werke werden, wenn nichts anderes angegeben ist, mit Nachnamen des AUTORS sowie mit Seitenzahl oder Randziffer zitiert.

AKERET FABIAN: Verantwortlichkeitsklagen in der Schweiz während den letzten 20 Jahren, in: MÜLLER / GEISER / PÄRLI (Hrsg.): Recht in privaten und öffentlichen Unternehmen, Bd. 16, Masterarbeit, St. Gallen, 2017.

AMONN KURT / WALTHER FRIDOLIN: Grundriss des Schuldbetreibungs- und Konkursrechts, 9. Auflage, Bern, 2013.

AMSTUTZ MARC / REINERT MANI (Hrsg.): Basler Kommentar zum Kartellgesetz, Basel, 2010, zitiert als: BSK KG-BEARBEITER/IN, Art. XYZ Rz. XY.

ARNOLD MARTIN: Stand und Veränderung des schweizerischen Genossenschaftswesens aus rechtshistorischer Perspektive, in: PURTSCHERT (Hrsg.): Das Genossenschaftswesen in der Schweiz, S. 67 ff., Bern, 2005.

BÄRTSCHI HARALD: Rahmenbedingungen für die Verantwortlichkeitsklage eines Kleinaktionärs, in: SETHE / ISLER (Hrsg.), Verantwortlichkeit im Unternehmensrecht VII, S. 39 ff., Zürich, 2014, zitiert als: BÄRTSCHI, Rahmenbedingungen, S. XYZ.

BÄRTSCHI HARALD: Die Klage aus unmittelbarem Schaden im Verantwortlichkeitsrecht, in: WEBER / ISLER (Hrsg.): Verantwortlichkeit im Unternehmensrecht V, S. 227 ff., Zürich, 2010, zitiert als: BÄRTSCHI, Klage, S. XYZ.

BÄRTSCHI HARALD: Verantwortlichkeit im Aktienrecht, Zürich, 2001, zitiert als: BÄRTSCHI, Verantwortlichkeit, S. XYZ.

BÄRTSCHI HARALD / STOHWASSER STEPHANIE: Organhaftung im Sozialversicherungsrecht, GesKR 4/2018, S. 467 ff., Zürich, 2018.

BENZ WALTHER: Die Treuepflicht des Gesellschafters, Dissertation, Zürich, 1946.

BLICKENSTORFER KURT: Die genossenschaftsrechtliche Verantwortlichkeit, Dissertation, Zürich, 1987.

BÖCKLI PETER: Schweizer Aktienrecht, 4. Auflage, Zürich, 2009, zitiert als: BÖCKLI, §XY Rz. XYZ.

BÖCKLI PETER: Haftung des Verwaltungsrates für Steuern, in: FORSTMOSER (Hrsg.): Die Haftung des Verwaltungsrates, S. 87 ff., SSHW 87, Zürich, 1986, zitiert als: BÖCKLI, Haftung, S. XY.

BÖCKLI PETER: Verantwortlichkeit der Organmitglieder: Hürdenlauf der direkt Geschädigten, in: BAER (Hrsg.): Aktuelle Fragen zur aktienrechtlichen Verantwortlichkeit, S. 27 ff., Bern, 2003, zitiert als: BÖCKLI, Hürdenlauf, S. XYZ.

BUFF FELIX / VON DER CRONE HANS CASPAR: Aktienrechtliche Verantwortlichkeit im Konkurs: Einschränkung der Klageberechtigung, SZW 2015, S. 269 ff., Zürich, 2015.

CAPITAINE GEORGES: Société Coopérative – La responsabilité des organes, SJK, S. 1161 ff., Genf, 1955.

CEREGATO NADJA: M&A im Schweizer Bankenmarkt – Erfolgsfaktoren von M&A-Transaktionen im genossenschaftlichen Bankenmarkt, in: GALLMANN / GERSBACH (Hrsg.): Der Unternehmensjurist, S. 167 ff., Zürich, 2016.

DASSER FELIX / ROTH DAVID: Ausgewählte prozessuale Aspekte bei gesellschaftsrechtlichen Verantwortlichkeitsklagen, in: SETHE / ISLER (Hrsg.), Verantwortlichkeit im Unternehmensrecht VII, S. 247 ff., Zürich, 2014.

DONATSCH ANDREAS: Interaktionen zwischen strafrechtlicher und zivilrechtlicher Verantwortlichkeit – aus materiellstrafrechtlicher und prozessualer Sicht, in: WEBER / ISLER (Hrsg.): Verantwortlichkeit im Unternehmensrecht IV, S. 147 ff., Zürich, 2008.

EHRENZELLER BERNHARD / SCHINDLER BENJAMIN et al. (Hrsg.): Die schweizerische Bundesverfassung, St. Galler Kommentar, 2 Bände, 3. Auflage, Zürich, 2014, zitiert als: SG-Komm BV-BEARBEITER/IN, Art. XY Rz. XY.

EICKER ANDREAS / FRANK FRIEDRICH / ACHERMANN JONAS: Verwaltungsstrafrecht und Verwaltungsstrafverfahrensrecht, 2. Auflage, Bern, 2012.

FISCHER WILLI / LUTERBACHER THIERRY (Hrsg.): Kommentar zu den schweizerischen Haftpflichtbestimmungen, Zürich, 2016, zitiert als: HaftpflichtKomm-BEARBEITER/IN, Art. XYZ Rz. XY.

FISCHLER FRANZ: Die Welt braucht mehr Genossenschaften!, in: BRAZDA / DELLINGER / RÖSSL (Hrsg.): Genossenschaften im Fokus einer neuen Wirtschaftspolitik – Bericht der XVII. Internationalen Genossenschaftswissenschaftlichen Tagung (IGT) 2012 in Wien, S. 13 ff., Wien / Berlin, 2013.

FORSTMOSER PETER: Die aktienrechtliche Verantwortlichkeit, 2. Auflage, Zürich, 1987, zitiert als: FORSTMOSER, Verantwortlichkeit, S. XY.

FORSTMOSER PETER: Berner Kommentar zum schweizerischen Privatrecht, Bd. VII, 4. Abt., Lieferung 1, Die Genossenschaft, Art. 828–838 OR, Bern, 1972, zitiert als: BeKo I-FORSTMOSER, Art. XYZ Rz. XY.

FORSTMOSER PETER: Berner Kommentar zum schweizerischen Privatrecht, Bd. VII, 4. Abt., Lieferung 2, Die Genossenschaft, Art. 839–851 OR, Bern, 1972, zitiert als: BeKo II-FORSTMOSER, Art. XYZ Rz. XY.

FORSTMOSER PETER: Grossgenossenschaften, Dissertation, Bern, 1970, zitiert als: FORSTMOSER, Grossgenossenschaften, S. XY.

FORSTMOSER PETER / MEIER-HAYOZ ARTHUR / NOBEL PETER: Schweizerisches Aktienrecht, Bern, 1996, zitiert als: FORSTMOSER / MEIER-HAYOZ / NOBEL, § XYZ Rz. XY.

FORSTMOSER PETER / SPRECHER THOMAS / TÖNDURY GIAN ANDRI: Persönliche Haftung nach Schweizer Aktienrecht, Risiken und ihre Minimierung, Zürich, 2005.

FLICK UWE: Qualitative Sozialforschung – Eine Einführung, 8. Auflage, Reinbek bei Hamburg, 2017.

GAUCH SANDRO: Grundlage und Bedeutung der Business Judgment Rule in der Schweiz, in: MÜLLER / GEISER / PÄRLI (Hrsg.): Recht in privaten und öffentlichen Unternehmen, Bd. 14, Masterarbeit, St. Gallen, 2017.

GEISER THOMAS / FOUNTOULAKIS CHRISTIANA (Hrsg.): Basler Kommentar zum Schweizerischen Privatrecht, ZGB I, Art. 1–456, 6. Auflage, Basel, 2018, zitiert als: BSK ZGB I-BEARBEITER/IN, Art. XYZ Rz. XY.

GERBER WALTER: Die Genossenschaft als Organisationsform von Mittel- und Grossunternehmen, Dissertation, Bern, 2003.

GERHARD FRANK: Business Judgment Rule und Rechtsrisiken, SZW 2016, S. 254 ff., Zürich, 2017.

GERWIG MAX: Schweizerisches Genossenschaftsrecht, Bern, 1957.

GLANZMANN LUKAS: Die Verantwortlichkeitsklage unter Corporate-Governance-Aspekten, ZSR 119, S. 136 ff., Basel, 2000.

GRASS ANDREA R.: Business Judgment Rule, Schranken der richterlichen Überprüfbarkeit von Management-Entscheidungen in aktienrechtlichen Verantwortlichkeitsprozessen, SSHW 186, Dissertation, Zürich, 1998.

GRONER ROGER: Art. 52 AHVG-Praxis und Zweck der Arbeitgeberhaftung, SZW 2006, S. 81 ff., Zürich, 2006.

GUTZWILLER MAX: Kommentar zum Schweizerischen Zivilgesetzbuch, Das Obligationenrecht, 6. Teil: Genossenschaft, Handelsregister und kaufmännische Buchführung, Bd. 1, Art. 828–878, Zürich, 1972, zitiert als: ZK OR-GUTZWILLER, Art. XYZ Rz. XY.

GUTZWILLER MAX: Kommentar zum Schweizerischen Zivilgesetzbuch, Das Obligationenrecht, 6. Teil: Genossenschaft, Handelsregister und kaufmännische Buchführung, Bd. 2, Art. 879–926, Zürich, 1974, zitiert als: ZK OR-GUTZWILLER, Art. XYZ Rz. XY.

HÄUSERMANN MARKUS: Scharfe Kausalhaftung – Die neue Tragweite von Art. 52 AHVG unter revidiertem SchKG, Insolvenz- und Wirtschaftsrecht 4/1998, S. 135 ff., Zug, 1998.

HENGGELER URS: Berechtigte und unberechtigte Differenzen des Genossenschaftsrechtes gegenüber dem Aktienrecht – eine Problemauswahl im Hinblick auf eine Reform des Genossenschaftsrechts, Dissertation, Zürich, 1976.

HENSEL EDUARD: Das Generalversammlungsrecht der Genossenschaft nach dem neuen Schweizerischen Obligationenrecht, Dissertation, Zürich, 1942.

HINSEN ANDREAS: Die zeitliche und sachliche Wirkung des Déchargebeschlusses, GesKR 4/2014, S. 541 ff., Zürich, 2014.

HONSELL HEINRICH / VOGT PETER NEDIM / WATTER ROLF (Hrsg.): Basler Kommentar zum Schweizerischen Privatrecht, Obligationenrecht II, Art. 530–964 OR, 5. Auflage, Basel, 2016, zitiert als: BSK OR II-BEARBEITER/IN, Art. XYZ Rz. XY.

ISLER PETER R.: Fragen der Aktiv- und Passivlegitimation in Verantwortlichkeitsprozessen, in: WEBER / ISLER (Hrsg.): Verantwortlichkeit im Unternehmensrecht IV, S. 87 ff., Zürich, 2008.

ISLER PETER R. / FISCHER RENÉ: Warum sind Verantwortlichkeitsklagen der Gesellschaft gegen ihre Organe so selten?, in: WEBER / ISLER (Hrsg.): Verantwortlichkeit im Unternehmensrecht VI, S. 27 ff., Zürich, 2012.

JAEGGI JOSEPH: Die Haftung der Verwaltung und der Kontrollorgane gegenüber der Genossenschaft, den Genossenschaftern und Gläubigern, Dissertation, Basel, 1955.

KELLER SUSANNE: Verantwortlichkeit des Verwaltungsrates – Bedeutung und Entwicklung von zivilrechtlichen Verantwortlichkeitsklagen gegen Verwaltungsräte, Jusletter, 24. Oktober 2011.

KIESER UELI: Der Verwaltungsrat im Sozialversicherungsrecht, SZW 2006, S. 181 ff., Zürich, 2006.

KRAMER ERNST A.: Juristische Methodenlehre, 5. Auflage, Bern, 2016.

KREN KOSTKIEWICZ JOLANTA / VOCK DOMINIK (Hrsg.): Schulthess Kommentar zum Bundesgesetz über Schuldbetreibung und Konkurs, 4. Auflage, Zürich, 2017, zitiert als: SK SchKG-BEARBEITER/IN, Art. XYZ Rz. XY.

KUNZ PETER V.: Business Judgment Rule (BJR) – Fluch oder Segen?, SZW 2014, S. 274 ff., Zürich, 2014, zitiert als: KUNZ, BJR, S. XYZ.

KUNZ PETER V.: Rechtsnatur und Einredenordnung der aktienrechtlichen Verantwortlichkeitsklage – Darstellung der Rechtslage unter bisherigem und revidiertem Aktienrecht, Dissertation, Bern, 1993, zitiert als: KUNZ, Rechtsnatur, S. XYZ.

KUNZ PETER V. / JUTZI THOMAS / SCHÄREN SIMON (Hrsg.): Geldwäschereigesetz, Stämpflis Handkommentar, Bern, 2017, zitiert als: SHK GwG-BEARBEITER/IN, Art. XYZ Rz. XY.

LEUENBERGER CHRISTOPH / UFFER-TOBLER BEATRICE: Schweizerisches Zivilprozessrecht, 2. Auflage, Bern, 2016.

LUTERBACHER THIERRY: Haftung von Organpersonen und Versicherungsmöglichkeiten, in: LUTERBACHER (Hrsg.): Verantwortlichkeits-, Zivilprozess- und Versicherungsrecht – Aktuelle Aspekte 2011, Bd. 1, S. 49 ff., Zürich, 2011.

MACALUSO ALAIN / GARBARSKI ANDREW M.: La responsabilité pénale de l'entreprise après l'arrêt «La Poste Suisse», AJP 2017, S. 99 ff., 2017.

MEIER-HAYOZ ARTHUR / FORSTMOSER PETER / SETHE ROLF: Schweizerisches Gesellschaftsrecht, 12. Auflage, Bern, 2018.

MEIER-WEHRLI JÖRG: Die Verantwortlichkeit der Verwaltung einer Aktiengesellschaft bzw. einer Bank, Dissertation, Zürich, 1986.

METZGER PETER: Schweizerisches juristisches Wörterbuch – einschliesslich Versicherungsrecht mit Synonymen und Antonymen, Basel, 2005.

MONTAVON PASCAL: SCOOP – Société coopérative, Lausanne, 1999.

MÜLLER ROLAND: Unsorgfältige Führung eines Verwaltungsratsmandats – aktienrechtliche Verantwortlichkeit, in: WEBER / MÜNCH: Haftung und Versicherung – Beraten und Prozessieren im Haftpflicht- und Versicherungsrecht, 2. Auflage, S. 983 ff., 2015, zitiert als: MÜLLER, Unsorgfältige Führung, S. XYZ.

MÜLLER ROLAND: Verantwortlichkeit der Verwaltung einer Genossenschaft, in: WALDBURGER et al. (Hrsg.): Wirtschaftsrecht zu Beginn des 21. Jahrhunderts – Festschrift für Peter Nobel zum 60. Geburtstag, S. 225 ff., Bern, 2005.

MÜLLER ROLAND / LIPP LORENZ / PLÜSS ADRIAN: Der Verwaltungsrat – ein Handbuch für Theorie und Praxis, 4. Auflage, Zürich, 2014.

NATSCH REGINA: Die Genossenschaft im Konzern, Dissertation, Bern, 2002.

NATSCH REGINA: Schweizerisches Genossenschaftsrecht: Stand und Revisionspostulate, in: PURTSCHERT (Hrsg.): Das Genossenschaftswesen in der Schweiz, S. 87 ff., Bern, 2005, zitiert als: NATSCH, Stand und Revisionspostulate, S. XYZ.

NÖSBERGER THOMAS / CHRISTEN MARC: Das neue Rechnungslegungsrecht aus der Sicht der Genossenschaften, ST 4/13, S. 181 ff., Zürich, 2013.

NIGGLI MARCEL ALEXANDER / WIPRÄCHTIGER HANS (Hrsg.): Basler Kommentar zum Schweizerischen Strafrecht, Strafrecht I, Art. 1–110 StGB & Jugendstrafgesetz, 4. Auflage, Basel, 2019, zitiert als: BSK StGB I-BEARBEITER/IN, Art. XYZ Rz. XY.

NIGGLI MARCEL ALEXANDER / WIPRÄCHTIGER HANS (Hrsg.): Basler Kommentar zum Schweizerischen Strafrecht, Strafrecht II, Art. 111–392 StGB & Jugendstrafgesetz, 4. Auflage, Basel, 2019, zitiert als: BSK StGB II-BEARBEITER/IN, Art. XYZ Rz. XY.

NIKITIN ALEXANDER: Die aktienrechtliche Organverantwortlichkeit nach Art. 754 Abs. 1 OR als Folge unternehmerischer Fehlentscheide, Dissertation, Zürich, 2017.

NUSSBAUMER THOMAS: Die Haftung des Verwaltungsrates nach Art. 52 AHVG, AJP 1996, S. 1071 ff., Zürich, 1996.

PICENONI RENO: Der Entlastungsbeschluss im Rechte der Handelsgesellschaften und der Korporationen aufgrund des deutschen, französischen, italienischen und besonders des schweizerischen Rechts, Dissertation, Zürich, 1945.

REITER MATTHEW T.: Prozessrechtliche Probleme in Verantwortlichkeitsverfahren, in: WEBER (Hrsg.): Verantwortlichkeit im Unternehmensrecht, S. 165 ff., Zürich, 2003.

REYMOND JACQUES-ANDRÉ: Kommentar zum schweizerischen Privatrecht: Die Genossenschaft, überarbeitet von RITA TRIGO TRINDADE, Bd. 8, Handelsrecht, Halbband 5, Basel, 1998, zitiert als: REYMOND / TRINDADE, S. XYZ.

RHINOW RENÉ / SCHMID GERHARD / BIAGGINI GIOVANNI / UHLMANN FELIX: Öffentliches Wirtschaftsrecht, 2. Auflage, Basel, 2012.

ROBERTO VITO / GRECHENIG KRISTOFFEL: Rückschaufehler («Hindsight Bias») bei Sorgfaltspflichtverletzungen, ZSR 130, S. 5 ff., Basel, 2011.

ROBERTO VITO / TRÜEB HANS RUDOLF (Hrsg.): Handkommentar zum Schweizer Privatrecht, GmbH, Genossenschaft, Handelsregister und Wertpapiere (Art. 772–1186 OR) inkl. Bucheffektengesetz, 3. Auflage, Zürich, 2016, zitiert als: CHK-BEARBEITER/IN, Art. XYZ Rz. XY.

SUTTER-SOMM THOMAS / HASENBÖHLER FRANZ / LEUENBERGER CHRISTOPH (Hrsg.): Kommentar zur Schweizerischen Zivilprozessordnung (ZPO), 3. Auflage, Zürich, 2016, zitiert als: ZPO-Komm-BEARBEITER/IN, Art. XYZ Rz. XY.

TAISCH FRANCO: Genossenschaftsunternehmen – Ein Leitfaden, Zürich, 2012.

TERCIER PIERRE / AMSTUTZ MARC (Hrsg.): Commentaire Romand, Code des obligations II, Basel, 2. Auflage, 2017, zitiert als: CoRo CO-BEARBEITER/IN, Art. XYZ Rz. XY.

TROXLER WERNER: Die Treuepflicht des Genossenschafters, Dissertation, Freiburg i.Br., 1953.

TSCHANNEN PIERRE / ZIMMERLI ULRICH / MÜLLER MARKUS: Allgemeines Verwaltungsrecht, 4. Auflage, Bern, 2014.

UMBACH PATRICK / WEBER ROLF H.: Schadensberechnung in Verantwortlichkeitsprozessen, in: WEBER (Hrsg.): Verantwortlichkeit im Unternehmensrecht, S. 111 ff., Zürich, 2003.

VISCHER FRANK (Hrsg.): Zürcher Kommentar zum Fusionsgesetz, 2. Auflage, Zürich, 2012, zitiert als: ZK FusG-BEARBEITER/IN, Art. XYZ Rz. XY.

VISCHER MARKUS: Kritische Sicht auf die vom Bundesgericht im Verantwortlichkeitsrecht verwendete Business Judgment Rule (BJR), SJZ 114/2018, S. 53 ff., Zürich, 2018.

VOGEL ALEXANDER / HEIZ CHRISTOPH et al. (Hrsg.): Fusionsgesetz mit weiteren Erlassen, Orell Füssli Handkommentar, 3. Auflage, Zürich, 2017, zitiert als: OFK FusG-BEARBEITER/IN, Art. XYZ Rz. XY.

VOGT HANS-UELI / BÄNZIGER MICHAEL: Das Bundesgericht anerkennt die Business Judgment Rule als Grundsatz des schweizerischen Aktienrechts, GesKR 4/2012, S. 607 ff., Zürich, 2012.

VON STEIGER FRITZ: Grundriss des Schweizerischen Genossenschaftsrechts, 2. Auflage, Zürich, 1963.

VON DER CRONE HANS CASPAR: Aktienrecht, Zürich, 2014.

VON DER CRONE HANS CASPAR / BAUM OLIVIER: Aktienrechtliche Verfahren: Klagemöglichkeiten und Klagerisiken, GesKR 3/2016, S. 278 ff., Zürich, 2016.

WATTER ROLF / VOGT PETER NEDIM et al. (Hrsg.): Basler Kommentar zum Fusionsgesetz, 2. Auflage, Basel, 2015, zitiert als: BSK FusG-BEARBEITER/IN, Art. XYZ Rz. XY.

WATTER ROLF / VOGT NEDIM PETER et al. (Hrsg.): Basler Kommentar zum Bankengesetz, 2. Auflage, Basel, 2013, zitiert als: BSK BankG-BEARBEITER/IN, Art. XYZ Rz. XY.

WEBER ROLF H.: Beurteilung der neueren Rechtsprechung zur Verantwortlichkeit in Unternehmen, in: WEBER (Hrsg.): Verantwortlichkeit im Unternehmensrecht III, S. 147 ff., Zürich, 2006.

WOLFER HANS: Die Genossenschaftsverwaltung nach schweizerischem Recht, Dissertation, Basel, 1947.

ZÜRCHER JOHANN: Der Schaden im Verantwortlichkeitsprozess, in: WEBER / ISLER (Hrsg.): Verantwortlichkeit im Unternehmensrecht VI, S. 7 ff., 2012, Zürich.

ZWEIFEL MARTIN / BEUSCH MICHAEL et al. (Hrsg.): Kommentar zum Steuerrecht – Bundesgesetz über die Mehrwertsteuer (MWStG), Kommentar zum Schweizerischen Steuerrecht, Basel, 2015, zitiert als: BSK MWStG-BEARBEITER/IN, Art. XYZ Rz. XY.

ZWEIFEL MARTIN / BEUSCH MICHAEL / BAUER-BALMELLI MAJA (Hrsg.): Kommentar zum Steuerrecht – Bundesgesetz über die Verrechnungssteuer, 2. Auflage, Basel, 2012, zitiert als: BSK VStG-BEARBEITER/IN, Art. XYZ Rz. XY.

Weitere Quellen

Bundesgericht: Bundesgerichtsentscheide ab 1954 (publizierte Leitentscheide), abgerufen unter: <https://www.bger.ch/ext/eurospider/live/de/php/clir/http/index.php?lang=de>, abgerufen am 30. Mai 2019, zitiert als: BGE XYZ XY XYZ.

Bundesgericht: Weitere Urteile ab 2000, abgerufen unter: <https://www.bger.ch/ext/eurospider/live/de/php/aza/http/index.php?lang=de>, abgerufen am 30. Mai 2019, zitiert als: BGer XA.XY/XYZZ vom XY.XY.XYZZ.

Coop: Dokumentation zur Bilanzmedienkonferenz der Coop-Gruppe 2017, vom 15.02.2018, abgerufen unter: <https://www.coop.ch/de/unternehmen/medien/medienmitteilungen/2018/coop-waechst-und-gewinnt-marktanteile.html>, abgerufen am 18. März 2019, zitiert als: Coop, Dokumentation, S XY.

Kanton Aargau: Aargauische Gerichts- und Verwaltungsentscheide, abgerufen unter: <https://agve.weblaw.ch/?method=hilfe&ul=de>, abgerufen am 30. Mai 2019.

Kanton Bern: Zivil- und Strafgerichtsbarkeit, abgerufen unter: <https://www.zsg-entscheide.apps.be.ch/tribunapublikation/>, abgerufen am 30. Mai 2019.

Kanton Bern: Steuerrekurskommission, abgerufen unter: <https://www.justice.be.ch/justice/de/index/entscheide/entscheide_rechtsprechung/entscheide/steuerrekurskommission.html>, abgerufen am 30. Mai 2019.

Kanton Graubünden: Kantonsgericht und Verwaltungsgericht, abgerufen unter: <http://www.lawsearch.gr.ch/le/>, abgerufen am 21. Juni 2019.

Kanton Solothurn: Rechtsprechung – Urteilsdatenbank der Gerichte, abgerufen unter: <https://gerichtsentscheide.so.ch/>, abgerufen am 31. Mai 2019.

Kanton St. Gallen: Rechtsprechung des Kantonsgerichts, Handelsgerichts und Anklagekammer, des Verwaltungsgerichts, des Versicherungsgerichts und der St. Gallischen Gerichts- und Verwaltungspraxis, abgerufen unter: <https://www.sg.ch/recht/gerichte/rechtsprechung/>, abgerufen am 21. Juni 2019.

Kanton Thurgau: Obergericht und Thurgauische Verwaltungsrechtspflege, abgerufen unter: <http://ogbuch.tg.ch/>, abgerufen am 5. Juni 2019.

Kanton Zug: Gerichts- und Verwaltungspraxis, abgerufen unter: <https://www.zg.ch/behoerden/staatskanzlei/kanzlei/gvp>, abgerufen am 30. Mai 2019.

Kanton Zürich: Obergericht, abgerufen unter: <http://www.gerichte-zh.ch/entscheide/entscheide-suchen.html>, abgerufen am 5. Juni 2019.

Kanton Zürich: Sozialversicherungsgericht, abgerufen unter: <https://chid003d.ideso.ch/c050018/svg/findexweb.nsf/suche.xsp>, abgerufen am 5. Juni 2019.

Kanton Zürich: Verwaltungsgericht, abgerufen unter: <https://vgr.zh.ch/internet/verwaltungsgericht/de/ueber_uns/rechtsprechung/entscheiddatenbank.html>, abgerufen am 20. Juni 2019.

Migros: Statuten Migros-Genossenschafts-Bund (MGB) vom 03. November 2018, abgerufen unter: <https://www.migros.ch/dam/jcr:32c12e31-a2b2-4deb-a30a-045d0d1bde6f/1d_1_Statuten_03.11.2018_samt_Anpassung_Art_23_und_33.pdf>, abgerufen am 18. März 2019, zitiert als: MGB-Statuten, Art. XY.

Raiffeisen: Neue Gruppen-Governance von Raiffeisen, abgerufen unter: <https://www.raiffeisen.ch/content/dam/www/rch/ueber-uns/medien/medienmitteilungen/2019/de/neue-gruppen-governance-raiffeisen.pdf>, abgerufen am 20. Februar 2020

Raiffeisen: Raiffeisen Gruppe Geschäftsbericht 2018, abgerufen unter: <https://report.raiffeisen.ch/app/uploads/sites/6/2019/04/Raiffeisen-Gruppe_AR18_de.pdf>, abgerufen am 13. Mai 2019, zitiert als: Raiffeisen Gruppe Geschäftsbericht 2018, S. XY.

Raiffeisen: Statuten Raiffeisen Schweiz Genossenschaft, abgerufen unter: <https://www.raiffeisen.ch/content/dam/www/rch/pdf/raiffeisen-gruppe/portrait/de/statuten-raiffeisen-schweiz.pdf>, abgerufen am 20. Februar 2020, zitiert als: Statuten Raiffeisen Schweiz, Art. XY.

Materialienverzeichnis

Bericht des Bundesrates an die Bundesversammlung, betreffend die Revision des Obligationenrechts (Nachtrag zur Botschaft vom 3. März 1905), BBL 1909 III 725, zitiert als: Bericht des Bundesrates, Revision des Obligationenrechts 1909, S. XYZ.

Botschaft zu Bundesgesetzen über die Harmonisierung der direkten Steuern der Kantone und Gemeinden sowie über die direkte Bundessteuer vom 25. Mai 1983, BBl 1983 III, S. 1 ff., zitiert als: Botschaft, Steuerharmonisierung, S. XYZ.

Botschaft des Bundesrates an die Bundesversammlung zu einem Gesetzesentwurf über die Revision der Titel XXIV bis XXXIII des schweizerischen Obligationenrechts vom 21. Februar 1928, BBl 1928 I S. 205 ff., zitiert als: Botschaft, Revision Obligationenrecht 1928, S. XYZ.

(Zusatz)Botschaft zur Änderung des Obligationenrechts (Revisionspflicht im Gesellschaftsrecht) sowie zum Bundesgesetz über die Zulassung und Beaufsichtigung der Revisorinnen und Revisoren vom 23. Juni 2004, BBl 2004 3969 ff., zitiert als: (Zusatz)Botschaft, Änderung Obligationenrecht 2004, S. XYZ.

Botschaft zur Änderung des Obligationenrechts (Verjährungsrecht) vom 29. November 2013, BBl 2014, S. 235 ff, zitiert als: Botschaft, Verjährungsrecht, S. XYZ.

Botschaft zur Revision des Obligationenrechts (GmbH-Recht sowie Anpassungen im Aktien-, Genossenschafts-, Handelsregister- und Firmenrecht) vom 19. Dezember 2001, BBl 2001, 3148 ff., zitiert als: Botschaft, Revision Obligationenrecht 2001, S. XYZZ.

Botschaft zur Umsetzung der 2012 revidierten Empfehlungen der Groupe d'action financière (GAFI) vom 13. Dezember 2013, BBl 2014, S. 605 ff., zitiert als: Botschaft, GAFI, S. XYZ.

Botschaft über die Revision des Aktienrechts vom 23. Februar 1983, BBl 1983, II. Bd., S. 745 ff., zitiert als: Botschaft, Revision Obligationenrecht 1983, S. XYZ.

Bundesgesetz über die Börsen und den Effektenhandel, Änderung vom 28. September 2012, AS 2013 S. 1103 ff, zitiert als: AS 2013, S. XYZZ.

Bundesgesetz zur Umsetzung der 2012 revidierten Empfehlungen der Groupe d'action financière vom 12. Dezember 2014, AS 2015 S. 1389 ff, zitiert als: AS 2015, S. XYZZ.

Dritter Entwurf eines Bundesgesetzes betreffend Revision der Titel XXIV bis XXXIII des Obligationenrechts vom Februar 1928, Bern 1928, zitiert als: Dritter Entwurf, Revision OR, Art. XYZ.

Migros: Migros Geschäftsbericht – 2017 in Kürze, abgerufen unter: <https://report.migros.ch/2017/2017-in-kuerze/#highlights-2017>, abgerufen am: 20. Februar 2019, zitiert als: Migros, Geschäftsbericht.

Obligationenrecht (GmbH-Recht sowie Anpassungen im Aktien-, Genossenschafts-, Handelsregister und Firmenrecht), Änderung vom 16. Dezember 2005, AS 2007 S. 4791 ff.; zitiert als: AS 2007, S. XYZZ.

Revision des Verjährungsrechts, Änderung vom 15. Juni 2018, AS 2018 S. 5343 ff., zitiert als: AS 2018, S. XYZZ.

Statuten der Schweizerischen Gesellschaft für Hotelkredit (SGH) vom 18. Juni 2015, AS 2015 S. 2073 ff.

Vernehmlassung zur Revision des Aktien- und Rechnungslegungsrechts, Eingabe der Suisa vom 31. Mai 2006, zitiert als: Vernehmlassung, Eingabe Suisa, S. 4.

Zweiter Bericht über die Revision der Titel 24 bis 33 des schweizerischen Obligationenrechts, Beilage zum zweiten Entwurf vom Dezember 1923, Bern, 1923, zitiert als: Zweiter Bericht, Revision OR, S. XYZ.

Zweiter Entwurf eines Bundesgesetzes betreffend Revision der Titel XXIV bis XXXIII des Obligationenrechts vom Dezember 1923, Bern, 1923, zitiert als: Zweiter Entwurf, Revision OR, Art. XYZ.

Judikaturverzeichnis

Nicht veröffentlichte Entscheide des Bundesgerichts sowie des eidg. Versicherungsgerichts

Kantonale Entscheide

I. Einleitung

A. Problemstellung

Die Aktiengesellschaft, die Gesellschaft mit beschränkter Haftung und die Genossenschaft haften für ihre Verbindlichkeiten von Gesetzes wegen[1] ausschliesslich mit dem sich in den Gesellschaften befindlichen Kapital.[2] Mit Hilfe der Verantwortlichkeitsklagen kann allerdings auch auf die für die Unternehmensführung verantwortlichen Organpersonen und deren Privatvermögen direkt zugegriffen werden. Die verantwortlichen Organpersonen sind gegenüber den Stakeholdern der Gesellschaft, d.h. den Gesellschaftern,[3] den Gläubigern und den staatlichen Institutionen, aber auch gegenüber der Gesellschaft selbst, für ihre Handlungen verantwortlich. In der Literatur[4] wird insbesondere der aktienrechtlichen Verantwortlichkeitsregelung und den dazugehörigen Klagen eine erhöhte Bedeutung beigemessen. Die Verantwortlichkeitsregelung in der Genossenschaft und die dazugehörigen Verantwortlichkeitsklagen, gemäss welchen nach den Art. 916 ff. OR grundsätzlich nur die Genossenschaft selbst klagen kann, finden hingegen wenig Beachtung.[5] Ein Grund dafür ist, dass gewisse Klagen sowohl gegen den Verwaltungsrat und die Geschäftsführung der Aktiengesellschaften als auch gegen die Verwaltung und in sehr beschränktem Umfang gegen die Geschäftsführung der Genossenschaft gerichtet werden können und somit in der Literatur keine Unterscheidung zwischen der aktienrechtlichen und der genossenschaftlichen Verantwortlichkeitsregelung gemacht wird. Ein weiterer Grund mag die rückläufige Zahl der im Schweizerischen Handelsregister eingetragenen

---

1 Art. 620 Abs. 1 OR für die AG; Art. 772 Abs. 1 OR und Art. 794 OR für die GmbH; Art. 868 OR für die Genossenschaft.

2 In der GmbH (Art. 795 ff. OR) und der Genossenschaft (Art. 868 ff. OR) kann in den Statuten eine dispositive Regelung zur persönlichen Haftung der Gesellschafter getroffen werden.

3 Hier wie auch nachfolgend wird aus Gründen der Lesbarkeit das generische Maskulinum gewählt, d.h. bei Verwendung eines maskulinen Substantivs oder Pronomens sind stets sowohl männliche wie auch weibliche Personen gemeint.

4 U.a. BÖCKLI, Schweizer Aktienrecht, §18; MEIER-WEHRLI, Die Verantwortlichkeit der Verwaltung einer Aktiengesellschaft bzw. einer Bank gemäss Art. 754 ff. OR / 41 ff. BkG.; FORSTMOSER, Die aktienrechtliche Verantwortlichkeit; BÄRTSCHI, Die Verantwortlichkeit im Aktienrecht.

5 BLICKENSTORFER, S. 1.

Genossenschaften in den letzten Jahrzehnten sein.[6] Die geringere Beachtung der genossenschaftlichen Verantwortlichkeitsregelung in der Literatur bietet für die vorliegende Arbeit somit die Möglichkeit, alternative Ansichten auf gewisse Fragen vorzubringen. Die Kehrseite davon ist, dass es sodann teilweise an der einschlägigen aktuellen Literatur fehlt, auf welche referenziert werden kann. Insbesondere neuere Lehrmeinungen gibt es in vielen Fragen nur wenige.

Ungeachtet der obigen Ausführungen kommt der traditionsreichen Rechtsform der Genossenschaft in der Schweiz eine hohe Bedeutung zu.[7] Die Detailhändler Migros und Coop, welche beide als Genossenschaften organisiert sind, sind im Jahr 2017 mit gemeinsam 149'834 Vollzeitstellenäquivalenten[8] die grössten Arbeitgeber im Land. Und gerade die «Affäre Vincenz» um den ehemaligen CEO der Bankengruppe Raiffeisen, welche letztendlich zu einer Stärkung der bankinternen, genossenschaftlichen Strukturen führte, zeigt auf, wie relevant die gegen die Verwaltung und die Geschäftsführung der Genossenschaft zur Verfügung stehenden Verantwortlichkeitsklagen in der Praxis sind.

Im Zusammenhang mit den genossenschaftlichen Verantwortlichkeitsklagen ergeben sich, neben der oben beschriebenen allgemein geringeren Beachtung in der Lehre, die folgenden Problembereiche. Die damit verbundenen Fragen werden nachstehend aufgeführt.

---

6 So waren Ende des Jahres 1970 noch 13'508 Genossenschaften ins Schweizerische Handelsregister eingetragen (BeKo I-Forstmoser, Systematischer Teil Rz. 124), währenddem per 29. November 2019 nur noch 8'416 Genossenschaften im Schweizerischen Handelsregister eingetragen waren (Erhebungsdatenbank: Schweizerisches Handelsregister; die Zahl beinhaltet auch die Genossenschaften in Liquidation).

7 Arnold, S. 69; S. 84 f.

8 Die Migros beschäftigte im Jahr 2017 75'302 Vollzeitstellenäquivalente (Migros, Geschäftsbericht) und Coop 74'532 (Coop, Dokumentation, S. 19).

Abb. 1: Problembereiche in der Theorie

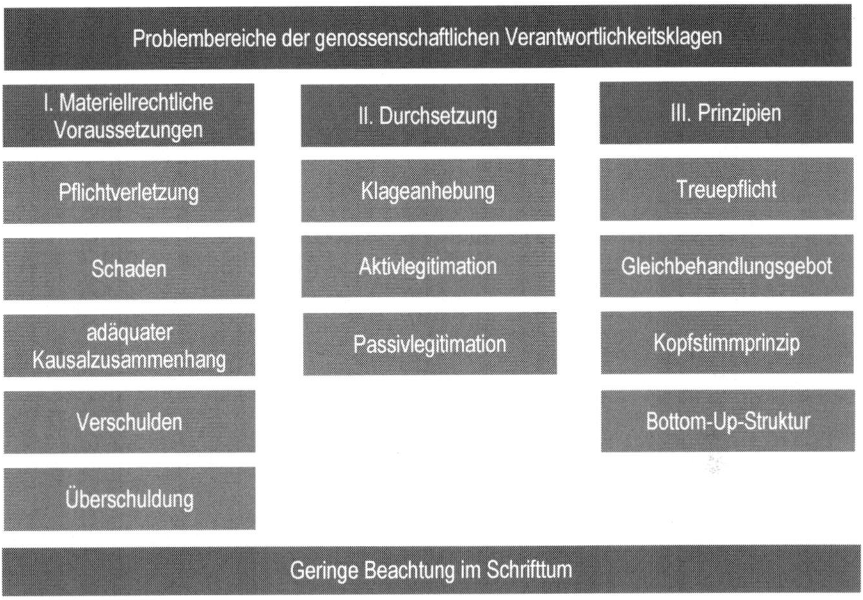

Quelle: Eigene Darstellung

Im *ersten Bereich* geht es um Fragen betreffend die materiellrechtlichen Voraussetzungen einer Verantwortlichkeitsklage. Dies sind die Pflichtverletzung, der Schaden, der adäquate Kausalzusammenhang, das Verschulden und im Falle der Klagen nach Art. 917 OR auch die Überschuldung.

Der Wortlaut der Verantwortlichkeitsregelung im Genossenschaftsrecht unterscheidet sich teilweise nur geringfügig von demjenigen im Aktienrecht; teilweise wird direkt auf das Aktienrecht verwiesen und teilweise werden zusätzliche Voraussetzungen stipuliert. In diesem Zusammenhang stellen sich folglich Fragen betreffend Abgrenzungen und Gemeinsamkeiten. Sind die materiellrechtlichen Voraussetzungen für eine Verantwortlichkeitsklage die gleichen wie in der Aktiengesellschaft? Bedeuten die Begriffe der Pflichtverletzung, des adäquaten Kausalzusammenhangs, des Schadens und des Verschuldens das gleiche? Was bedeutet der für die Klage nach Art. 917 Abs. 1 OR vorausgesetzte Überschuldungstatbestand in der Genossenschaft? Wenn die Verwaltung gemäss Art. 897 OR gewisse Aufgaben an einen Ausschuss übertragen hat und diesem Ausschuss Schäden entstehen, haftet die gesamte Verwaltung dann lediglich für die Schäden die aufgrund der *cura in custodiendo*[9], *eligendo*[10] und *instruendo* der Ausschüsse entstehen? Die gleiche Frage stellt sich für die Geschäftsführung bzw. für die die Vertretung delegierende Verwaltung i.S.v. Art. 898 Abs. 1 OR. Kommt im Zusammenhang mit Art. 916 OR und Art. 917 OR ebenfalls die BJR zur Anwendung?

Im *zweiten Bereich* geht es um die Durchsetzung von Verantwortlichkeitsansprüchen. Dieses Problemfeld unterteilt sich in die Bereiche der Klageanhebung sowie der Aktiv- und Passivlegitimation.

Im Zusammenhang mit der Klageanhebung ist in Art. 879 Abs. 2 Ziff. 1–5 OR die Beschlussfassung über das Erheben einer Verantwortlichkeitsklage der Generalversammlung der Genossenschafter nicht vorbehalten. Es stellt sich deshalb die Frage, wer zuständig ist für den Entscheid zur Erhebung einer Verantwortlichkeitsklage der Genossenschaft gemäss Art. 916 OR. Ist dies die Generalversammlung der Genossenschaft oder die Verwaltung? Wird diese Kompetenz in einem Organisationsreglement an die Verwaltung delegiert oder kommt dieses Recht ohnehin der Verwaltung zu?

Um einen Entscheid betreffend Klageanhebung fällen zu können, fragt sich, inwiefern die Generalversammlung den Genossenschaftern im Rahmen von Art. 857 Abs. 2 OR Einblick in die Geschäftsbücher und Korrespondenzen erteilen kann, damit diese eine Verantwortlichkeitsklage erheben können? Umfasst die Ermächtigung der zur Vertretung befugten Personen in Art. 899 Abs. 1 OR auch das Erheben von Verantwortlichkeitsklagen der Genossenschaft i.S.v. Art 916 OR und Art. 917 OR für die Genossenschaft? Oder ist dieses Recht ausschliesslich bei der Verwaltung oder der Generalversammlung verordnet?

Bei der Entscheidung der Genossenschaft, ob eine Verantwortlichkeitsklage gegen ein Mitglied der Verwaltung oder der Geschäftsführung erhoben werden soll, stellt sich die Frage, ob das Mitglied der Verwaltung oder der Geschäftsführung aufgrund eines Interessenkonflikts in den Ausstand treten muss.

Art. 855 OR besagt, dass die Rechte, die den Genossenschaftern in den Angelegenheiten der Genossenschaft zustehen, grundsätzlich durch die Teilnahme an der Generalversammlung der Genossenschafter ausgeübt werden. Im Rahmen der Klageanhebung stellt sich deshalb die Frage, ob die Rechte in

9 Art. 902 Abs. 2 Ziff. 2 OR.

10 Art. 905 Abs. 1 und 2 OR.

den Angelegenheiten der Genossenschaft in Zusammenhang mit der *actio pro societate* in Art. 917 Abs. 2 OR i.V.m. Art. 756–758 OR stehen.

Die Klageberechtigung ist mit Art. 879 Abs. 2 Ziff. 4 OR in Verbindung zu bringen. In der besagten Bestimmung wird der Generalversammlung der Genossenschafter die unübertragbare Befugnis zugestanden, über die Entlastung der Verwaltung abzustimmen. Welchen Einfluss hat der Entlastungsbeschluss der Generalversammlung der Genossenschafter auf die Klageberechtigung bzw. den Ausgang einer Klage der einzelnen Genossenschafter? Entfaltet der Entlastungsbeschluss eine *erga omnes* Wirkung, eine Wirkung nur gegenüber den Genossenschaftern, die zugestimmt haben oder gar keine Wirkung? Entfaltet der Beschluss dieselbe Wirkung wie gegenüber den Aktionären der Aktiengesellschaft?

Im Zusammenhang mit der Aktivlegitimation in der Genossenschaft ergeben sich Probleme und Fragen aufgrund der Tatsache, dass es sich bei den Genossenschaftern um eine nicht geschlossene Zahl von Personen oder Handelsgesellschaften handelt, welche ein- und wieder austreten bzw. ihre Mitgliedschaftsrechte übertragen können. Die Verantwortlichkeitsklage wird allerdings über eine längere Zeit hinweg geführt und die klagenden Genossenschafter treten während der Klage aus der Genossenschaft aus und neue Genossenschafter treten an ihre Stelle. Welchen Einfluss hat der Eintritt neuer Genossenschafter bzw. der Austritt alter Genossenschafter auf die Verantwortlichkeitsklagen? Was geschieht mit einem vom Genossenschafter noch nicht hängig gemachten Verantwortlichkeitsanspruch bei Übertragung der Genossenschaftsanteile auf einen Dritten, nachdem dieser in die Genossenschaft eingetreten ist? Inwiefern besteht ein Klagerecht eines Genossenschafters für einen Schaden, welcher vor seinem Beitritt zur Genossenschaft entstanden ist?

Weitere Fragen zur Aktiv- und Passivlegitimation ergeben sich aus der Tatsache, dass die Mitgliedschaft in der Genossenschaft an die Person gebunden ist und mit dem Tod erlischt.[11] Es stellt sich sodann die Frage, was mit einer hängigen Verantwortlichkeitsklage eines Genossenschafters geschieht, sofern in den Statuten, wie in Art. 847 Abs. 2 OR beschrieben, nichts über die Nachfolge der Erben geschrieben steht? Treten diese an die Stelle des verstorbenen Genossenschafters? Die gleiche Frage stellt sich im Zusammenhang mit der Übertragung von Grundstücken oder wirtschaftlichen Betrieben

---

11 Art. 847 Abs. 1 OR.

i.S.v. Art. 850 OR, an welche eine Mitgliedschaft der Genossenschafter geknüpft ist. Treten die neuen Eigentümer in die Klägerstellung ein? Sind sie aktivlegitimiert? Wer ist im Todesfall eines Mitglieds der Verwaltung passivlegitimiert? Können die Erben eingeklagt werden? Welche Wirkung hat der Austritt aus der Verwaltung?

Ebenfalls im Zusammenhang mit der Aktivlegitimation ist Art. 837 OR zu lesen. Dieser besagt, dass die Genossenschaften ein Verzeichnis der Genossenschafter führen müssen. Bestimmt sich die Aktivlegitimation der Genossenschafter nach diesem Verzeichnis? Ist dieses «öffentliche Verzeichnis» vom Gericht im Rahmen seines Sachentscheids von Amtes wegen zu prüfen? Soll bei Erheben einer Klage vonseiten eines Genossenschafters im Fall der Überschuldung die Urkunde über den Ausweis der Mitgliedschaft zum Beweis der Aktivlegitimation als Beweismittel beigelegt werden? Oder besser der Anteilschein gemäss Art. 853 OR?

Die Aktiv- und Passivlegitimation sind des Weiteren auch in grösseren Genossenschaften, welche als Genossenschaftsverbände i.S. der Art. 921 ff. OR organisiert sind, ein Thema. Fraglich ist hier beispielsweise, ob die Genossenschafter der den Genossenschaftsverband konstituierenden Genossenschaften ein Recht auf Klageanhebung gegen die Verwaltung des Genossenschaftsverbands haben. Im Genossenschaftsverband stellt sich zudem die Frage, ob die Delegiertenversammlung die Verantwortlichkeitsklage gegen die Verwaltung erheben kann, oder ob dieses Recht direkt der Verwaltung des Verbandes zusteht.

Im *dritten Bereich* geht es um die eigentliche Verantwortlichkeitsregelung der Genossenschaft (Art. 916–920 OR) *de lege lata* und wie sie sich zur genossenschaftsrechtlichen Treuepflicht, dem Kopfstimmprinzip und dem verfassungsrechtlichen Gebot zur Gleichbehandlung der Konkurrenten verhält. Es stellt sich die Frage, wo *de lege ferenda* allenfalls Handlungsbedarf besteht.

Die Treuepflicht der Genossenschafter ist in Art. 866 OR festgesetzt und im Zusammenhang mit Art. 2 ZGB zu lesen.[12] Was umfasst diese Treuepflicht? Wie weit geht sie? Was bedeutet es, wenn BENZ schreibt, dass die Treuepflicht den Genossenschaftern gebietet «alles der Gemeinschaft Nützliche zu tun und alles ihr Abträgliche zu unterlassen»?[13] Geht diese Pflicht so weit, dass der Genossenschafter «grundsätzlich dort, wo sein individuelles Interesse mit

12 ZK OR-GUTZWILLER, Art. 866 Rz. 3 und 4.

13 BENZ, S. 44, zitiert nach: ZK OR-GUTZWILLER, Art. 866 Rz. 7.

demjenigen der Genossenschaft in Konflikt gerät, diesem den Vorzug zu geben»[14] hat? Wie verhält sich diese Treuepflicht zum Klagerecht der Genossenschafter in Art. 917 Abs. 1 OR? Inwieweit kann er sein Verantwortlichkeitsklagerecht, welches sich zwar nur gegen die Mitglieder der Verwaltung richtet, und für welches eine Überschuldung gegeben sein muss, ausüben? Kann das Erheben einer treuwidrigen Verantwortlichkeitsklage eines Genossenschafters allenfalls die Ausschliessung aus der Genossenschaft gemäss Art. 846 Abs. 2 OR i.V.m. Art. 4 ZGB zur Folge haben? Ist er in der Generalversammlung der Genossenschafter bei der Ausübung seiner Stimmrechte ebenfalls an die Treuepflicht gebunden, insbesondere dann, wenn der Generalversammlung der Genossenschafter die Kompetenz zukommt, über das Erheben der Verantwortlichkeitsklage nach Art. 916 OR zu entscheiden?

Die Gesellschaftsform der Genossenschaft wird von den unterschiedlichsten wirtschaftlichen Leistungserbringern verwendet. In der Mehrzahl der Fälle ist die Genossenschaft wohl eine einfache Zweckgemeinschaft. Viele Genossenschaften sind Bauerngenossenschaften oder Wohnbaugenossenschaften. Die Genossenschafter schliessen sich zusammen, um ein gemeinsames Ziel zu erreichen. Dafür bringen sie unterschiedlich oder je nachdem auch gleich viel Zeit und Kapital in die Gesellschaft ein. Aus dem Kreis der Genossenschafter wird sodann für gewöhnlich eine Verwaltung gewählt,[15] welche für die Leitung der Genossenschaft zuständig ist. Diese Verwaltung kann für die Schäden gemäss Art. 916–917 OR verantwortlich gemacht werden. Wie bereits MÜLLER[16] darlegt, wurde die jetzt geltende Verantwortlichkeitsregelung in der Genossenschaft durch die Einflussnahme in der Vernehmlassung von dem Genossenschaftswesen nahestehenden Kreisen erwirkt. Sie ist mit der eingeschränkten Aktivlegitimation ausserhalb der Überschuldung weniger streng ausgestaltet als die Regelung in der Aktiengesellschaft. *De lege ferenda* stellt sich die Frage, ob die Verantwortlichkeitsregelung der Art. 916–920 OR für die unterschiedlichen Genossenschaften adäquat ist. Insbesondere bei Genossenschaftsverbänden und Grossgenossenschaften wie Migros und Coop, welche es in dieser Grösse zur damaligen Zeit noch nicht gab, könnte eine Angleichung an die aktienrechtliche Verantwortlichkeit, innerhalb derer auch die Genossenschaftsgläubiger und die Genossenschafter ausserhalb der Über-

---

14 TROXLER, S. 44, zitiert nach: ZK OR-GUTZWILLER, Art. 866 Rz. 8.

15 So auch die gesetzlich zwingende Bestimmung, dass die Mehrheit der Mitglieder der Verwaltung Genossenschafter sein müssen (Art. 894 Abs. 1 OR).

16 MÜLLER, S. 226 f.

schuldung gegen die Verwaltung klagen können, sachgerecht sein. Eine Regelung, welche gleich wie diejenige des Aktienrechts ausgestaltet ist, kann bereits heute in die Statuten aufgenommen werden.[17] Ob dies genügt, um den wirtschaftlichen Realitäten gerecht zu werden, und ob dabei vom Gesetzgeber der Grundsatz der Gleichbehandlung der direkten Konkurrenten,[18] welcher indessen nicht absolut gilt,[19] gewahrt ist, bleibt abzuklären. In diesem Zusammenhang sollte ebenfalls berücksichtigt werden, dass den Genossenschaftern anders als den Aktionären[20] aber gleich wie den Gesellschaftern der GmbH[21] gemäss Art. 866 OR eine Treuepflicht zukommt. Sollten die Genossenschafter aufgrund der grösseren Pflichten nicht auch zumindest mit den gleichen Rechten wie die Aktionäre ausgestattet sein, oder sollte aufgrund der Natur der Treuepflicht den Genossenschaftern ein umfassendes Klagerecht gerade nicht zugestanden werden?

Aufgrund des in der Genossenschaft geltenden Kopfstimmprinzips, kann u.U. die Minderheit des vertretenen Kapitals darüber entscheiden, ob die Genossenschaft eine Verantwortlichkeitsklage hängig macht oder nicht. Es stellt sich folglich die Frage, ob bzw. wie *de lege ferenda* dieses mögliche Ungleichgewicht durch eine Regelung analog derjenigen in Art. 697 Abs. 3 Ziff. 4 OR oder durch die Möglichkeit einer Klageanhebung aufseiten der Genossenschafter auch ausserhalb der Überschuldung beseitigt werden könnte. Ausserdem fragt sich, ob der Verweis für die *actio pro societate* in Art. 917 Abs. 2 OR auf die für die Aktiengesellschaft aufgestellten Vorschriften auch das Kopfstimmprinzip bei der Klageanhebung aushebelt, da Art. 693 Abs. 3 Ziff. 4 OR auch im Rahmen der Genossenschaft zur Anwendung kommt. Wenn die Genossenschafter Verantwortlichkeitsklagen gemäss Art. 917 Abs. 1 und Abs. 2 OR erheben, haben sie dann die (Vermögens-)Rechte, die ihnen aufgrund ihres eingebrachten Kapitals oder aufgrund des Kopfstimmprinzips zustehen? Wenn die Generalversammlung der Genossenschafter sich zu einer Verantwortlichkeitsklage der Genossenschaft entscheidet, wird dann ebenfalls gemäss dem Kopfstimmprinzip abgestimmt?

In der Genossenschaft werden Entscheidungen häufig Bottom-Up und nicht Top-Down gefällt. Grund dafür ist einerseits die vorherrschende demokra-

---

17 Müller, S. 234 f.

18 Dieser ergibt sich aus Art. 27 BV i.V.m. Art. 94 Abs. 4 BV.

19 BGE 121 I 129, E. 4; Rhinow / Schmid / Biaggini / Uhlmann, S. 91.

20 Forstmoser / Meier-Hayoz / Nobel, §42 Rz. 24 ff.; Böckli, §1 Rz. 19 f.

21 Art. 803 OR.

tische Idee, welche die Genossenschaft mehr als die Aktiengesellschaft zu einer heterarchischen Gesellschaftsform macht, in welcher Personen unterschiedlicher Ebenen in der Gesellschaft Entscheide treffen bzw. mitbeeinflussen können. Dies betrifft insbesondere die General- und die Delegiertenversammlung. Andererseits kann, wenn Genossenschaften in einem Verband zusammengeschlossen sind, auch der Verband Entscheidungen für die Mitgliedschaftsgenossenschaften fällen. Welchen Einfluss hat diese Mischung aus Bottom-Up-[22] und Top-Down-Struktur auf die Verantwortlichkeitsklagen in der Genossenschaft? Kann eine Verwaltung für Entscheide verantwortlich gemacht werden, welche sie gar nicht im Alleingang fällt?

Im praktischen Teil ergeben sich ebenfalls einige Problemfelder. U.a. ist bis anhin in der Literatur keine Studie bekannt, die untersucht, wie verbreitet und erfolgversprechend die Verantwortlichkeitsklagen in der Genossenschaft in der Schweiz in der Praxis sind. Es liegen folglich auch keine Erklärungsversuche für die Prävalenz der genossenschaftlichen Verantwortlichkeitsklagen vor. Des Weiteren ist unklar, wie in den Genossenschaften mit der Gefahr von allfälligen Verantwortlichkeitsklagen umgegangen wird, bzw. ob Strategien betreffend den Umgang mit aufgetretenen Verantwortlichkeitsklagen vorhanden sind, und wie diese bei Vorhandensein aussehen. Es wurde bis anhin nicht untersucht, ob Verantwortlichkeitsklagen in der Genossenschaft für gewöhnlich auf eine gewisse Art und Weise ausgehen, ob die Erfolgsfaktoren für das Führen von Verantwortlichkeitsklagen dieselben sind wie in der Aktiengesellschaft und welches die gewichtigsten Hinderungsgründe für das Führen von Verantwortlichkeitsklagen in einer Genossenschaft sind. Nicht bekannt ist ferner, welche Rolle D&O-Versicherungen in Genossenschaften spielen und inwiefern mögliche Verantwortlichkeitsklagen in der Genossenschaft das Verhalten von Mitgliedern der Verwaltung und der Geschäftsführung beeinflussen. Auch blieb bis anhin nicht untersucht, wie die Mitglieder von Verwaltung und Geschäftsführung zu einer strengeren Regelung der genossenschaftsrechtlichen Verantwortlichkeit stehen.

---

22 Auch die ehemalige Head of Legal & Compliance der Raiffeisen Schweiz Genossenschaft, Nadja Ceregato, bezeichnete in einem Aufsatz die Raiffeisen Gruppe als Bottom-Up strukturiert (S. 168); Fischler (S. 17) spricht im Zusammenhang mit Genossenschaften vom «bottom-up»-Prinzip.

B. Zielsetzung

In der vorliegenden Arbeit sollen vier Ziele erreicht werden. Erstens soll erläutert werden, wie im Gesetz die Verantwortlichkeitsklagen in der Genossenschaft geregelt sind und wie die Lehre diese Regelung diskutiert. Es soll beschrieben werden, welche Probleme die Lehre sieht. Die im Kapitel «I.A Problemstellung» aufgeführten Fragen sollen beantwortet werden. Es soll sich dabei um eine Erläuterung *de lege lata* mit einem Fokus auf den Klagen nach Art. 916–920 OR handeln. Zweitens soll eine Rechtsprechungsanalyse der genossenschaftlichen Verantwortlichkeitsklagen auf kantonaler Ebene als auch auf eidgenössischer Ebene vorgenommen werden. Drittens sollen anhand einer zweiteiligen empirischen Studie Erfahrungen und Probleme mit Verantwortlichkeitsklagen in der Genossenschaft in der Praxis aus unterschiedlichen Perspektiven ausgearbeitet werden. Viertens sollen *de lege ferenda* sowohl aus den theoretischen als auch aus den praktischen Erkenntnissen Überlegungen zu den genossenschaftlichen Verantwortlichkeitsklagen angestellt werden.

C. Methodik

Zu Beginn des theoretischen Teils der Arbeit stand eine umfassende Literatur- und Internetrecherche zum Verantwortlichkeitsrecht in der Genossenschaft und zur Aktiengesellschaft. Die relevantesten Texte zu den Verantwortlichkeitsklagen in der Genossenschaft wurden gelesen. Danach wurde eine erste Disposition erstellt, erste Begriffe definiert und einige Abgrenzungen vorgenommen. Anschliessend wurde die Problemstellung vertieft erarbeitet. Dazu wurde mit dem Referenten ein Brainstorming betreffend mögliche Problemfelder durchgeführt. Daraufhin wurde das Recht der Genossenschaft[23] im Hinblick auf allfällige Bezüge zum Verantwortlichkeitsrecht der Genossenschaft analysiert und dabei aufkommende Fragen wurden aufgezeichnet. Anschliessend wurden die Fragen mit den im Brainstorming aufgeführten Problembereichen in Zusammenhang gebracht und die Problembereiche wurden abschliessend definiert. Die Problembereiche wurden sodann in vier unterschiedliche Kategorien geordnet. Davon ausgehend wurden die Struktur überarbeitet und die Zielsetzung sowie die relevantesten Begriffe definiert. Im theoretischen Teil wurden die Verantwortlichkeitsklagen der unterschied-

23 Art. 828–926 OR.

lichen Anspruchsberechtigten in der Genossenschaft beschrieben und erläutert. Die in der Problemstellung definierten Fragen dienten im Teil zu den zivilrechtlichen Verantwortlichkeitsklagen als Leitfaden für weitergehende Ausführungen und Überlegungen. Dazu wurde die einschlägige Literatur, d.h. die grundlegenden Werke, Kommentare, Aufsätze zum Thema und wo vorhanden die Rechtsprechung, zusammengefasst und wo notwendig um eigene Überlegungen erweitert. Sofern keine Literatur vorhanden war und teilweise auch als Ergänzung, wurde die aktienrechtliche Literatur beiseite gezogen und auf eine analoge Anwendbarkeit auf die Genossenschaft hin überprüft.

Die für diese Arbeit durchgeführte empirische Studie ist in einen qualitativen und einen quantitativen Ansatz zweigeteilt. Im qualitativen Teil wurden zehn Personen, bestehend aus Verwaltungssekretären und (ehemaligen) Mitgliedern von Verwaltungen, Professoren, Versicherungsfachleuten, Mitgliedern von genossenschaftlichen Interessengemeinschaften, Rechtsanwälten und Richtern bezüglich ihrer Erfahrungen mit Verantwortlichkeitsklagen in Genossenschaften in neun Experten-Interviews, die anhand eines Leitfadens strukturiert waren, ausführlich und persönlich befragt.[24] Die Interviews wurden im Anschluss anonym ausgewertet.

Im quantitativen Teil wurden Umfragen an 100 Mitglieder der Verwaltung oder der Geschäftsführung, bzw. die Verwaltungssekretäre von gewöhnlichen Genossenschaften und an 50 Mitglieder von konzessionierten Versicherungs- und Kreditgenossenschaften zur Beantwortung verschickt. Die Fragebogenresultate wurden im Anschluss ausgewertet. Abschliessend wurden die Ergebnisse zusammengefasst und Empfehlungen für die unterschiedlichen, mit Verantwortlichkeitsklagen befassten Anspruchsgruppen ausgearbeitet.

D. Begriffsbestimmungen

1. Allgemeines

Um Unklarheiten entgegenzuwirken, werden in diesem Abschnitt einige für die vorliegende Arbeit relevante Begriffe in groben Zügen definiert, bzw. wird klargestellt, welche Begriffe verwendet werden. Im allgemeinen theoretischen Teil wird auf diese Begriffe vereinzelt vertieft eingegangen.

24 Vgl. zur Methodik des Experten-Interviews: Flick, S. 214 ff.

2. (Gewöhnliche) Genossenschaften und Grossgenossenschaften

Für Genossenschaften, welche keine konzessionierten Versicherungsgenossenschaften oder Kreditgenossenschaften sind, gilt die spezialgesetzliche Regelung der Art. 916–919 OR. Für diese Genossenschaften wird, sofern es die Klarheit erfordert, der Begriff *gewöhnliche Genossenschaften* verwendet. Ansonsten wird der Leserlichkeit halber der Begriff *Genossenschaften* gebraucht. Wenn von allen Genossenschaften, also den gewöhnlichen und den konzessionierten Versicherungsgenossenschaften und Kreditgenossenschaften die Rede ist, so wird ebenfalls der Terminus *Genossenschaften* verwendet; bei Unklarheiten der Begriff *alle Genossenschaften*.

Unter dem Begriff *Grossgenossenschaften* werden in dieser Arbeit die Genossenschaften verstanden, welche der KMU-Definition des Art. 727 Abs. 1 Ziff. 2 OR bzw. des Art. 2 lit. e FusG nicht entsprechen, da sie zwei der drei im Gesetz verankerten Kriterien Bilanzsumme, Umsatzerlös und Vollzeitstellenäquivalente überschreiten.

3. Konzessionierte Versicherungs- und Kreditgenossenschaften

In Art. 920 OR verweist der Gesetzgeber bezüglich der gesellschaftsrechtlichen Verantwortlichkeit in den konzessionierten Versicherungs- und Kreditgenossenschaften dynamisch[25] auf die Regelung im Aktienrecht. Die konzessionierten Versicherungsgenossenschaften sind diejenigen Genossenschaften, welche im Rahmen des VAG die Bewilligung zum Geschäftsbetrieb erhalten haben.[26] Noch heute besteht für kleinere Versicherungsgenossenschaften eine Ausnahme von der Bewilligungspflicht.[27] Die Ausnahmebedingungen sind in Art. 2 lit. d VAG geregelt.

---

25 CoRo CO-Corboz/Aubry Girardin, Art. 920 Rz. 2; BSK OR II-Gericke/Waller, Vor Art. 916–920 OR Rz. 2.

26 BSK OR II-Moll, Art. 893 Rz. 3; Blickenstorfer, S. 236; Gerwig, S. 142, der noch auf Art. 1 Abs. 2 aVAG verweist.

27 Ehemals war dies die Konzessionspflicht.

An mehreren weiteren Stellen verwendet der Gesetzgeber den Begriff der Kreditgenossenschaften.[28] Die Mehrheit der Lehre[29] vertritt die Ansicht, dass unter dem Begriff der Kreditgenossenschaften die dem Bankengesetz unterstellten Genossenschaften zu verstehen sind, wobei die Bürgschaftsgenossenschaften für Handel, Handwerk und Landwirtschaft ausgenommen sind. Hinzutreten gemäss BLICKENSTORFER[30] «diejenigen Genossenschaften, welche ihren Zweck dahin ausrichten, an ihre Mitglieder Gelder auszuleihen, sich aber nicht öffentlich zur Annahme fremder Gelder empfehlen.» Den Begriff zu weit fasst indessen GUTZWILLER, welcher vom Begriff alle diejenigen «genossenschaftlich organisierten Gemeinschaften» erfasst, «welche in einer der üblichen Rechtsformen ‹Kredit› gewähren oder entgegennehmen (Spar-, Anlage-, Hypothekar-, Bürgschaftskredit).»[31]

4. Organe

Die Genossenschaft bedarf als Körperschaft gesetzlich vorgeschriebener Organe. Es sind dies das Legislativorgan, die Generalversammlung,[32] das Exekutivorgan, das ist die Verwaltung,[33] und das Kontrollorgan, die Revisionsstelle,[34] auf welche in Ausnahmefällen verzichtet werden kann.[35] Anders als in der Aktiengesellschaft besteht in der Genossenschaft allerdings keine Kompetenzvermutung zugunsten der Verwaltung. Es muss von Fall zu Fall entschieden werden, welches Organ für eine bestimmte Angelegenheit zu-

28 Art. 858 Abs. 2 aOR; Art. 861 Abs. 1 OR; Art. 2 Abs. 4 der Schluss- und Übergangsbestimmungen zu den revidierten Titeln 24–33 OR.

29 Mit einer Übersicht der Lehre zum Begriff der Kreditgenossenschaft: REYMOND / TRINDADE, S. 68.

30 BLICKENSTORFER, S. 234; gl.M.: BSK OR II-NEUHAUS / BALKANYI, Art. 861 Rz. 2a; ähnlich auch GERWIG (S. 132), der sie als Genossenschaften sieht, «die das Bedürfnis ihrer Mitglieder nach Kredit befriedigen oder dasjenige nach Anlage ihrer Ersparnisse.»

31 BLICKENSTORFER, S. 232 m.V.a. ZK OR-GUTZWILLER, Art. 861 Rz. 4.

32 In Art. 879 ff. OR sind die Bestimmungen zur Generalversammlung zu finden.

33 In Art. 894 ff. OR sind die Bestimmungen zur Verwaltung zu finden.

34 In Art. 906 f. OR und Art. 727 ff. OR sind die Bestimmungen zur Revisionsstelle zu finden.

35 MEIER-HAYOZ / FORSTMOSER / SETHE, S. 741; siehe zu den Voraussetzungen für einen Verzicht: MEIER-HAYOZ / FORSTMOSER / SETHE, S. 744 f.

ständig ist.[36] Als Richtlinie dient dabei der Grundsatz, dass Geschäftsführung und Vertretung generell in die Kompetenz der Verwaltung fallen.[37] In anderen Bereichen hingegen liegen die Zuständigkeiten bei der Generalversammlung, wobei es wichtig ist, auf den in der Generalversammlung zum Ausdruck gebrachten Willen abzustellen, bei wem eine Kompetenz liegen soll.[38]

Gleich wie in der Aktiengesellschaft wird in der Genossenschaft zwischen formellem, materiellem und faktischem Organ sowie Organ infolge Kundgabe unterschieden.[39] Im Genossenschaftsrecht ist von einem materiellen, funktionellen Organbegriff[40] auszugehen, der die formellen Organe ebenfalls erfasst.

5. Verwaltung, Mitglieder der Verwaltung und Verwaltungsrat

Die «Exekutive» der Genossenschaft ist die Verwaltung. Die gesetzliche Terminologie wird auch in der vorliegenden Arbeit verwendet, wobei mit dem Begriff der *Verwaltung* jeweils das gesamte Gremium gemeint ist. Die Verwaltung besteht, anders als der Verwaltungsrat der Aktiengesellschaft, aus mindestens drei gewählten Mitgliedern.[41] Auf die einzelnen, die Verwaltung konstituierenden Personen, wird mit dem Begriff *Mitglieder der Verwaltung* bzw. wenn lediglich jemand gemeint ist, mit *Mitglied der Verwaltung* referenziert. Die fiduziarischen Mitglieder der Verwaltung, die Strohmänner oder -frauen, die stillen Mitglieder sowie i.S.v. Art. 917 OR die faktischen oder verdeckten Mitglieder der Verwaltung sind mithin auch Mitglieder der Verwaltung.[42] Wenn vom Verwaltungsrat die Rede ist, so ist damit entweder das

36 MEIER-HAYOZ / FORSTMOSER / SETHE, S. 741 f.

37 ZK OR-GUTZWILLER, Art. 897–899 Rz. 15.

38 ZK OR-GUTZWILLER, Art. 879 Rz. 15.

39 MÜLLER, S. 238.

40 Vgl. BGE 128 III 29 E. 3a und BGE 114 V 213 E. 4e, beide für die AG; BSK OR II-GERICKE / WALLER, Art. 916 Rz. 2; HaftpflichtKomm-MEIER, Art. 916 Rz. 9; ZK OR-GUTZWILLER, Art. 916 Rz. 7; den Organbegriff etwas enger fassend: CHK-MÜLLER / FORNITO, Art. 916 Rz. 1.

41 Art. 894 Abs. 1 OR.

42 BLICKENSTORFER, S. 171 ff. und 180 ff.

Führungsorgan der Aktiengesellschaft oder ein einzelnes Mitglied desselben gemeint.[43]

6. Mitglieder der Geschäftsführung

Anders als Art. 917 OR, wo lediglich von den Mitgliedern der Verwaltung die Rede ist, fasst Art. 916 OR auch ausdrücklich nicht nur die mit der Verwaltung, sondern auch die mit der Geschäftsführung befassten Personen gegenüber der Genossenschaft ins Recht. Um welche Personenkreise es sich bei den unterschiedlichen Bezeichnungen handelt, ist in der Lehre indessen umstritten.[44] Mit BLICKENSTORFER[45] wird in der vorliegenden Arbeit allerdings von einem extensiven Begriffsverständnis ausgegangen. D.h. wer funktionell mit der Geschäftsführung befasst ist, ist Geschäftsführungsorgan. Die Geschäftsführung ist gesellschaftsintern zuerst bei der Verwaltung verordnet,[46] woher sie an von der Verwaltung gewählte Ausschüsse[47] oder eine oder mehrere Personen, Geschäftsführer oder Direktoren[48] übertragen werden kann. Vom Kader des Unternehmens soll sodann «derjenige aus Art. 916 haftbar werden, der tatsächlich und selbständig massgebende Entscheide zu fällen hat. Eine mit der Geschäftsführung betraute Person kann z.B. Verwaltungsratsmitglied, Angestellter, Beauftragter oder Verbandsperson sein. Massgebend ist weder die Unterschriftsberechtigung noch seine Bezeichnung. In Frage kommen etwa Direktoren, Geschäftsführer, Prokuristen, Handlungsbevollmächtigte, Verwalter, Betriebskommissionsmitglieder etc.»[49]

---

43 Siehe dazu: MÜLLER / LIPP / PLÜSS, S. 1 Fn. 1; statutarisch kann allerdings auch in der Genossenschaft ausdrücklich ein «Verwaltungsrat» vorgesehen sein (ZK OR-GUTZWILLER, Art. 879 OR Rz. 24; MÜLLER, S. 234 f.).

44 Siehe für die unterschiedlichen Lehrmeinungen: BLICKENSTORFER, S. 166 f.

45 BLICKENSTORFER, S. 178 f.

46 Art. 902 Abs. 1 OR.

47 Art. 897 OR.

48 Art. 898 Abs. 1 OR:

49 Zitiert aus: BLICKENSTORFER, S. 179; ebenfalls auf die selbständigen und wesentlichen Entscheidungsbefugnisse abstellend: MEIER-WEHRLI, S. 11 f. für die AG.

7. Genossenschaftsrechtliche Verantwortlichkeit

Die Personen, welche als Organe die Gesellschaften führen und gegenüber denselben verpflichtet[50] sind, sind in Ihrer Funktion als Organ gegenüber diesen Gesellschaften, den Gesellschaftern, den Gläubigern und dem Staat für ihre Handlungen verantwortlich. Dieses Konzept nennt sich *Verantwortlichkeit*. Es findet Ausdruck in unterschiedlichen Gesetzen. Die Gesamtheit dieser Normen wird als Verantwortlichkeitsregelung bezeichnet. Die Organe müssen für ihr Fehlverhalten einstehen.[51] Im juristischen Kontext bedeutet dies konkret, dass die verantwortlichen Personen die vom Gesetz festgeschriebenen Rechtsfolgen zu tragen haben. Die Rechtsfolgen ergeben sich aus zivil-, straf-, steuer- und sozialversicherungsrechtlichen Normen.

8. Verantwortlichkeitsklage

Der zivilrechtlichen, genossenschaftlichen Verantwortlichkeitsklage liegt die Behauptung des Klägers zugrunde, dass eine oder mehrere mit der Verwaltung, der Geschäftsführung, der Revision oder der Liquidation befasste Personen pflichtvergessen[52] gehandelt und dadurch einen Schaden verursacht hat / haben. Vom Begriff der *Verantwortlichkeitsklage* ist aber jede Klage, ob zivil-, straf-, oder öffentlichrechtlicher Natur erfasst, welche eine der obgenannten Personen aufgrund eines pflichtvergessenen Verhaltens gerichtlich ins Recht zu fassen sucht. Um eine Verantwortlichkeitsklage erheben zu können, deren Rechtsbegehren zum Urteil erhoben wird, müssen unterschiedliche formell- und materiellrechtliche Voraussetzungen erfüllt sein. Diese unterscheiden sich gemäss den zugrunde liegenden Gesetzen und werden weiter unten erläutert.

9. Kopfstimmprinzip

Die Genossenschaft wird durch das Kopfstimmprinzip beherrscht. Die Stimmkraft der einzelnen Genossenschafter bestimmt sich dabei unabhängig vom eingebrachten Kapital der einzelnen Genossenschafter. Die Genossenschafter

---

50 «(…) durch Verletzung der ihnen obliegenden *Pflichten* verursachen.», Auszug aus Art. 916 Abs. 1 OR.

51 MEIER-WEHRLI, S. 1; für die zivilrechtliche Haftung in der Genossenschaft: Art. 916–920 OR.

52 METZGER, S. 622.

stehen nämlich in gleichen Rechten und Pflichten.[53] Aus dieser personalistischen Grundstruktur ergibt sich auch die Stimmrechtsregelung in der Genossenschaft. Das Kopfstimmprinzip, festgeschrieben in Art. 885 OR, besagt, dass jeder Genossenschafter in der Generalversammlung oder in der Urabstimmung zwingend nur eine Stimme hat.

10. Bottom-Up-Struktur

Genossenschaften sind Bottom-Up strukturiert. Das heisst, dass sich die Genossenschaften anhand der vorhandenen Genossenschafter konstituieren und nicht aufgrund des im Vorhinein festgesetzten Kapitals. Neue Genossenschafter können in die Genossenschaft eintreten und bestehende je nach Statuten auch wieder austreten. Die Zahl der Genossenschafter ist nicht begrenzt und auch ein Grundkapital darf im Voraus nicht festgesetzt werden.[54] Zudem herrscht in der Genossenschaft die demokratische Idee vor, welche die Genossenschaft zu einer heterarchischen Gesellschaftsform macht, in welcher Personen unterschiedlicher Ebenen in der Gesellschaft Entscheide treffen bzw. mitbeeinflussen können. Es gibt keine Kompetenzvermutung zugunsten der Verwaltung. Dies stattet insbesondere die General- bzw. die Delegiertenversammlung mit zusätzlichen Kompetenzen aus. Der in der Generalversammlung geäusserte Wille der Genossenschafter, als eine Gemeinschaft gleichgestellter Personen, ist dabei häufig massgebend.[55]

Die Genossenschaftsverbände setzen sich aus eigenständigen Genossenschaften zusammen, die eine eigene Verwaltung und bei Bedarf auch eine eigene Revisionsstelle haben. Es handelt sich gewissermassen um «inverse Konzerne».[56] Den unterschiedlichen Genossenschaften gehört der Genossenschaftsverband, gleich wie den einzelnen Genossenschaftern die Genossenschaft gehört. Die Genossenschafter sind relativ frei in der Gestaltung ihrer Genossenschaft. Sie können als Genossenschafter weitreichende Entscheidungen für die Genossenschaft selbst fällen.

53 Art. 854 1. Halbsatz OR.

54 Art. 828 Abs. 2 OR.

55 Vgl. z.B. ZK OR-Gutzwiller, Art. 879 Rz. 15.

56 Diesen Begriff verwendet auch Ceregato (S. 168).

11. Treuepflicht

Die Treuepflicht entfaltet in der Genossenschaft für die Mitglieder der Genossenschaft und die Mitglieder der Verwaltung zwei unterschiedliche Wirkungen.

Erstens ist in Art. 866 OR die Verpflichtung der Genossenschafter statuiert. Sie müssen die Interessen der Genossenschaft in guten Treuen wahren. Diese Verpflichtung erfordert ein tätiges Verhalten, d.h. je nach Gegebenheit eine einzelne Handlung, eine Mitwirkung, eine Duldung oder eine Unterlassung.[57] Ihr konkreter Inhalt ergibt sich aus dem Umstand, in welchem die Treuepflicht zur Anwendung gelangt.

Zweitens entfaltet die Treuepflicht Wirkungen für das Verhältnis der Mitglieder der Verwaltung zur Genossenschaft. Diese Pflicht ist im Gesetz nicht ausdrücklich statuiert.[58] Es ist im Vergleich zur Treuepflicht der Genossenschafter eine akzentuierte Treuepflicht.[59] Der Inhalt der Treuepflicht ist derselbe wie derjenige der Treuepflicht des Verwaltungsrats der Aktiengesellschaft.[60]

E. Abgrenzungen

1. Örtlich

In dieser Arbeit werden Verantwortlichkeitsklagen gegen die Mitglieder der Verwaltung und der Geschäftsführung von Genossenschaften, welche nach schweizerischem Recht organisiert und in der Schweiz domiziliert sind, untersucht. Rechtsvergleichende Überlegungen werden keine angestellt.

2. Sachlich

Diese Arbeit beschränkt sich auf die Genossenschaften. Es sind dies die privatrechtlichen Genossenschaften nach Art. 828 ff. OR und die öffentlichrechtlichen Genossenschaften. Nicht erläutert werden allfällige Verantwortlichkeitsregelungen des kantonalen Privatrechts, welche bei Allmendge-

---

57 ZK OR-Gutzwiller, Art. 866 Rz. 4.

58 BSK OR II-Watter, Art. 902 Rz. 3.

59 ZK OR-Gutzwiller, Art. 902 Rz. 5.

60 BSK OR II-Watter, Art. 902 Rz. 3.

nossenschaften und ähnlichen Körperschaften gegenüber dem Bundesprivatrecht Vorrang geniessen.[61]

Zivilrechtlich wird ein Fokus auf die Verantwortlichkeitsklagen, welche auf Art. 916 OR und Art. 917 OR fussen, gelegt. Konkret werden Verantwortlichkeitsklagen gegen diejenigen Personen, die mit der Verwaltung und Geschäftsführung einer Genossenschaft befasst sind, ins Auge gefasst. Im theoretischen Teil wird nicht auf die Verantwortlichkeit der konzessionierten Versicherungs- und Kreditgenossenschaften eingegangen. Aufgrund der Verweisung kann hier global auf die Literatur im Aktienrecht[62] verwiesen werden. Nicht bzw. nicht vertieft untersucht werden des Weiteren die ebenfalls in Art. 916 OR und Art. 920 OR i.V.m. Art. 755 OR stipulierte Verantwortlichkeit der mit der Revision und mit der Liquidation befassten Personen sowie die gesetzlich bei der gewöhnlichen Genossenschaft ebenfalls nicht ausdrücklich festgesetzte Prospekt- und Gründungshaftung.[63] Im theoretischen Teil der vorliegenden Arbeit soll es insbesondere nicht vorwiegend darum gehen, die Verantwortlichkeitsregelung in der Genossenschaft vertieft zu erläutern, sondern vielmehr die in der Problemstellung aufgeworfenen Fragen zu beantworten und damit die Verantwortlichkeitsregelung ins Genossenschaftsrecht einzubetten. Der Fokus liegt auf den Klagen, welche den unterschiedlichen Aktivlegitimierten zur Verfügung stehen. Dabei sollen materiell- und formellrechtliche Ausführungen angestellt werden. Auch wenn die Klagen aus vertraglicher und ausservertraglicher Haftung von Organen in der Genossenschaft für eine ganzheitliche Verantwortlichkeitsregelung unabdingbar sind und die genossenschaftliche Verantwortlichkeitsregelung in wertvoller Weise ergänzen,[64] werden sie vorliegend gar nicht oder nur am Rande behandelt.

Neben den zivilrechtlichen Verantwortlichkeitsklagen stehen die straf- und öffentlichrechtlichen Verantwortlichkeitsklagen.[65] Diesen Klagen kommt in

---

61 Art. 59 Abs. 3 ZGB.

62 Siehe dazu Fn. 4 dieser Arbeit.

63 Für die gewöhnlichen Genossenschaften greifen bei einer Gründungs- oder Prospekthaftung die Art. 41 ff. OR.

64 Weiterführend zum Verhältnis der Art. 916 f. OR zu Art. 41 OR: BLICKENSTORFER, S. 32 ff.

65 Es ist dem Autor bewusst, dass formell gesehen auch das Strafrecht zum öffentlichen Recht gehört, da es das Verhältnis des Bürgers zum Staat ordnet. Aus

der Praxis eine sehr hohe Bedeutung zu. Die strafrechtlichen Klagen sind dabei häufig mit den zivilrechtlichen verknüpft. Und sofern eine Gesellschaft die Beiträge für ihre Mitarbeiter nicht mehr bezahlt bzw. bezahlen kann, erheben die Sozialversicherungen ihre Klagen. Auf die straf- und öffentlichrechtlichen Klagearten soll in dieser Arbeit somit ebenfalls eingegangen werden, wobei auf strafprozessuale und verwaltungsverfahrensrechtliche Überlegungen verzichtet wird.

Auch wenn in dieser Arbeit die im Zusammenhang mit Genossenschaften zur Verfügung stehenden Verantwortlichkeitsklagen im Zivil-, Straf-, und öffentlichen Recht systematisch aufgeführt werden sollen, wird insbesondere im theoretischen Teil kein Anspruch auf Vollständigkeit erhoben. Der Bereich und die Thematik der Verantwortlichkeitsklagen sind dafür zu vielschichtig, komplex und weitläufig. Es kann deshalb nicht auf alle Einzelheiten vertieft eingegangen werden.

3. Zeitlich

Rechtsprechung und Literatur werden bis und mit Ende März 2019 berücksichtigt. Die Rechtsprechungsübersicht erfolgt für fünfzehn Jahre (März 2004–März 2019). Die qualitative und die quantitative Studie beschränken sich betreffend den Befragungshorizont auf zehn Jahre (März 2009–März 2019). Die anlässlich der Generalversammlung der Raiffeisen Schweiz Genossenschaft vom 16. November 2019 beschlossenen Strukturänderungen wurden mithilfe eines Interviews mit Herrn Dr. phil. Hilmar Gernet ebenfalls berücksichtigt.

Gründen der Klarheit wird das Strafrecht hier allerdings als gesondertes Rechtsgebiet behandelt.

II. Allgemeiner theoretischer Teil

A. Zivilrechtliche Verantwortlichkeitsklagen

1. Allgemeines und Übersicht der Klagen

Die Genossenschaft ist im Kanon der schweizerischen Gesellschaftsformen ein Spezialfall. Sie ist für Personengruppen, welche zum Zweck der gemeinsamen Selbsthilfe bestehen,[66] das passende Rechtskleid. Das juristische Herzstück der genossenschaftlichen Verantwortlichkeitsklagen findet sich in den Art. 916–920 OR. Die Regelung ist stark an diejenige des Aktienrechts angelehnt, wobei die Regelung in Art. 916 und 917 OR für gewöhnliche Genossenschaften insgesamt etwas weniger streng ausgestaltet wurde, damit es dennoch möglich sei, tüchtige Persönlichkeiten für diese Ämter zu finden.[67] Der Gesetzgeber ging nämlich stillschweigend davon aus, dass die Verwaltung und die Geschäftsführung gewöhnlicher Genossenschaften nicht, bzw. nur in geringem Umfang vergütet werden. Bei den grossen Konsumgenossenschaften sowie bei den konzessionierten Versicherungs- und den Kreditgenossenschaften ist dies allerdings anders. Dem trägt der Gesetzgeber in Art. 920 OR für die letzteren beiden durch eine vollumfängliche Verweisung auf die aktienrechtliche Verantwortlichkeitsregelung Rechnung.

Materiellrechtlich werden eine Pflichtverletzung, ein Schaden, ein adäquater Kausalzusammenhang und ein Verschulden vorausgesetzt.[68] Mit der Verantwortlichkeitsklage wird sodann Schadenersatz von den verantwortlichen Personen gefordert. Gleich wie in der Aktiengesellschaft gabelt sich auch das Verantwortlichkeitsrecht der Genossenschaft an der Frage, ob sich die Gesellschaft «im» oder «ausser Konkurs» befindet.[69] Ausserdem wird betreffend die Klageberechtigung dahingehend differenziert, ob eine Verletzung der in den Art. 903 Abs. 1 und 2 OR für den Überschuldungstatbestand stipulierten Pflichten vorliegt. Kann diese Frage bejaht werden, so sind auch die Gläubiger und die Genossenschafter aktivlegitimiert. Die zivilrechtliche Verantwortlichkeit in der Genossenschaft ist aufgrund der Besonderheiten der Genossenschaft und der spezialgesetzlichen Regelung insgesamt also komplizierter, weshalb auf diese auch umfangreicher eingegangen wird, als auf die straf-

---

66 Art. 828 Abs. 1 2. Halbsatz OR.

67 Botschaft, Revision Obligationenrecht 1928, S. 302.

68 Siehe dazu Art. 916 und 917 OR.

69 BÖCKLI, §18 Rz. 13 für die AG.

und die öffentlichrechtliche Regelung, die grossteils analog derjenigen im Aktienrecht ausgestaltet ist.

Als vereinfachte Übersicht der in einer gewöhnlichen Genossenschaft zur Verfügung stehenden zivilrechtlichen Verantwortlichkeitsklagen dient die nachstehende Tabelle in Anlehnung an die Tabelle in PETER BÖCKLIS Schweizer Aktienrecht.[70]

Tab. 1: Die genossenschaftlichen Verantwortlichkeitsklagen gegen die Verwaltung

Klage gegen Mitglieder der Verwaltung gewöhnlicher Genossenschaften					
Kläger	*Verletzte Pflicht*	*Ausser Konkurs*		*Im Konkurs*	
		unmittelbar geschädigt	*mittelbar geschädigt*	*unmittelbar geschädigt*	*mittelbar geschädigt*
Genossenschafter	Art. 903 Abs. 1 &/ 2 OR	Klage nach Art. 917 Abs. 1 OR, Art. 41 OR oder Vertrauenshaftung	Klage nach Art. 917 Abs. 2 OR auf Leistung an die Genossenschaft	Klage nach Art. 917 Abs. 1 OR, Art. 41 OR oder Vertrauenshaftung	Klage der Gläubigergesamtheit
	andere	Klage nach Art. 41 OR oder Vertrauenshaftung	Keine Klage	Klage nach Art. 41 OR oder Vertrauenshaftung	Klage der Gläubigergesamtheit
Gläubiger	Art. 903 Abs. 1 &/ 2 OR	Klage nach Art. 41 OR oder Vertrauenshaftung	Keine Klage	Klage nach Art. 917 Abs. 1 OR, Art. 41 OR oder Vertrauenshaftung	Klage der Gläubigergesamtheit
	andere	Klage nach Art. 41 OR oder Vertrauenshaftung	Keine Klage	Klage nach Art. 41 OR oder Vertrauenshaftung	Klage der Gläubigergesamtheit
Genossenschaft	alle Pflichten	Klage nach Art. 916 OR	--	Klage der Gläubigergesamtheit nach Art. 916 OR &/ Art. 917 Abs. 1 OR	--

Quelle: Eigene Darstellung in Anlehnung an BÖCKLI (§18 Rz. 219).

---

70 BÖCKLI, §18 Rz. 219; für eine Übersicht der in der konzessionierten Versicherungsgenossenschaft und der Kreditgenossenschaft vorhandenen Klagen wird, kraft der Verweisung in Art. 920 OR, vollumfänglich auf die Tabelle in BÖCKLIS Aktienrecht verwiesen. Gegen die Mitglieder der Geschäftsführung steht nur der Genossenschaft selbst eine Klage aus Art. 916 OR zu, sowie die Klagen aus Art. 41 ff. OR und die Vertrauenshaftung für Aktionäre und / oder Gläubiger. Auf eine Tabelle für diese Passivlegitimierten wird deshalb verzichtet.

Zu den Klagen nach Art. 916–920 OR, welche auch die Klagen gegen die Liquidatoren und die Revisionsstelle umfassen, treten die Klage nach Art. 108 FusG, die Klage nach Art. 41 ff. OR sowie die konkursrechtlichen Klagen hinzu.

2. Rechtsnatur der Verantwortlichkeitsklagen

Die Rechtsnatur der Verantwortlichkeitsklagen zeitigt unter der heutigen gesetzlichen Regelung Auswirkungen auf die Beweislastverteilung betreffend das Verschulden,[71] wobei diese aufgrund des in Lehre und Rechtsprechung geltenden objektivierten Verschuldensmassstabs nicht überschätzt werden dürfen.[72] Besteht ein Anspruch aus Delikt, so muss der Kläger das Verschulden beweisen; ist der Anspruch vertraglicher Natur, so wird das Verschulden vermutet und der Beklagte kann sich exkulpieren.[73] Die Rechtsnatur hat keine Bedeutung im Hinblick auf die absolute Verjährungsfrist, da eine einheitliche Regelung in Art. 127 OR besteht, wonach die Forderungen aus Delikt und Vertrag grundsätzlich nach zehn Jahren verjähren.[74] Die Frage nach der Rechtsnatur der Verantwortlichkeitsklagen in der Genossenschaft kann ähnlich derjenigen in der Aktiengesellschaft beantwortet werden, da die Beziehungen der Genossenschaft, der Genossenschafter und der Gläubiger zur Verwaltung und der Geschäftsführung aus juristischer Perspektive ähnlich sind, wie diejenigen in der Aktiengesellschaft zum Verwaltungsrat und der Geschäftsführung.

Reicht die Genossenschaft eine Verantwortlichkeitsklage gegen die Verwaltung oder die Geschäftsführung ein, so handelt es sich nach h.L. um eine Klage aus Vertrag.[75] Es kommen die Bestimmungen der Art. 97 ff. OR zum Tragen. Dies begründet sich damit, dass die Mitglieder der Verwaltung für gewöhnlich mit der Genossenschaft in einem Auftragsverhältnis stehen; die

---

71 Weiterführend zur praktischen Bedeutung der Rechtsnatur: MEIER-WEHRLI, S. 67 für die AG.

72 BÄRTSCHI, Verantwortlichkeit, S. 204 für die AG; BÖCKLI, §18 Rz. 136b und §18 Rz. 432 für die AG.

73 Art. 97 Abs. 1 OR.

74 Beim Delikt gelangt zudem die besondere einjährige, relative Verjährungsregelung nach Art. 60 OR zur Anwendung. Mit Änderung vom 15. Juni 2018 beschloss die Bundesversammlung allerdings, die relative Verjährungsfrist bei Delikt auf drei Jahre zu erhöhen (AS 2018 S. 5343).

75 MONTAVON, S. 157; VON STEIGER, S. 130.

Mitglieder der Geschäftsführung stehen mit der Genossenschaft für gewöhnlich jedoch in einem Arbeitsverhältnis. Erheben die Gläubiger eine Verantwortlichkeitsklage nach Art. 917 OR, so wird von einer deliktischen Natur der Klage ausgegangen.[76] Es kommen die Bestimmungen der Art. 41 ff. OR zum Zuge. Auch das ergibt m.E. Sinn, da sie zu der Verwaltung und der Geschäftsführung in keinem vertraglichen Verhältnis stehen, sondern dieses nur mit der Genossenschaft besteht. Die Klagen der Genossenschafter gegen die Mitglieder der Verwaltung und der Geschäftsführung sind gemäss der h.L. hingegen vertraglicher oder vertragsähnlicher Natur.[77] MEIER-WEHRLI[78] vertritt indessen eine andere Auffassung. Da keine vertragliche Bindung der Gesellschafter zu den Organen bestehe, sondern diese lediglich mit der Gesellschaft vertraglich verbunden seien, könne auch keine Haftung aus Vertrag entstehen, sondern lediglich aus Delikt. M.E. ist diese Auffassung in dogmatischer Hinsicht überzeugend. Da sich die negativen Auswirkungen auf die Beweislast und damit die Genossenschafter aufgrund des geltenden, objektivierten Verschuldensmassstabs in Grenzen halten, sollte die schlüssigere Argumentation[79] Anwendung finden. Hinzuweisen bleibt an dieser Stelle zudem auf die Argumentation in Fn. 174 im Zusammenhang mit der bundesgerichtlichen Rechtsprechung zum mittelbaren und unmittelbaren Schaden, welche ebenfalls für einen Anspruch der Genossenschafter aus Delikt spricht.

---

76 BSK OR II-GERICKE / WALLER, Art. 754 Rz. 35 für die AG.

77 BLICKENSTORFER, S. 92; BSK OR II-GERICKE / WALLER, Art. 917 Rz. 10; für die AG: FORSTMOSER, Verantwortlichkeit, S. 70, mit einer Übersicht des Meinungsstandes im Schrifttum; BÖCKLI (§18 Rz. 433 ff.) sieht in den Verantwortlichkeitsansprüchen, unabhängig des Klägers, eine Haftung *ex lege*, welche u.a. auch mit der Raschein-Praxis in Einklang stehe. Weiter unten wird aufgezeigt, dass für die Genossenschaft die Raschein-Praxis nur in beschränktem Umfang Bedeutung hat. Dieses Argument kann betreffend die Rechtsnatur der Ansprüche in der Genossenschaft deshalb ebenfalls nur beschränkt Bedeutung haben.

78 MEIER-WEHRLI, S. 72 ff. für die AG; gl.M.: VON DER CRONE, S. 730, für die AG.

79 Die dogmatischen Probleme einer vertraglichen Wirkung erkennt auch schon KUNZ (Rechtsnatur, S. 21 f.), wobei er sich aufgrund teleologischer Argumente für einen vertraglichen bzw. vertragsähnlichen Anspruch der Aktionäre ausspricht.

3. Materiellrechtliche Voraussetzungen

a) Schaden

Erste Voraussetzung für die erfolgreiche Durchsetzung eines Verantwortlichkeitsanspruchs ist das Entstehen eines Schadens bei der Genossenschaft, den Genossenschaftern oder den Gläubigern. Ein Schaden besteht im Umfang der beim Geschädigten eingetretenen, ungewollten Verminderung des Reinvermögens.[80] Der Schaden ist die Differenz zwischen dem gegenwärtigen Stand des Vermögens und dem Stand, den das Vermögen ohne schädigendes Ereignis gehabt hätte. Sowohl der entgangene Gewinn als auch die Vermögenseinbusse qualifizieren als Schaden.[81]

Der Schaden kann sodann entweder direkter bzw. unmittelbarer oder indirekter bzw. mittelbarer Natur sein.[82] Die Genossenschaft ist immer unmittelbar geschädigt, wohingegen bei den Gesellschaftern und Gläubigern differenziert werden muss.[83] Um welche Schadensart es sich handelt, sollte sich unterdessen aber auch im Verantwortlichkeitsrecht der Genossenschaft nicht mehr nur danach beurteilen, nach welcher Rechtsgrundlage die Schadenersatzpflicht entstanden ist,[84] sondern primär, in welcher Vermögensmasse der Schaden eingetreten ist. Auf die vom Bundesgericht für die Schäden aufgestellte Dreiteilung und ob diese inklusive der Konsequenzen auch für die Genossenschaft übernommen werden sollte, wird im Kapitel «II.A.4.a)(1) Grundsätzliches» eingegangen. Für weitergehende Ausführungen zum Schaden wird auf die Literatur im Aktienrecht verwiesen.[85]

---

80 BGE 116 II 441 E. 3. aa).

81 MÜLLER, S. 240.

82 FORSTMOSER, Verantwortlichkeit, S. 41 ff. für die AG; in der vorliegenden Arbeit wird das Begriffspaar unmittelbarer / mittelbarer Schaden verwendet.

83 FORSTMOSER, Verantwortlichkeit, S. 79 für die AG.

84 So noch ausdrücklich: MÜLLER, S. 240 m.V.a. BGE 122 III 176 E. 7; zur damaligen Praxis des Bundesgerichts in Zusammenhang mit der AG: UMBACH / WEBER, S. 117 ff., sowie insbesondere BÖCKLI, Hürdenlauf, S. 37 ff., dessen Begründung für die Wirkungen der «X-Corporation»-Doktrin, nämlich einer Einschränkung der Klagebefugnis für Klagen aus unmittelbarer Schädigung bei Eintritt des Konkurses, das Bundesgericht übernommen hat (BÖCKLI, § 18 Rz. 301a).

85 BSK OR II-GERICKE / WALLER, Art. 916 Rz. 8 m.V.a. BSK OR II-GERICKE / WALLER, Art. 754 Rz. 13 ff. und BSK OR II-GERICKE / WALLER, Art. 755 Rz. 9 ff.

b) Pflichtverletzung

(1) Allgemeine Pflichten der Verwaltung

Die allgemeinen Pflichten der Verwaltung ergeben sich aus dem Gesetz und den Statuten der jeweiligen Genossenschaften.[86] MONTAVON[87] listet vier höchstpersönliche Pflichten der Verwaltung auf:

1. Die Pflicht, die Aufgabe persönlich auszuführen
2. Die Sorgfaltspflicht
3. Die Treuepflicht
4. Die Geheimhaltungspflicht

Nummer 2 ergibt sich direkt aus dem Genossenschaftsrecht; die Nummern 1, 3 und 4 aus Analogieschlüssen zum Aktienrecht, zum Arbeitsrecht und zum Auftragsrecht. Es wird nachfolgend vertieft auf die Nummern 2 und 3 eingegangen.

Ganz allgemein ist die Verwaltung verpflichtet, die Geschäfte der Genossenschaft mit aller Sorgfalt zu leiten und die genossenschaftliche Aufgabe mit besten Kräften zu fördern.[88] Dies beinhaltet «die personelle und finanzielle Oberleitung in Analogie zu Art. 716a OR».[89] In BGE 128 III 375 E. 4.1 beschreibt das Bundesgericht in einem der wenigen Urteile zum Verantwortlichkeitsrecht in der Genossenschaft die Sorgfaltspflicht der Verwaltung folgendermassen:

«Gemäss Art. 902 OR hat die Verwaltung die Geschäfte der Genossenschaft mit aller Sorgfalt zu leiten. Sie hat die Generalversammlung ordnungsgemäss durchzuführen. Zu ihren Pflichten im Rahmen der Vorbereitung und Durchführung der Generalversammlung gehört es, die Beschlussfähigkeit sowie die Stimmberechtigung der Anwesenden zu überprüfen und die Abstimmungsergebnisse sorgfältig zu ermitteln. Wie bei der Aktiengesellschaft ist bei der Verwaltung der Genossenschaft von einem objektivierten Sorgfaltsmassstab auszugehen (WATTER, Basler Kommentar, N. 2 zu Art. 902 OR): Massgebend ist diejenige Sorgfalt, welche ein gewissenhafter und vernünftiger Mensch desselben Verkehrskreises wie der Verantwortliche unter den gleichen

---

86 Für eine Auflistung der Pflichten der Verwaltung siehe: REYMOND / TRINDADE, S. 211 f.; BLICKENSTORFER, S. 52 f.; für die Pflichten i.S.v. Art. 916 OR siehe: BLICKENSTORFER, S. 184 ff.

87 MONTAVON, S. 128 ff.

88 Art. 902 Abs. 1 OR.

89 MÜLLER, S. 242.

Umständen als erforderlich ansehen würde (FORSTMOSER/MEIER-HAYOZ/NOBEL, Schweizerisches Aktienrecht, 1996, § 36 N. 80).»

Der objektivierte Sorgfaltsmassstab, von dem auszugehen ist, stellt indessen nur die untere Grenze dar. Wenn ein Mitglied der Verwaltung über überdurchschnittliche Kenntnisse verfügt, so ist ein höherer Massstab anzulegen.[90]

Die Treuepflicht der Verwaltung ist, im Gegensatz zur Sorgfaltspflicht, im Gesetz nicht explizit statuiert. Sie ergibt sich aus der Pflicht der Verwaltung in Art. 902 Abs. 1 OR, «die genossenschaftliche Aufgabe mit besten Kräften zu fördern.» Es ist eine akzentuierte Treuepflicht, da die Aufgabe der Verwaltung in der Förderung und nicht nur in der Wahrung der Interessen der Genossenschaft besteht, wie dies bei den Genossenschaftern der Fall ist.[91] Die Mitglieder der Verwaltung sowie ihr nahestehende Personen sind im Rahmen der Treuepflicht dazu verpflichtet für die Genossenschaft im Interesse derselben und nicht in eigenem oder demjenigen einer ihr nahestehenden Person zu handeln. Sie müssen dazu sicherstellen, dass die Genossenschaft jederzeit *at arm's length* handelt.[92]

Zu den vier höchstpersönlichen Pflichten treten etliche weitere spezifische Verpflichtungen hinzu,[93] wobei die m.E. wichtigsten nachfolgend auszugsweise aufgeführt werden. Es sind dies die Verpflichtung die Generalversammlung einzuberufen,[94] die Geschäfte der Generalversammlung vorzubereiten und deren Beschlüsse auszuführen,[95] die Anfechtung von Beschlüssen der Generalversammlung die gegen das Gesetz oder die Statuten verstossen,[96] die Überwachung der mit der Geschäftsführung und Vertretung Beauftragten im Hinblick auf die Beachtung der Gesetze, der Statuten und allfälliger Reglemente sowie das regelmässige Sich-Über-den-Geschäftsgang-Unterrichten-Lassen.[97] Des Weiteren treffen die Verwaltung die Protokollierungspflicht, die Pflicht zur Führung der Geschäftsbücher und Genossenschafter-

90 BGer 4C.201/2001 vom 18.6.2002 E. 2.1.1 für die AG; BSK OR II-WATTER / PELLANDA, Art. 717 Rz. 5 für die AG.

91 CHK OR-MÜLLER / FORNITO, Art. 902 Rz. 2; ZK OR-GUTZWILLER, Art. 902 Rz. 5.

92 BSK OR II-WATTER / PELLANDA, Art. 717 Rz. 15 für die AG.

93 Für eine ganzheitliche Auflistung siehe: MONTAVON, S. 130 f.

94 Art. 881 Abs. 1 OR.

95 Art. 902 Abs. 2 Ziff. 1 OR.

96 Art. 891 Abs. 1 OR.

97 Art. 902 Abs. 2 Ziff. 2 OR.

verzeichnisse, die Aufstellung und Unterbreitung der Betriebsrechnung und der Jahresbilanz an die Revisionsstelle sowie die Anzeigen an das Handelsregisteramt über Ein- und Austritte der Genossenschafter.[98]

Die Statuten können die Generalversammlung oder die Verwaltung ermächtigen, die Geschäftsführung oder einzelne Zweige derselben an Geschäftsführer oder Direktoren zu übertragen, die nicht Mitglieder der Genossenschaft zu sein brauchen.[99] Empfehlenswert aber nicht zwingend ist es, die Delegation in einem Organisationsreglement zu regeln.[100] Findet eine solche Delegation statt, stellt sich die Frage, ob und inwiefern die Verwaltung für die Entscheide der Geschäftsführung verantwortlich ist. Im Gesetz gibt es dazu keine ausdrückliche Regelung. Es bietet sich indessen die Anwendung der Regelung zur Aktiengesellschaft an, welche besagt, dass die Verwaltung nur für die *cura in eligendo, instruendo* und *custodiendo* der Geschäftsführung verantwortlich ist.[101] Dafür spricht der Wortlaut von Art. 902 Abs. 2 Ziff. 2 OR, welcher von einer aktiven Überwachungs- und einer passiven Unterrichtungsaufgabe der Verwaltung spricht. Die Pflichten der Geschäftsführung bestimmen sich sodann nach Massgabe der Delegation, wobei auch sie sorgfältig und treu handeln muss.

Der Verwaltung der Genossenschaft kommt indessen kein undelegierbarer Pflichtenkatalog wie dem Verwaltungsrat in Art. 716a OR zu. Lediglich die Aufsichtspflicht und die Pflichten nach Art. 903 OR können nicht übertragen werden. Es wird vermutet, dass der Verwaltung der Genossenschaft die Pflicht der Geschäftsführung zukommt.[102]

(2) Pflichten der Verwaltung bei Überschuldung und Kapitalverlust

Bei Überschuldung oder Kapitalverlust kommen der Verwaltung einer Genossenschaft besondere Pflichten zu. Art. 903 OR setzt diese fest. Der Normzweck von Art. 903 OR ist nahezu identisch mit demjenigen des Art. 725 OR

98 Art. 902 Abs. 3 OR.

99 Art. 898 Abs. 1 OR.

100 MÜLLER, S. 245 f.; BSK OR II-WATTER / PELLANDA, Art. 897 Rz. 4.

101 BSK OR II-WATTER / PELLANDA, Art. 897 Rz. 4; BSK OR II-WATTER / PELLANDA, Art. 902 Rz. 6; gl.M.: MONTAVON. S. 157; CoRo CO-CARRON / CHABLOZ, Art. 897 Rz. 9 der in den *curae* undelegierbare Pflichten sieht.

102 BSK OR II-WATTER, Art. 898 Rz. 1; restriktiver: MEIER-HAYOZ / FORSTMOSER / SETHE, S. 743 f., welche aus der Sorgfaltspflicht der Verwaltung in Art. 902 OR denselben undelegierbaren Pflichtenkatalog wie bei der AG ableiten.

in der Aktiengesellschaft und der GmbH.[103] Die Pflichten der Verwaltung sind denjenigen des Verwaltungsrats der Aktiengesellschaft in Art. 725 OR, Art. 725a OR und des Geschäftsführers der GmbH in Art. 820 OR ähnlich.

Bei begründeter Besorgnis einer Überschuldung muss die Verwaltung eine Zwischenbilanz zu Veräusserungswerten erstellen.[104] Aufgrund dieses Überblicks der finanziellen Lage der Gesellschaft wird beurteilt, ob sich die Genossenschaft in der Überschuldung befindet oder nicht. Insbesondere die Revisionsstelle oder ein zugelassener Revisor müssen die Bilanz von Gesetzes wegen nicht überprüfen. Eine anderslautende Regelung in den Statuten ist vorbehalten. Vor dem Hintergrund der Verantwortlichkeitsregelung sollte die Verwaltung in Ausübung ihrer Sorgfaltspflicht eine derartige Überprüfung allerdings dennoch vornehmen lassen.[105]

Liegt eine Überschuldung vor, so ist die Verwaltung verpflichtet, den Richter diesbezüglich zu benachrichtigen.[106] Keine Benachrichtigung an den Richter muss erfolgen, wenn aufgrund von statutarischen Nachschusspflichten der Genossenschafter[107] der Bilanzverlust innert dreier Monate gedeckt wird.[108]

Hat eine Genossenschaft Anteilscheine ausgegeben und ergibt die letzte Jahresbilanz, dass nur noch weniger als die Hälfte des Genossenschaftskapitals durch Aktiven gedeckt ist, so muss die Verwaltung eine Generalversammlung einberufen und diese von der Sachlage unterrichten.[109] Bestehen in einer Genossenschaft allerdings keine Anteilscheine, so besteht auch keine Pflicht zur Einberufung einer Generalversammlung bei einem Kapitalverlust.[110] *De lege ferenda* sollte für die Genossenschaften ohne Anteilscheine ebenfalls eine Einberufungspflicht statuiert werden, welche auf einen Verlust der Hälfte der gesetzlichen Reserven, welche gemäss Art. 860 Abs. 1 OR geäufnet wurden,

---

103 BSK OR II-Wüstiner, Art. 903 Rz. 1a.

104 Art. 903 Abs. 1 OR.

105 CoRo CO-Carron / Chabloz, Art. 903 Rz. 9; BSK OR II-Wüstiner, Art. 903 Rz. 7.

106 Art. 903 Abs. 2 OR; für den Überschuldungstatbestand siehe weiter unten im Kapitel «II.A.3.e) Überschuldung».

107 Art. 871 OR.

108 Art. 903 Abs. 4 OR.

109 Art. 903 Abs. 3 OR.

110 Montavon subsumiert schon unter geltendem Recht unter die Sorgfaltspflicht der Verwaltung die Pflicht zur Einberufung einer Generalversammlung im Fall der Überschuldung (Montavon, S. 88).

abstellt.[111] Eine Ungleichbehandlung der Genossenschaften mit und derjenigen ohne Anteilscheine rechtfertigt sich nämlich nicht. Die Genossenschafter der Genossenschaften ohne Anteilscheine haben aufgrund der von ihnen geleisteten Beiträge, wie sie in den Statuten festgelegt werden,[112] wie Mitgliederbeiträgen,[113] Eintrittsgeldern,[114] Auslösungssummen[115], allfälliger Nachschusspflichten[116] oder Naturalleistungen ein gleiches oder ähnliches Informationsinteresse betreffend die finanzielle Lage ihrer Genossenschaft. Fraglich ist zudem, ob und welche Sanierungsmassnahmen die Verwaltung der Generalversammlung im Falle eines Kapitalverlusts zu unterbreiten hat. Mangels ausdrücklicher gesetzlicher Grundlage im Genossenschaftsrecht kommt nämlich eine analoge Anwendung von Art. 725 Abs. 1 OR infrage; dies wird in der Lehre einerseits aufgrund der Sorgfaltspflicht der Verwaltung[117] und andererseits aufgrund des identischen Normzwecks begründet.[118] Es fragt sich, ob ein Rangrücktritt der Gläubiger dieselbe Wirkung zeitigt, wie in der überschuldeten Aktiengesellschaft, wo der Richter nicht benachrichtigt werden muss. Wüstiner[119] bejaht diese Frage ebenfalls mit dem identischen Normzweck. M.E. ist dieser Meinung zu folgen, weil der Rangrücktritt in der Überschuldung die gleiche Wirkung wie die Nachschusspflicht hat. Es ist dies nämlich eine faktische Vergrösserung des Eigenkapitals. Die geleisteten Nachschüsse führen ebenfalls zu einer Nichtbenachrichtigung des Richters.[120]

Der Verwaltung steht ausserdem die Möglichkeit offen, einen Antrag auf Aufschiebung des Konkurses bei Aussicht auf Sanierung zu stellen. Es handelt sich dabei wohl um ein Recht der gesamten Verwaltung, welches sie unter

---

111 BSK OR II-Wüstiner, Art. 903 Rz. 2; CoRo CO-Carron / Chabloz, Art. 903 Rz. 7; CHK OR-Müller / Fornito, Art. 903 Rz. 3; die beiden ersteren Autoren begründen dies damit, dass diese Reserven eine Sicherheit bilden, ähnlich dem Genossenschaftskapital.

112 BSK OR II-Schenker, Art. 832 Rz. 5.

113 Art. 870 Abs. 1 OR.

114 Art. 839 Abs. 2 OR.

115 Art. 842 Abs. 2 OR.

116 Art. 871 OR.

117 CHK OR-Müller / Fornito, Art. 903 Rz. 3; BSK OR II-Wüstiner, Art. 903 Rz. 3.

118 BSK OR II-Wüstiner, Art. 903 Rz. 3.

119 BSK OR II-Wüstiner, Art. 903 Rz. 3; ebenfalls bejahend CHK OR-Müller / Fornito, Art. 903 Rz. 5.

120 Art. 903 Abs. 4 OR.

Wahrung ihrer Sorgfaltspflicht im Interesse der Gesellschaft auszuüben hat. Da die Bestimmung in Art. 903 Abs. 5 OR beinahe gleich lautet wie Art. 725a OR, wird hier auf die entsprechende Literatur im Aktienrecht verwiesen.[121]

(3) Pflichten der Geschäftsführung

Die Pflichten der Geschäftsführung bestehen insoweit, als dass die Verwaltung oder die Generalversammlung bestimmte Aufgaben und Pflichten, bzw. die gesamte Geschäftsführung im Rahmen von Art. 898 Abs. 1 OR an die Mitglieder der Geschäftsführung delegiert hat.[122] Delegation bedeutet dabei, dass die Delegationsempfänger in ihrem Bereich selbständig handeln, entscheiden und für ihre Entscheidungen verantwortlich sind.[123] Es kann somit für den Umfang der Pflichten auf das obige Kapitel «II.A.3.b)(1) Allgemeine Pflichten der Verwaltung» verwiesen werden, wobei insbesondere die auch für die Geschäftsführung geltende Treue- und Sorgfaltspflicht hervorzuheben sind. Ausgenommen von der Verweisung sind die nicht delegierbaren Pflichten der Verwaltung. Die Geschäftsführung ist in der Ausführung zwar grundsätzlich an die Weisungen der Verwaltung gebunden, sie darf diesen allerdings, aufgrund ihrer übergeordneten Weisungsgebundenheit an Gesetz und Statuten, auch nicht blindlings folgen. Vielmehr muss sie Anweisungen auf ihre Rechtmässigkeit hin überprüfen. Sind Schäden aufgrund der auszuführenden Verwaltungsbeschlüsse zu erwarten und ist dies für die Geschäftsführung erkennbar, so hat sie die Ausführung zu verweigern.[124]

(4) Pflichtverletzung ausser Konkurs

Von Art. 916 OR wird die Verletzung jeglicher Pflicht, sei sie klein oder gross, relativ oder absolut erfasst.[125] Relative Pflichten sind u.a. solche, die sich aus Vertrag oder vertragsähnlichen Verhältnissen begründen; absolute Pflichten hingegen solche, die sich aus dem Gesetz ergeben. Welches die Pflichten der Verwaltung und der Geschäftsführung sind, wurde weiter oben im Kapitel «II.A.3.b)(1) Allgemeine Pflichten der Verwaltung» umschrieben bzw.

---

[121] Statt vieler: Böckli, §13 Rz. 830 ff.

[122] Meier-Wehrli, S. 37 für die AG.

[123] Blickenstorfer, S. 185.

[124] Meier-Wehrli, S. 37 f. für die AG, der auch auf die weitergehenden Pflichten der Geschäftsführung bei rechtswidrigen oder nicht im Interesse der Gesellschaft liegenden Weisungen eingeht.

[125] Blickenstorfer, S. 52.

wurde darauf referenziert. Der Begriff der Pflichtverletzung umfasst sowohl aktives als auch passives Verhalten.[126] Die von MÜLLER[127] analog aus den Pflichten des Verwaltungsrats abgeleiteten Gruppen von Pflichtverletzungen der Verwaltung seien auch hier aufgelistet. Es sind dies:

- Die pflichtwidrige Oberleitung der Gesellschaft
- Die pflichtwidrige Organisation der Gesellschaft
- Die pflichtwidrige finanzielle Führung
- Die pflichtwidrige Verletzung von Gesetz oder Statuten
- Der pflichtwidrige Verstoss gegen die Sorgfalts- und Treuepflicht

Ein wichtiger Teil der Oberleitung und damit der Pflichten der Verwaltung bzw. der Geschäftsführung ist das Treffen von Geschäftsentscheiden. Diese Entscheide haben zuweilen weitreichende Konsequenzen für die betreffende Gesellschaft und deren Vermögenssituation. Ob im Rahmen eines Geschäftsentscheids des Verwaltungsrats oder der Geschäftsführung eine Pflichtverletzung vorliegt, bestimmt sich in der Aktiengesellschaft mithilfe der Business Judgment Rule. Die BJR hat sich in den letzten Jahren als Rechtanwendungsregel zur Beurteilung dieser unternehmerischen Entscheide des Verwaltungsrats und der Geschäftsführung in Aktiengesellschaften durchgesetzt.[128] Einfach ausgedrückt handelt es sich dabei um eine «Immunitätsregel» potentiell haftpflichtiger Personen,[129] welche den Fokus der richterlichen Überprüfung auf die Durchführung einwandfreier Entscheidungsprozesse und die Fällung vertretbarer Geschäftsentscheide legt,[130] welche auf einer angemessenen Informationsbasis beruhen. Betreffend die Einzelheiten der BJR wird auf die

126 MONTAVON, S. 161.

127 Siehe dazu MÜLLER, S. 242 f. inkl. kurzer Ausführungen zu den unterschiedlichen Pflichtverletzungsgruppen.

128 MÜLLER / LIPP / PLÜSS, S. 339; MEIER-HAYOZ / FORSTMOSER / SETHE, S. 636 f., im Zusammenhang mit der AG; kritisch betreffend Einführung der rein amerikanischen Ausprägung der BJR ins Schweizer Recht, aber grundsätzlich befürwortend: BÖCKLI, §13 Rz. 581 ff. und §18 Rz. 402 ff.

129 KUNZ, BJR, S. 274.

130 VISCHER, S. 61; die Überprüfung der Vertretbarkeit darf allerdings nicht zu einer *ex post*-Prüfung werden, da ansonsten die Gefahr des von ROBERTO / GRECHENIG (S. 5 ff.) beschriebenen Rückschaufehlers besteht.

Ausführungen in der einschlägigen Literatur verwiesen.[131] Die Diskussion betreffend Anwendbarkeit wird grossmehrheitlich für die Aktiengesellschaft geführt. Es stellt sich indessen die Frage, inwiefern diese Regel auch auf die Entscheidungen der Verwaltung und der Geschäftsführung in der Genossenschaft angewendet werden kann.[132]

Ob die BJR auch in der Genossenschaft anzuwenden ist, beurteilt sich gemäss gewissen Grundsätzen des Rechts. Die BJR stellt Richterrecht zu Art. 717 OR dar.[133] Die Anwendung der BJR kann, sofern die Bedingungen dafür gegeben sind, kraft eines Analogieschlusses auch auf die Genossenschaft angewendet werden. Dieser Analogieschluss ergibt sich aus dem allgemeinen Gleichheitsgebot in Art. 8 BV. Die hier in Frage kommende Einzelanalogie ist die einfache Grundform der analogen Rechtsfindung. Eine Regel wird dabei über ihren Wortlaut auf einen ähnlichen Fall erstreckt.[134] Es stellt sich die Frage, ob die Bedingungen für die Genossenschaft die gleichen wie bei der Aktiengesellschaft sind.

Bei der Beantwortung dieser Frage ist auf die Eigenheiten der Genossenschaft als Gesellschaftsform sowie der BJR einzugehen. Insbesondere die akzentuierte Treuepflicht der Verwaltung in der Genossenschaft[135] als auch der fehlende Katalog unentziehbarer Aufgaben der Verwaltung[136] sind dabei zu berücksichtigen. Des Weiteren gilt es auch, Rücksicht auf die je nach Organisationsreglement der Genossenschaft unterschiedlichen Entscheidungsfindungsprozesse zu nehmen. KUNZ bejaht die Anwendbarkeit der BJR auf die Genossenschaft, trotz der fehlenden Doktrin dazu. Die Argumente für die Anwendbarkeit auf Verwaltungen von Genossenschaften seien dieselben wie bei der Aktiengesellschaft.[137] Ebenfalls für eine analoge Anwendung auf eine andere Gesellschaftsform spricht, dass die BJR gemäss BGer 4A_642/2016 vom 27. Juni 2017 E. 2.1 auch in der GmbH zur Anwendung gelangt.

---

131 GRASS, Dissertation, 1998; NIKITIN, Dissertation, 2017; GAUCH, Masterarbeit, 2017; GERHARD, S. 255 ff.; VOGT / BÄNZIGER, S. 607 ff.; MÜLLER, Unsorgfältige Führung, S. 987 f.

132 KUNZ, BJR, S. 274 Fn. 1.

133 VISCHER, S. 55.

134 KRAMER, S. 216 f.

135 GAUCH, S. 19 und 52.

136 GAUCH, S. 52 f.

137 KUNZ, BJR, S. 279; ebenfalls bejahend: BÄRTSCHI / STOHWASSER, S. 478; VISCHER, S. 54.

Die akzentuierte Treuepflicht der Verwaltung der Genossenschaft sondert sie nicht von der Aktiengesellschaft ab, da die Pflicht der Verwaltung genau derjenigen des Verwaltungsrats einer Aktiengesellschaft entspricht. Die Akzentuierung der Treuepflicht ist im Verhältnis zur Treuepflicht der Genossenschafter zu verstehen. Die Unterscheidung, welche GAUCH vornimmt, wenn er von einer Lehrmeinungsdifferenz spricht, ist deshalb nicht gerechtfertigt. In seiner Referenz auf MÜLLER / FORNITO[138] verkennt er, dass auch dieses Autorenpaar für die Treuepflicht der Verwaltung der Genossenschaft in derselben Randziffer auf die Treuepflicht des Verwaltungsrats verweist und die Treuepflicht der Verwaltung lediglich im Vergleich zu derjenigen der Genossenschafter als «akzentuiert» bezeichnet wird.[139] Aus dieser falschen Feststellung folgert GAUCH sodann, «dass ein Interessenkonflikt schneller als gegeben betrachtet werden kann und ergo der Anwendungsbereich der BJR zur Aktiengesellschaft wiederum kleiner ist.»[140] Die Ausführungen GAUCHS sind in diesem Zusammenhang redundant. Im Ergebnis liegt er in seiner Begründung sodann aber wieder richtig, da er aufgrund dieser eingeschränkten Anwendbarkeit der BJR die Meinung vertritt, dass die Treuepflicht des Verwaltungsrats und keine akzentuierte Treuepflicht zur Anwendung gelangen soll und damit auch die BJR gleich anzuwenden ist, wie in der Aktiengesellschaft. Die Meinung, dass die BJR im gleichen Umfang wie in der Aktiengesellschaft zur Anwendung kommen soll, wird hier ebenfalls vertreten; dies allerdings aus dem Grund, dass die Sorgfalts- und Treuepflichten der Verwaltung in der Genossenschaft dieselben sind wie diejenigen des Verwaltungsrats in der Aktiengesellschaft und betreffend den Umfang der Treuepflicht auch kein Lehrstreit besteht.

Des Weiteren begründet GAUCH die Herbeiziehung der aktuell geltenden Verantwortlichkeitsregelung des Aktienrechts und damit der BJR mit dem Verweis, dass bei der Genossenschaft auch die Regelung der aktienrechtlichen Solidarität herbeigezogen wird.[141] Die Regelung zur Solidarität war während vieler Jahre vom Wortlaut her dieselbe, bis im Rahmen der grossen Aktienrechtsrevision von 1991 die Regelung von Art. 759 OR geändert wurde, um die differenzierte Solidarität, d.h. die adäquate Kausalität und das Verschulden, auch im Aussenverhältnis zum Ausdruck zu bringen. Die Regelung

138 GAUCH, S. 18 Fn. 77.

139 CHK OR-MÜLLER / FORNITO, Art. 902 Rz. 2.

140 GAUCH, S. 52.

141 GAUCH, S. 52.

zur Aktiengesellschaft wurde also formell abgeändert, wobei diejenige der Genossenschaft bestehen blieb. Die Lehre anerkennt indessen, dass das Recht der Aktiengesellschaft zur Solidarität auch auf die Genossenschaft anzuwenden ist.[142] Im Sinne eines *argumentum a maiore ad minus* müsste deshalb, wenn überhaupt, geschlossen werden, dass wenn das Gesetz zu den Pflichten der Verwaltung gleich bleibt, und «lediglich» neues Richterrecht geschaffen wird, und bereits vorher auf das Aktienrecht verwiesen wurde, dies jetzt auch noch der Fall sein muss, wenn bei der Solidaritätsregelung selbst bei einer formellen Gesetzesänderung weiterhin auf das Aktienrecht verwiesen wird.

M.E. ist die Frage der Solidarität allerdings eine von der Anwendbarkeit der BJR abgesonderte. Solidarität und BJR sind zwei unterschiedliche Themen, die zwar beide etwas mit der Verantwortlichkeit zu tun haben. Das erstere Thema beschlägt allerdings das Verhältnis zwischen den Mitgliedern der Verwaltung und allfälligen Aktivlegitimierten. Die BJR befasst sich hingegen mit der Bewertung des konkreten Verhaltens der Mitglieder der Verwaltung. Ob eine Regelung analog angewendet werden kann, bestimmt sich nach dem jeweiligen Einzelfall. Es werden dazu die Regeln zur analogen Rechtsanwendung beiseite gezogen.[143] Die Tatsache, dass die Regelung der aktienrechtlichen Solidarität gemäss der h.L.[144] auch in der Genossenschaft Anwendung finden soll, ist lediglich ein Beispiel der analogen Rechtsanwendung.

Wichtiger ist m.E. die Überlegung, dass die BJR nur dann Anwendung auf Entscheide der Verwaltung einer Genossenschaft finden kann, wenn diese auch alleinig von der Verwaltung zu verantworten sind. Auch hier ist auf den für die Genossenschaften fehlenden, unentziehbaren Pflichtenkatalog der Verwaltung zu verweisen. Die Pflicht zur Leitung der Geschäfte der Genossenschaften, wozu in analoger Anwendung von Art. 716a OR auch die personelle und finanzielle Oberleitung gehören,[145] liegt in Anwendung von Art. 902 Abs. 1 OR aber bei der Verwaltung. Sofern die Verwaltung oder die Geschäftsführung also nicht durch die Entscheide der Genossenschafter-

---

142 BSK OR II-Gericke / Waller, Art. 918 Rz. 1; CHK OR-Müller / Fornito, Art. 918 Rz. 2; HaftpflichtKomm-Meier, Art. 918 Rz. 1, der von einer impliziten Verweisung auf das Recht der AG spricht.

143 Vgl. dazu Kramer, S. 216 ff.

144 BSK OR II-Gericke / Waller, Art. 918 Rz. 1.

145 Müller, S. 242.

oder der Delegiertenversammlung eingeschränkt ist,[146] so findet auf sie die BJR Anwendung. Die Entscheidungen der Verwaltung sind im Umfang der Beschlussfassung der unteren Strukturen von einer Bewertung durch die BJR ausgenommen. Nur wenn die Verwaltung oder die Geschäftsführung die Kompetenzen innehat, hat sie nämlich auch einen Grund und einen Antrieb, die notwendigen Informationen zur Entscheidungsfindung zu beschaffen und anschliessend einen vertretbaren Entscheid zu treffen.

Betreffend den personellen Anwendungsbereich der BJR sollte auch für die Genossenschaft keine Ausdehnung auf die faktischen Organe stattfinden. Faktische Organe mischen sich als systemwidrige Erscheinung nämlich in einen Bereich ein, der diesen Personen nicht zusteht. Diese Einmischung sollte nicht durch die BJR geschützt werden.[147]

(5) Pflichtverletzung in der Überschuldung

Zu den Pflichtverletzungen, welche durch die Verwaltung und die Geschäftsführung auch in der Überschuldung bzw. im Kapitalverlust, gleich wie ausser Konkurs, verübt werden können und die gleichermassen pflichtwidrig sind, treten die Verletzungen der spezifischen Pflichten, welche im Kapitel «II.A.3.b)(2) Pflichten der Verwaltung bei Überschuldung und Kapitalverlust» beschrieben werden, hinzu. Der Gesetzgeber hat dazu in der gewöhnlichen Genossenschaft auch eine Haftungsnorm in Art. 917 OR statuiert, welche in Abs. 1 zusätzliche Personen aktivlegitimiert, den Kreis der passivlegitimierten Personen allerdings enger zieht. Abs. 2 verweist für die mittelbare Schädigung der Genossenschafter und der Gläubiger auf die Regelung im Aktienrecht.

Zur Erfüllung des Tatbestands nach Art. 917 Abs. 1 OR wird die absichtliche oder fahrlässige Verletzung der Pflichten, die «für den Fall der Überschuldung der Genossenschaft» aufgestellt wurden, vorausgesetzt. Mit dieser Formulierung wird auf die Pflichten in Art. 903 Abs. 1 und Abs. 2 OR verwiesen. Es sind dies die Pflichten, welche für den Fall der Überschuldung aufgestellt wurden, und nicht auch für den Kapitalverlust. Insbesondere die fehlende Einberufung der Generalversammlung bei einem Kapitalverlust durch die Genossenschaft stellt keine Pflichtverletzung i.S.v. Art. 917 OR dar, da dieser einen Überschuldungstatbestand voraussetzt.[148] Für alle Verantwortlichkeitsklagen

---

146 Siehe dazu das Kapitel «II.A.5.d) Bottom-Up Struktur».

147 GRASS, S. 116; KUNZ, BJR, S. 279 f.; GAUCH, S. 36.

148 BLICKENSTORFER, S. 62.

in gewöhnlichen Genossenschaften, bei denen keine Überschuldung gegeben ist bzw. keine der Pflichten in Art. 903 Abs. 1 und 2 OR verletzt ist, kann deshalb nicht auf die Regelung in Art. 917 OR rekurriert werden,[149] sondern nur auf Art. 916 OR.

Für Art. 917 Abs. 2 OR kommt grundsätzlich ein sehr breiter Anwendungsbereich infrage.[150] Gemäss dem Wortlaut wäre es durchaus denkbar, dass auch mittelbare Schädigungen der Genossenschaft, welche aufgrund einer Verletzung anderer Pflichten eingetreten sind als derer, welche in Art. 903 Abs. 1 und 2 OR festgesetzt sind, von den Genossenschaftern und Gläubigern eingeklagt werden können. Aufgrund der Systematik, d.h. dass Abs. 2 im selben Artikel wie Abs. 1 verordnet ist, welcher die Überschuldung voraussetzt, kann der mittelbare Schaden allerdings nur dann durch die obgenannten Aktivlegitimierten geltend gemacht werden, wenn eine der für die Überschuldung aufgestellten Pflichten, verletzt wurde[151] und dadurch ein direkter Schaden bei der Genossenschaft entstanden ist. Dieser direkte Schaden ist für die Genossenschafter und Gläubiger sodann ein mittelbarer Schaden, welchen sie gemäss den aktienrechtlichen Vorschriften geltend machen können. Der Gesetzgeber beabsichtigte zudem, eine mildere Verantwortlichkeitsregelung als im Aktienrecht aufzustellen.[152] Um diesen Zweck zu wahren und die Verantwortlichkeit einzuschränken, sollte Art 917 Abs. 2 OR keine Anwendung auf ausserhalb der in Art. 917 Abs. 1 OR vorgesehenen Spezialfälle finden. Die Gesetzesmaterialien unterstützen diese Argumentation; so heisst es in der Botschaft des Bundesrates, dass es nur in Spezialfällen, nämlich bei Verletzung der Anzeigepflicht bei Kapitalverlust und Überschuldung, eine konkurrierende Verantwortlichkeit gegenüber der Genossenschaft, den Genossenschaftern und Gläubigern geben solle.[153]

---

149 BLICKENSTORFER, S. 61.

150 Für eine ausführliche Argumentation zur Auslegung von Art. 917 Abs. 2 OR in Bezug auf die Pflichtverletzung, auf welcher die Ausführungen dieses Absatzes basieren: BLICKENSTORFER, S. 54 ff.

151 MÜLLER, S. 240.

152 Vgl. Botschaft, Revision Obligationenrecht 1928, S. 302; Zweiter Bericht, Revision OR, S. 121.

153 Botschaft, Revision Obligationenrecht 1928, S. 302.

c) Adäquater Kausalzusammenhang

Damit ein Verantwortlichkeitsanspruch gegenüber der Verwaltung und / oder der Geschäftsführung besteht, muss zwischen der Pflichtverletzung und dem Schaden ein adäquater Kausalzusammenhang nachgewiesen werden können.[154] Dieser ist dann gegeben, wenn ein Ereignis «*nach dem gewöhnlichen Lauf der Dinge und nach der Erfahrung des Lebens geeignet ist, einen Erfolg von der Art des eingetretenen herbeizuführen, so dass der Eintritt dieses Erfolges durch jenes Ereignis allgemein als begünstigt erscheint [...]*»[155] Kann der Schädiger zeigen, dass ein rechtmässiges Alternativverhalten ebenfalls zu einem Schaden geführt hätte, so kann das Kausalitätserfordernis dennoch erfüllt sein;[156] mit anderen Worten ist der natürliche Kausalzusammenhang zwischen Pflichtverletzung und Schaden kein Erfordernis für die genossenschaftsrechtliche Verantwortlichkeit. Für die Einzelheiten des adäquaten Kausalzusammenhangs der genossenschaftsrechtlichen Verantwortlichkeit kann auf die Literatur im Aktienrecht verwiesen werden.[157] Der adäquate Kausalzusammenhang zwischen Pflichtverletzung und Schaden kann m.E. gleich wie im Aktienrecht geregelt werden.

d) Verschulden

Die Verwaltung der Genossenschaft haftet für jedes Verschulden, d.h. auch für die leichte Fahrlässigkeit.[158] Das Verschulden wird nach einem objektiven Massstab beurteilt, wobei ein strenger Massstab angelegt werden muss, wenn Mitglieder der Verwaltung oder der Geschäftsführung in eigenem Interesse und nicht in demjenigen der Genossenschaft gehandelt haben.[159] Da der Anspruch des Gläubigers, welcher gemäss Art. 917 OR aktivlegitimiert ist, nach h.L. deliktischer Natur ist und gemäss der hier vertretenen Auffassung derjenige der Genossenschafter ebenfalls, besteht betreffend die Beweislast eine Besonderheit. Der Gläubiger und der Genossenschafter müssen nämlich

---

154 MÜLLER, S. 243.

155 BGE 123 III 110 E. 3a.

156 MÜLLER, S. 243.

157 BSK OR II-GERICKE / WALLER, Art. 916 Rz. 9 m.V.a. BSK OR II-GERICKE / WALLER, Art. 754 Rz. 42 ff. und BSK OR II-GERICKE / WALLER Art. 755 Rz. 19 ff.; vgl. auch MONTAVON, S. 161, der für die adäquate Kausalität dieselbe Formulierung verwendet, welche auch im Aktienrecht Anwendung findet.

158 BGE 128 III 375 E. 4.2 m.V.a. BLICKENSTORFER, S. 75.

159 BGE 128 III 375 E. 4.2.

das Verschulden der verantwortlichen Person beweisen.[160] Sie müssen somit zeigen, dass die verantwortlich gemachte Person nicht diejenige Sorgfalt angewendet hat, welche ein gewissenhafter und vernünftiger Mensch desselben Verkehrskreises wie der Verantwortliche unter den gleichen Umständen als erforderlich ansehen würde. Für das Verschulden im genossenschaftlichen Verantwortlichkeitsrecht, d.h. betreffend die Art. 916 und Art 917 OR, kann ansonsten auf die Ausführungen im Aktienrecht verwiesen werden.[161] M.E. gibt es keine Gründe, das Verschulden anders als im Aktienrecht zu regeln. Betreffend die Exkulpation bei einer befugten Delegation muss nachgewiesen werden, dass die drei *curae* beachtet wurden. Kann die Verwaltung dies nachweisen, so kann sie sich in einem Verantwortlichkeitsprozess gegenüber der Genossenschaft rechtsgültig exkulpieren.[162]

e) Überschuldung

Für die in Art. 917 Abs. 1 und 2 OR stipulierten Rechtsfolgen wird ein Überschuldungstatbestand vorausgesetzt. In der Lehre herrscht eine Meinungsdifferenz betreffend die materiellen Voraussetzungen des Überschuldungstatbestands. GUTZWILLER[163] vertritt, mit Verweis auf die Materialien sowie den französischen und italienischen Gesetzestext, die Ansicht, dass mit Überschuldung «Zahlungsunfähigkeit» gemeint ist, d.h. ein «konkreter Sachverhalt» vorausgesetzt sei, sodass die Genossenschaft eine Verbindlichkeit «nicht gehörig [...] bewirken kann.» BLICKENSTORFER[164] sieht den Überschuldungstatbestand nicht unbedingt dann schon als gegeben, wenn die Gesellschaft zahlungsunfähig ist. Diese könne nämlich auch aufgrund fehlender Liquidität

160 FORSTMOSER, Verantwortlichkeit, S. 120 f. für die AG.; BLICKENSTORFER, S. 94, welcher dem Gläubiger auch die Last übergibt «die Erkennbarkeit der Überschuldungsmöglichkeit dem Verantwortlichen nachzuweisen.»; klagt hingegen die Genossenschaft gegen die Verwaltung, so liegt die Beweislast zur Exkulpation bei der Verwaltung.

161 BSK OR II-GERICKE / WALLER, Art. 916 Rz. 10 m.V.a. BSK OR II-GERICKE / WALLER, Art. 754 Rz. 32 ff. und BSK OR II-GERICKE / WALLER, Art. 755 Rz. 22; BSK OR II-GERICKE / WALLER, Art. 917 Rz. 9 m.V.a. BSK OR II-GERICKE / WALLER, Art. 754 Rz. 32 ff.; MÜLLER, Unsorgfältige Führung, S. 1018 f.; kritisch betreffend vollumfängliche Verweisung: REYMOND / TRINDADE, S. 254 f.

162 MÜLLER, S. 246; MONTAVON, S. 135; vgl. ausserdem: BLICKENSTORFER, S. 185 f.

163 ZK OR-GUTZWILLER, Art. 917 Rz. 3 und 4; gl.M.: CAPITAINE, S. 1163.

164 BLICKENSTORFER, S. 57; gl.M. die neueren Kommentierungen: CHK OR-MÜLLER / FORNITO, Art. 917 Rz. 3; BSK OR II-GERICKE / WALLER, Art. 917 Rz. 6.

zahlungsunfähig sein, währenddem die Aktiven die Passiven aber weiterhin decken. Die französischen und italienischen Gesetzestexte, die vom *cas d'insolvabilité* und dem *caso d'insolvenza* sprechen, seien unpräzis und führen in die Irre.

M.E. ist im Sinne einer historischen Auslegung die Abänderung des Gesetzestextes vom zweiten Entwurf, wo der Terminus «Zahlungsunfähigkeit» verwendet wurde,[165] hin zum Begriff der «Überschuldung» im dritten Entwurf,[166] der nun auch im Gesetzestext steht,[167] ein Indiz dafür, dass der Gesetzgeber damit klarstellen wollte, dass für die Verantwortlichkeitsklage der Genossenschafter sowie der Gläubiger die Deckung der Forderungen der Genossenschaftsgläubiger durch die Aktiven nicht mehr gegeben sein darf, und es sich nicht notwendigerweise um eine Zahlungsunfähigkeit handelt. Dass dabei der französische Begriff nicht ebenfalls zu *surendettement* bzw. der italienische zu *eccedenza di debiti* geändert wurde, ist wohl als gesetzgeberisches Versehen zu qualifizieren. Der Begriff der *Überschuldung* verweist allerdings in zu offensichtlicher Art und Weise auf den Art. 903 Abs. 1 und 2 OR, als dass das dortige Begriffsverständnis dem Gesetzestext nicht zugrunde gelegt werden sollte.

Von Überschuldung spricht man deshalb im genossenschaftsrechtlichen Sinn, gleich wie im aktienrechtlichen, wenn die Forderungen der Genossenschaftsgläubiger durch die Aktiven nicht mehr gedeckt sind.[168]

4. Durchsetzung von Verantwortlichkeitsansprüchen

a) Aktivlegitimation

(1) Grundsätzliches

Vorauszuschicken ist, dass die Frage der Aktivlegitimation im Zivilprozessrecht eine der materiellrechtlichen Begründetheit eines eingeklagten Anspruchs ist. Diese Frage wird deshalb bei der Fällung eines Sachentscheids entschieden.

165 Zweiter Entwurf, Revision Obligationenrecht, Art. 907.

166 Dritter Entwurf, Revision Obligationenrecht, Art. 903.

167 Art. 917 Abs. 1 OR.

168 Art. 903 Abs. 2 OR; Böckli, §13 Rz. 741, 742 und 746 für eine Darstellung und Beschreibung der Überschuldung in der AG.

Sie wird nicht beim Prozessentscheid behandelt.[169] Die gesetzliche Regelung der Aktiv- und Passivlegitimation in der Genossenschaft bestimmt sich nach den drei Kategorien Klägerschaft, Zustand der Genossenschaft und Art des Schadens. Für eine Übersicht wird auf «Tabelle 1: Übersicht der genossenschaftlichen Verantwortlichkeitsklagen» verwiesen.

Aus Art. 916 OR und aus Art. 917 Abs. 1 OR ist die Genossenschaft selbst zur Klage berechtigt. Die Genossenschaft ist unter den Klageberechtigten aus den Art. 916–917 OR diejenige Klägerin, welcher die umfassendsten Klagebefugnisse zukommen. Insbesondere kann sie auch uneingeschränkt jeden ihr durch die verantwortlichen Personen zugefügten Schaden ausserhalb der Überschuldung einklagen. In der Literatur[170] wird die Erwähnung der Genossenschaft als Aktivlegitimierte in Art. 917 OR immer wieder als gesetzgeberisches Versehen bzw. überflüssig taxiert, da sie bereits ganzheitlich von Art. 916 OR erfasst ist. Hier gilt es anzumerken, dass wenn in Art. 917 OR die Genossenschaft nicht auch aufgeführt worden wäre, so hätte dies u.U. vom Leser dahingehend interpretiert werden können, dass die Genossenschaften für Schäden, die aus einer Verletzung der für den Fall der Überschuldung der Genossenschaft vom Gesetz aufgestellten Pflichten stammen, *e contrario,* nicht haftbar gemacht werden können. Im Fall einer Überschuldung sind sodann aus Art. 917 Abs. 1 und 2 OR die Genossenschafter und die Genossenschaftsgläubiger aktivlegitimiert, sofern eine der Pflichten in Art. 903 Abs. 1 und Abs. 2 OR verletzt wurde. Die Art des Schadens bestimmt zudem, ob die Genossenschafter und die Gläubiger nach den aktienrechtlichen Regeln vorzugehen haben, wie dies beim mittelbaren Schaden der Fall ist.[171] Gleich wie in der Aktiengesellschaft[172] sollte zudem gemäss dem Grundsatz *volenti non fit iniuria* ein definitiv gewordener Beschluss der Generalversammlung, welcher anschliessend von den zuständigen Organpersonen ausgeführt wurde, in dieser Sache den Ausschluss der Klageberechtigung bewirken.

Es sei hier auf den Verweis im Kapitel «II.A.3.a) Schaden» einzugehen. Es stellt sich nämlich auch im genossenschaftlichen Verantwortlichkeitsrecht die Frage, ob für die Schäden der Gläubiger und der Genossenschafter auch

169 BGE 138 III 213 E. 2.3; BGE 138 III 537 E. 2.2.1; BGE 139 III 353 E. 2.1; ZPO-Komm-D. Staehelin, Art. 236 Rz. 11; Leuenberger / Uffer-Tobler, S. 158.

170 BSK OR II-Gericke / Waller, Art. 917 Rz. 1; Reymond / Trindade, S. 258; Montavon, S. 159; a.A. HaftpflichtKomm-Meier, Art. 917 Rz. 8.

171 Art. 917 Abs. 2 OR.

172 Böckli, §18 Rz. 455a für die AG.

gemäss der differenzierten Dreiteilung des Bundesgerichts, der sogenannten «Biber Holding»-Praxis mit den entsprechenden Folgen für die Klageberechtigung vorzugehen ist.[173] In die erste Kategorie dieser Dreiteilung (I) fällt der unmittelbare Schaden, welcher im Vermögen des Gläubigers bzw. Aktionärs eintritt, in die zweite (II) der mittelbare Schaden der zuallererst zu einer Schädigung des Vermögens der Gesellschaft führt und das Vermögen des Gläubigers nur reflexmässig aufgrund des Konkurses schädigt und in die dritte Kategorie (III) fallen diejenigen Schäden, welche aufgrund von Pflichtverletzungen sowohl die Gläubiger als auch die Gesellschaft unmittelbar schädigen. Diese Dreiteilung müsste, wenn sie in der Genossenschaft zur Anwendung gelangt, sowohl für die Genossenschafter als auch für die Gläubiger gelten.[174] Nach der ersten Kategorie (I)[175] von Schäden, den unmittelbaren Schäden, können die Gläubiger und Genossenschafter auf Schadenersatz nach den zivilrechtlichen Vorschriften aus Art. 41 ff. OR in und ausserhalb der Überschuldung klagen, nach den genossenschaftsrechtlichen allerdings lediglich bei der Verletzung einer für den Überschuldungstatbestand in den Art. 903 Abs 1 und 2 OR festgeschriebenen Pflicht.[176] Nach der zweiten Kategorie (II),[177] dem mittelbaren Schaden, können die Gläubiger und die Genossenschafter unter den Einschränkungen von Art. 917 OR den reflexmässigen Schaden gegen die Organe nach den Vorschriften des Aktien-

[173] Vgl. dazu BGE 132 III 564 E. 3.1; ausdrücklich bestätigt mit einer Übersicht der in dieser Frage ergangenen Rechtsprechung: BGE 142 III 23 E. 4.2–4.3; die Rückkehr zur ursprünglichen Definition des mittelbaren und unmittelbaren Schadens erfolgte im Biber-Entscheid (BGE 131 III 306). Vgl. dazu: Weber, S. 155 f.

[174] Vgl. BSK OR II-Gericke / Waller, Art. 754 Rz. 18, welche die Dreiteilung *mutatis mutandis* auch für die Aktionäre und nicht nur die Gläubiger der AG fordern. Problem einer Anwendung *mutatis mutandis* ist aus dogmatischer Sicht m.E. die Rechtsnatur der Ansprüche. Die Klage der Genossenschafter erfolgt gemäss h.L. aus Vertrag, diejenige der Gläubiger aus Delikt. Wenn die Ansprüche der Genossenschafter (bzw. der Aktionäre in der AG) gegenüber der Gesellschaft denselben bundesgerichtlichen Bedingungen unterliegen sollen, wie diejenigen der Gläubiger, dann sollten sich ihre Ansprüche auch auf dasselbe Recht gründen. Ansonsten ist in der dritten Kategorie m.E. die Einschränkung der Geltendmachung der Rechte auf diejenigen, die dem Genossenschafterschutz dienen oder sich auf einem anderen widerrechtlichen Verhalten des Organs i.S.v. Art. 41 OR oder auf *culpa in contrahendo* begründen, nicht gerechtfertigt.

[175] Vgl. BGE 132 III 564 E. 3.2.1.

[176] Blickenstorfer, S. 67 f.

[177] Vgl. BGE 132 III 564 E. 3.2.2.

rechts,[178] geltend machen.[179] Nach der dritten Kategorie (III)[180] können, wenn durch eine Pflichtverletzung sowohl die Genossenschaft als auch die Gläubiger oder die Genossenschafter unmittelbar geschädigt sind,[181] die letzten beiden den unmittelbaren Schaden nur dann geltend machen, wenn genossenschaftsrechtliche Bestimmungen verletzt wurden, welche ausschliesslich dem Genossenschafter-, bzw. dem Gläubigerschutz dienen,[182] wie z.B. der Gleichbehandlungsgrundsatz der Genossenschafter in Art. 854 OR, oder der Anspruch auf Art. 41 OR oder auf *culpa in contrahendo* gründet. Hinzutritt bei der eigentlichen genossenschaftlichen Verantwortlichkeitsregelung das Erfordernis, dass eine Verpflichtung, die für den Überschuldungstatbestand aufgestellt wurde, verletzt worden ist.[183] Art. 903 Abs. 2 OR stellt eine Gläubigerschutzbestimmung dar,[184] welche den obgenannten Anforderungen weitgehend entspricht.[185] Der Absatz dient allerdings neben dem Schutz der Gläubiger auch demjenigen der Genossenschafter, des Unternehmens und anderer Partner.[186] Somit bleibt als ausschliessliche Gläubigerschutzvorschrift in der Genossenschaft wohl nur das Verbot der vorzeitigen Verteilung des

178 Art. 917 Abs. 2 OR.

179 Die Klage zur Geltendmachung mittelbaren Schadens ist eine Klage auf Leistung von Schadenersatz an die Gesellschaft; mittelbarer Schaden wird mittelbar ersetzt (FORSTMOSER / MEIER-HAYOZ / NOBEL, §36 Rz. 23).

180 Vgl. BGE 132 III 564 E. 3.2.3.

181 Die Fallkonstellation, dass allein der Genossenschafter oder der Gläubiger geschädigt ist, die Gesellschaft allerdings nicht, ist sehr unwahrscheinlich (CoRo CO-CORBOZ / AUBRY GIRARDIN, Art. 917 Rz. 18).

182 BLICKENSTORFER (S. 68) sieht in den Pflichten, auf welche in Art. 917 Abs. 1 OR verwiesen wird, genossenschaftsrechtliche Gläubigerschutzbestimmungen.

183 BLICKENSTORFER, S. 54 f.

184 Vgl. BGE 121 III 420 E. 3a, wonach das aktienrechtliche Pendant (Art. 725 Abs. 2 OR) eine Gläubigerschutzbestimmung darstellt.

185 Wird ein Konkurs nicht angemeldet, so kann es zu einem sog. Fortführungsschaden kommen. Zur Berechnung desselben wird der Vermögensstand zu Liquidationswerten zum Zeitpunkt der Anmeldung der Überschuldung mit dem Vermögensstand zu Liquidationswerten zum Zeitpunkt, an welchem hätte angemeldet werden müssen, verglichen (BGer 4A_60/2012 vom 30. Juli 2012 E. 3 ausdrücklich für die Genossenschaft; BGE 136 III 322 E. 3.2 m.V.a. BÖCKLI, §18 Rz. 369 ff. für die AG); zu den praktischen Problemen bei der Bemessung: ZÜRCHER, S. 20.

186 BÖCKLI, §18 Rz. 306, m.V.a. BGer 4C.316/2003 vom 3. März 2003 E. 6.2 und BGE 131 III 306 E. 3.1.

Liquidationsüberschusses in Art. 913 OR i.V.m. Art. 744 Abs. 2 OR übrig, welches allerdings *nur* die Liquidatoren, nicht aber die Verwaltung tangiert.[187]

Die vom Bundesgericht aufgestellte Dreiteilung für die Aktiengesellschaft sollte m.E. für die Genossenschaft nicht *tel quel* übernommen werden. Zwar ist die Möglichkeit, den unmittelbaren Schaden durch Art. 41 OR geltend zu machen, für die geschädigten Gläubiger und Genossenschafter wichtig, da ihnen ansonsten ausserhalb der Überschuldung kein Anspruch gegen die Mitglieder der Verwaltung und der Geschäftsführung zusteht.[188] Die Geltendmachung auf diesem Weg steht auch den Geschädigten zu. Allerdings wären die vorzunehmenden Einschränkungen betreffend Klageberechtigung der Gläubiger und Genossenschafter in der dritten Kategorie, also eine Übernahme der «Biber Holding»-Praxis, aufgrund des Art. 917 Abs. 1 OR in der eigentlichen Verantwortlichkeitsregelung, stark einschränkend. Von Gesetzes wegen sind für diese Ansprecher die Klagemöglichkeiten ohnehin schon stark limitiert. Sie können den unmittelbaren Schaden aus der eigentlichen Verantwortlichkeitsregelung nämlich ohnehin nur dann geltend machen, wenn Pflichten durch die Verwaltung verletzt wurden, die für die Überschuldung gelten. Das Ausschliesslichkeitskriterium für die Geltendmachung von unmittelbarem Schaden aus Bestimmungen des Gläubiger- oder Genossenschafterschutzes wirkt somit, wie oben ausgeführt, zumindest für die Gläubiger beinahe «erstickend». Da die gesetzliche Grundlage für eine Klagebeschränkung bereits für die Aktiengesellschaft dünn bzw. nicht vorhanden ist[189] und der Gesetzgeber bei der Genossenschaft ohnehin schon eine Einschränkung der Klagemöglichkeiten vorgenommen hat, kann m.E. davon ausgegangen werden, dass er damit seinen Willen abschliessend zum Ausdruck gebracht hat und diese Einschränkungen nicht um weitere Kriterien ergänzt haben wollte. Es sollte somit in der gewöhnlichen Genossenschaft lediglich zwischen unmittelbarem und mittelbarem Schaden unterschieden werden.

---

187 BÖCKLI, §18 Rz. 310 für die AG.

188 BLICKENSTORFER, S. 33.

189 ISLER (S. 97) kann nirgends eine gesetzliche Grundlage für diese Einschränkung der Aktivlegitimation für Ansprüche gegen das Privatvermögen der Organpersonen erblicken. Gl.M.: BUFF / VON DER CRONE, S. 274, wobei letztere in der bundesrichterlichen Einschränkung der Klagebefugnis immerhin «eine pragmatische Lösung für die zahlreichen damit verbundenen Probleme» (S. 274) erblicken.

(2) Klageberechtigung im Konkurs und Raschein-Praxis

Unterschieden werden muss zwischen unmittelbarem und mittelbarem Schaden. Für den unmittelbaren Schaden der Gläubiger und Genossenschafter in der Genossenschaft gibt es keinen gesetzlichen Verweis auf das Aktienrecht. Die Klageberechtigung besteht unabhängig der Ansprüche der Genossenschaft, so wie dies weiter oben im Kapitel «II.A.4.a)(1) Grundsätzliches» bereits beschrieben wurde. Die Geschädigten können ihre Schäden in der gewöhnlichen Genossenschaft auch im Konkurs direkt und selbständig gegenüber den schädigenden Organen geltend machen. Die Klage gegenüber den Organpersonen ist eine persönliche.[190] Sie richtet sich gegen die handelnden Personen und nicht gegen das Organ als Ganzes oder die Gesellschaft.[191] Es findet auch keine Substituierung des Anspruchs durch denjenigen der Gläubigergesamtheit statt. Ist der Gläubiger zugleich auch Genossenschafter, so kann er wahlweise entweder den Schaden als Gläubiger oder als Genossenschafter geltend machen oder auch beide Schäden kumulativ.[192] Der Verantwortlichkeitsanspruch der Gesellschaft hingegen geht in die Konkursmasse über und kann von dieser eingeklagt werden.

Für die Geltendmachung des mittelbaren Schadens verweist das Verantwortlichkeitsrecht der Genossenschaft auf die Regeln der Aktiengesellschaft.[193] Es kommen dort die Art. 756–758 OR zur Anwendung. Im Zusammenhang mit diesen Artikeln hat das Bundesgericht für den Fall des Konkurses die sogenannte Raschein-Praxis[194] entwickelt. Dabei wird im Konkurs die Klageberechtigung für Verantwortlichkeitsansprüche eingeschränkt. Die einzig berechtigte Klägerin ist die Konkursverwaltung, welche die Ansprüche der Gläubigergesamtheit einheitlich geltend macht; den Gläubigern und Genossenschaftern kommen aus mittelbarem Schaden keine Klageberechtigung mehr zu, da deren Ansprüche gemeinsam mit demjenigen der Genossen-

190 GLANZMANN, S. 156.

191 BGer 7B.166/2000 vom 4. Dezember 2000 E. 7.a.cc für die AG.

192 BLICKENSTORFER, S. 106.

193 Art. 917 Abs. 2 OR.

194 Erstmals noch unter dem alten Aktienrecht in BGE 117 II 432. An der Praxis wurde auch unter dem neuen Recht, trotz Kritik in der Lehre, festgehalten. Vgl. dazu u.a.: BGE 122 III 166; BGE 122 III 176; BGE 122 III 195; BGE 132 III 342; BGE 132 III 564.

schaft[195] selbst durch den Anspruch der Gläubigergesamtheit substituiert wird. Die Gläubigerversammlung bzw. eine Gläubigermehrheit entscheidet dabei, ob auf die Einklagung eines Anspruchs verzichtet werden soll.[196] Wird der Anspruch nicht eingeklagt, kann dieser gemäss Art. 260 SchKG an einzelne Gläubiger oder Genossenschafter abgetreten werden,[197] welche den Anspruch dann in eigenem Namen, aber aus fremdem Recht, nämlich demjenigen der Gläubigergesamtheit, geltend machen können. Es handelt sich dabei um eine Prozessstandschaft.[198]

Für die Genossenschafter herrscht somit der Spezialfall, dass sie bis zur Konkurseröffnung den mittelbaren Schaden aus Pflichtverletzungen der Verwaltung in der Überschuldung geltend machen können und ihr Anspruch danach durch denjenigen der Gläubigergesamtheit substituiert wird. Die Gläubiger haben für ihren Anspruch aus mittelbarem Schaden bis zur Konkurseröffnung oder bis zum Abschluss eines gerichtlichen Nachlassvertrags[199] gar kein Recht auf eine Geltendmachung, da bis dahin die Gesellschaft noch aufrecht steht.[200] Sobald der Konkurs aber eröffnet ist, können sie erst nach einer allfälligen Abtretung im Rahmen von Art. 260 SchKG den Schaden für die Gläubigergesamtheit einklagen. Ein allfälliger Prozessgewinn befriedigt sie dabei bis zur Höhe der ihnen widerfahrenen mittelbaren Schädigung. Den Verantwortlichen stehen nur die Einreden gegenüber der Gläubigergesamtheit zu.[201] Dies sind die Einrede der Verjährung, der Verrechnung und des Rechtsmissbrauchs.[202] Eine andere Ansicht vertritt BLICKENSTORFER[203] in seiner Dissertation, wonach die Gläubiger zwei Ansprüche, nämlich die der Gesellschaft und die eigenen Ansprüche geltend machen können.[204] Dieser Lehrmeinung

---

195 Dass der Anspruch der Genossenschaft durch den einheitlichen Anspruch der Gläubigergesamtheit substituiert wird, ergibt sich aus einer analogen Anwendung des Aktienrechts.

196 SK SchKG-SCHOBER, Art. 260 Rz. 26.

197 BSK OR II-GERICKE / WALLER, Art. 757 Rz. 13 für die AG.

198 LEUENBERGER / UFFER-TOBLER, S. 116 f.

199 BLICKENSTORFER, S. 107; für den Begriff des gerichtlichen Nachlassvertrags vgl. AMONN / WALTHER, S. 515 ff.

200 Art. 757 Abs. 1 OR.

201 BÖCKLI, § 18 Rz. 288 für die AG.

202 BÖCKLI, § 18 Rz. 298 für die AG.

203 BLICKENSTORFER, S. 107 ff.

204 Den Genossenschaftern stehe indessen nur der Anspruch aus dem ihnen mittelbar zugefügten Schaden zu (BLICKENSTORFER, S. 105 f.).

liegt die Doppelnatur der Verantwortlichkeitsklage zugrunde, welche gemäss der älteren Praxis des Bundesgerichts für die Aktiengesellschaft vertreten wurde.[205] Je nach geltend gemachtem Anspruch können demnach die Einreden der Gesellschaft oder die Einreden des Genossenschafters oder Gläubigers geltend gemacht werden.

(3) Der Entlastungsbeschluss und seine Wirkungen

Die Klageberechtigung ist mit Art. 879 Abs. 2 Ziff. 4 OR in Verbindung zu bringen. In der besagten Bestimmung wird der Generalversammlung der Genossenschafter die unübertragbare Befugnis zugestanden, über die Entlastung der Verwaltung abzustimmen. Der Gesetzestext erfasst sodann nur die Entlastung der Verwaltung. Der Geschäftsführung muss getrennt die Entlastung erteilt werden. Die der Verwaltung direkt unterstellte Direktion, welche keine Geschäftsführungsbefugnisse innehat, wird vom Déchargebeschluss aber gemäss h.L. auch erfasst.[206] Art. 887 OR beinhaltet eine Bestimmung betreffend das Abstimmungsverfahren. Personen, die in irgendeiner Weise an der Geschäftsführung mitgewirkt haben, sind von der Beschlussfassung ausgenommen, d.h. die Mitglieder der Verwaltung und der Geschäftsführung können nicht über ihre eigene Entlastung abstimmen.

Erteilt die Generalversammlung der Genossenschafter der Verwaltung und der Geschäftsführung die Entlastung, so gibt die Genossenschaft die ihr zustehende Aktivlegitimation betreffend ihr allfällig zustehender Verantwortlichkeitsansprüche mittels dieses Beschlusses rechtsgültig auf.[207] Durch den Déchargebeschluss wird eine relative Einrede der Verwaltung und der Geschäftsführung gegenüber den zustimmenden Genossenschaftern und der Gesellschaft selbst begründet,[208] wobei im Verhältnis Genossenschafter – Geschäftsführung ja ohnehin keine Passivlegitimation aus Art. 917 OR besteht. Der Verzicht gilt für die Zeitperiode, über welche abgestimmt wird. Dies ist zumeist das vergangene Geschäftsjahr,[209] wobei gleich wie in der Aktiengesellschaft auch in der Genossenschaft Vorfälle aus früheren Geschäftsjahren, von denen die Generalversammlung erst seit der letzten Entlastungs-

205 BSK OR II-GERICKE / WALLER, Art. 757 Rz. 7.

206 BSK OR II-MOLL, Art. 879 Rz. 28; PICENONI, S. 37.

207 HENSEL, S. 125 f.

208 BÖCKLI, §18 Rz. 452a für die AG.

209 BGer 4C.107/2005 vom 29. Juni 2005 E. 4.2 für die AG.

entscheidung Kenntnis erlangt hat, erfasst werden.[210] Die Tragweite der Entlastung bestimmt sich nach Massgabe des Inhalts des Beschlusses sowie gemäss den der Generalversammlung allgemein zur Verfügung stehenden Informationen. Als ihr zur Verfügung stehende Informationen gelten die ihr vorgelegten Unterlagen und Mitteilungen, die ohne Weiteres erkennbaren Informationen sowie die Informationen, welche im Rahmen der Auskunftsrechte der Genossenschafter erhältlich gewesen wären;[211] privates Wissen der Genossenschafter hat keinen Einfluss auf die Wirkung des Generalversammlungsbeschlusses,[212] solange dieses nicht jedem einzelnen Genossenschafter zur Verfügung steht.[213] Ob vom Beschluss bzw. den Beschlüssen die gesamte Verwaltung und die Geschäftsführung im Kollektiv erfasst ist, oder die einzelnen Mitglieder einzeln entlastet werden, bestimmt sich gemäss den Generalversammlungstraktanden und den Statuten, welche ein spezielles Vorgehen vorsehen können sowie abschliessend dem Inhalt des Beschlusses.[214] Werden die Genossenschafter durch Delegierte an der Generalversammlung vertreten, so kann ihrer Verantwortlichkeitsklage ein Entlastungsbeschluss der Delegiertenversammlung in der Regel nicht entgegengehalten werden. Eine Ausnahme liegt vor, wenn nachgewiesen werden kann, dass der Delegierte gemäss der Weisung eines Genossenschafters die Verwaltung oder die Geschäftsführung entlastet hat.[215]

Der Beschluss der Generalversammlung ist sodann primär von der Genossenschaft selbst gefällt und entfaltet im Innenleben der Genossenschaft Wirkung.[216] Die Aktivlegitimation der Gläubiger wird vom Generalversammlungsbeschluss indessen nicht tangiert, d.h. sie können unter den Voraussetzungen von Art. 917 OR immer noch gegenüber der Verwaltung klagen, der die Entlastung erteilt wurde.[217] Dies gilt, gleich wie bei der Aktiengesellschaft, auch im Konkurs bei einer Klage der Gläubigergesamtheit.[218] Bei den Genos-

210 BGer 4A_155/2014 vom 5. August 2014 E. 6.3 für die AG; Hinsen, S. 544 für die AG.

211 CoRo CO-Carron / Chabloz, Art. 879 Rz. 39; Hensel, S. 126.

212 BGE 65 II 2 E. 4b für die AG.

213 BSK OR II-Gericke / Waller, Art. 758 Rz. 3 für die AG.

214 Picenoni, S. 37 f.

215 Weiterführend: Blickenstorfer, S. 104.

216 Hensel, S. 127.

217 BSK OR II-Moll, Art. 879 Rz. 25; Capitaine, S. 1164.

218 BSK OR II-Gericke / Waller, Art. 758 Rz. 6 für die AG.

senschaftern gilt es zu differenzieren. Diejenigen Genossenschafter, die dem Entlastungsbeschluss zugestimmt haben, sind von einer Verantwortlichkeitsklage für mittelbaren Schaden ausgeschlossen.[219] Die Aktivlegitimation der Genossenschafter für unmittelbaren Schaden wird vom Entlastungsbeschluss, gleich wie bei der Aktiengesellschaft,[220] nicht tangiert. Diejenigen Genossenschafter, die gegen den Entlastungsbeschluss gestimmt haben, sich enthalten haben, oder an der Generalversammlung nicht teilgenommen haben, sind innerhalb der Grenzen von Art. 917 OR allerdings weiterhin zur Verantwortlichkeitsklage aus mittelbarem Schaden aktivlegitimiert. Wurde die Entlastung nicht erteilt, so sind neben der Gesellschaft m.E. allerdings auch diejenigen Genossenschafter zur Klage zugelassen, welche der Entlastung zugestimmt haben, bei der Abstimmung allerdings überstimmt wurden. Der Entlastungsbeschluss kann nämlich nur dann Wirkung entfalten, wenn er rechtsgültig beschlossen wurde. Der den Genossenschaftern und den Gläubigern unmittelbar widerfahrene Schaden kann des Weiteren ohnehin eingeklagt werden; ein Entlastungsbeschluss vermag dieser Schädigungsart nichts entgegenzusetzen.[221] Dies ergibt sich aus der Tatsache, dass ein Entlastungsbeschluss von der Generalversammlung der Genossenschafter gefällt wurde. Die Genossenschafter handeln zu diesem Zeitpunkt als Organ und entscheiden über die Klagemöglichkeiten der Gesellschaft für den ihr widerfahrenen und nicht über den ihnen persönlich widerfahrenen Schaden.

Bei neuen Mitgliedern, welche in die Genossenschaft nach der Durchführung der Generalversammlung gemäss den Bestimmungen in Art. 839 ff. OR eintreten und von einem vergangenen Entlastungsbeschluss Kenntnis haben, besteht eine Zustimmungsfiktion für den bereits ergangenen Beschluss.[222] Damit diese Fiktion greift, sollten die Genossenschafter neben dem Bestehen auch vom Inhalt des Beschlusses Kenntnis haben.[223] Nicht von der Fiktion erfasst werden allerdings diejenigen Erwerbsformen, die vom Gesetz vorgesehen sind, wie bspw. die Erbschaft oder die Fusion.[224]

219 Blickenstorfer, S. 137.

220 Bärtschi, Klage, S. 262.

221 Böckli, §18 Rz. 452 für die AG.

222 BSK OR II-Gericke / Waller, Art. 758 Rz. 8 für die AG.

223 Forstmoser, Verantwortlichkeit, S. 155 für die AG.

224 BSK OR II-Gericke / Waller, Art. 758 Rz. 8 für die AG.

Der Entlastungsbeschluss in der gewöhnlichen Genossenschaft zeitigt gemäss den obenstehenden Ausführungen somit teilweise ähnliche[225] und grossteils gleiche Wirkungen wie der Entlastungsbeschluss in der Aktiengesellschaft nach Art. 695 OR, Art. 698 Abs. 2 OR und Art. 758 Abs. 1 OR.

(4) Änderung der Mitgliedschaftsrechte

Mitgliedschaftsrechte gestalten und ändern sich in der Genossenschaft anders als in der Aktiengesellschaft, da sie personalistisch strukturiert ist und nicht wie die Aktiengesellschaft, gemäss ihrem Kapital. In der Genossenschaft ist die Mitgliedschaft nicht immer zwingend mit einem Anteilsrecht verbunden und nach einem Austritt können trotz fehlender Mitgliedschaftsrechte u.U. immer noch Anteilscheine in der Genossenschaft bestehen.[226] Die Vermögensrechte und die Mitgliedschaftsrechte können also auseinanderfallen. Im Folgenden bleibt abzuklären, was die Mitgliedschaftsrechte für die Aktivlegitimation bedeuten. Ganz allgemein lässt sich sagen, dass die Aktivlegitimation des Genossenschafters zum Zeitpunkt der Urteilsfällung gegeben sein muss, da es sich bei der Frage, ob die Aktivlegitimation gegeben ist, um eine Frage handelt, über die im Rahmen des Sachentscheids befunden wird.

Bei einem Eintritt eines neuen Genossenschafters nach den Art. 839 ff. OR besteht insofern eine Aktivlegitimation des neuen Genossenschafters, als dass der Genossenschafter durch die Handlung der verantwortlichen Organe unmittelbar oder mittelbar geschädigt wurde. Die den Schaden verursachende Pflichtverletzung kann auch schon vor dem Eintritt des neuen Genossenschaftsmitglieds stattgefunden haben, wobei der Schaden nach dem Eintritt des Genossenschafters eintreten muss.[227] Die oben beschriebenen Wirkungen eines Entlastungsbeschlusses bleiben vorbehalten.

Die Aktivlegitimation für mittelbaren Schaden ist beim Genossenschafter gemäss BLICKENSTORFER[228] ausserhalb des Konkurses nur dann gegeben, wenn er Mitgliedereigenschaft i.S. der Art. 839 ff. OR in der Genossenschaft geniesst. Gleich verhält es sich in der Aktiengesellschaft, wo dem nur mittelbar

225 Eine 6-monatige Frist nach der Erteilung der Entlastung zur Geltendmachung des Anspruchs für die übrigen Gläubiger gibt es in der Genossenschaft bspw. nicht. U.a. deshalb wird hier lediglich von ähnlichen Wirkungen gesprochen.

226 Vgl. Art. 864 Abs. 2 OR.

227 Vgl. MEIER-WEHRLI, S. 55 für die AG, wonach im Augenblick der Schädigung die Aktionärseigenschaft vorliegen muss.

228 BLICKENSTORFER, S. 102.

Geschädigten, gleich wie dem Genossenschafter, ebenfalls Aktionärs- oder Gläubigerstellung zukommen muss.[229] Eine mittelbare Schädigung kann nur dann vorliegen, wenn das Genossenschaftsvermögen, an welchem der Genossenschafter einen Anteil hat, sich ab dem Zeitpunkt seines Beitritts aufgrund der Pflichtverletzung des verantwortlichen Organs mindert oder nicht anwächst. Bei einem Austritt nach Art. 842 ff. OR oder einer Ausschliessung nach Art. 846 OR aus der Genossenschaft tritt niemand Neues an die Stelle des austretenden Genossenschafters. Das der Aktivlegitimation für den mittelbaren Schaden zugrunde liegende Recht geht damit verloren; das direkte Klagerecht des austretenden Genossenschafters bleibt bestehen.

Findet im Sinne von Art. 849 OR[230] und Art. 850 OR[231] allerdings eine Übertragung des Mitgliedschaftsrechts statt, so kann auch das Klagerecht auf das neue Mitglied übergehen, sofern dieses auch mittelbar geschädigt ist.[232] Klagt ein Genossenschafter eine mittelbare Schädigung ein und ist er zum Zeitpunkt der Klageanhebung aktivlegitimiert und verliert seine Klageberechtigung aufgrund eines Übergangs der Mitgliedschaft sowie seiner allfälligen Anteile während des Prozesses, so kommt die zivilprozessuale Regelung in Art. 83 ZPO zum Parteiwechsel bei der Veräusserung des Streitobjekts zum Tragen. Es wird dabei unterschieden zwischen dem gewillkürten Parteiwechsel, der stets auf einer Einzelrechtsnachfolge beruht und demjenigen der Gesamtrechtsnachfolge. Ein gewillkürter Parteiwechsel aufgrund der Veräusserung des Streitobjekts, das ist hier das dem Schadenersatz zugrunde liegende Recht der Mitgliedschaft, bedarf gemäss Art. 83 Abs. 1 ZPO und Art. 83 Abs. 4 ZPO *e contrario* keiner Zustimmung der Gegenpartei, aber einer Erklärung der eintretenden Partei gegenüber dem Gericht bzw. der Schlichtungs-

229 BGE 106 II 232 E. 2b.

230 In Art. 849 OR wird die allgemeine Übertragung der Mitgliedschaft geregelt, welche indessen ebenfalls eine Ausnahme darstellt, da der Wechsel von Mitgliedern normalerweise durch Ein- und Austritte erfolgt (BSK OR II-Schwartz, Art. 849 Rz. 1).

231 Hierbei handelt es sich um eine Übertragung des Mitgliedschaftsrechts aufgrund einer Übertragung von Grundstücken oder wirtschaftlichen Betrieben, welche in den Statuten der Genossenschaft vorgesehen werden kann (Art. 850 Abs. 2 OR) und allenfalls im Grundbuch vorgemerkt werden muss (Art. 850 Abs. 3 OR). Wenn die Mitgliedschaft mit dem Grundeigentum verknüpft ist und zudem vorgesehen ist, dass sie bei einer Veräusserung des Grundstücks übergehen soll, so kann auch beim Tod des Eigentümers angenommen werden, dass die Mitgliedschaft auf die Erben übergeht (BeKo II-Forstmoser, Art. 850 Rz. 56).

232 Blickenstorfer, S. 102.

behörde.[233] Tritt die eigentlich neu berechtigte Partei allerdings nicht in den Prozess ein, so geht auch die Aktivlegitimation verloren. Der bisherige Kläger kann die Klage nicht mehr weiterführen und die Klage wird abgewiesen.[234] Ein Parteiwechsel aufgrund einer Gesamtrechtsnachfolge geschieht hingegen von Gesetzes wegen und bedarf keiner Willenserklärung der Parteien. Das Gericht ändert die Parteibezeichnung dabei von sich aus.[235] Verstirbt bspw. der Kläger, so kann die Erbin bzw. die Erbengemeinschaft weiterhin auch aus mittelbarem Schaden klagen,[236] sofern die Mitgliedschaft nicht mit dem Tod erlischt.[237] Der Übergang des Mitgliedschaftsrechts auf die Erben kann in den Statuten vorgesehen werden.[238] Ist kein Übergang der Mitgliedschaftsrechte vorgesehen, muss die Klage aufgrund fehlender Aktivlegitimation abgewiesen werden. Gemäss BLICKENSTORFER[239] sind allerdings auch jene Genossenschafter aktivlegitimiert, die nicht mehr Mitglieder der Genossenschaft sind, deren Genossenschaftsanteile aber noch in der Genossenschaft aufgrund eines Anwendungsfalls von Art. 864 Abs. 2 OR verblieben sind. Dies ist bspw. dann der Fall, wenn die Erben nicht Mitglieder der Genossenschaft sind, die Genossenschaft den Abfindungsanspruch[240] für die Anteilscheine aber noch nicht geleistet hat und eine Verantwortlichkeitsklage offensteht.

Beim unmittelbaren Schaden ist der Kläger unabhängig seiner zum Zeitpunkt der Urteilsfällung gegebenen Mitgliedschaftsstellung aktivlegitimiert. Der unmittelbare Schaden kann zwar nur bei der die Mitgliedschaft und Anteile innehabenden Person entstanden sein. Der Schaden geht aber mit der Mitgliedschaft nicht zwangsläufig über, da es sich um kein akzessorisches Recht handelt.[241] Gleich verhält es sich im Aktienrecht, wo ebenfalls nur eine tatsächliche Schädigung des Aktionärs bzw. des Gläubigers in seiner Eigenschaft als solcher vorliegen muss, damit dieser für den unmittelbaren Schaden

233 ZPO-Komm-SCHWANDER, Art. 83 Rz. 11.

234 ZPO-Komm-SCHWANDER, Art. 83 Rz. 26.

235 ZPO-Komm-SCHWANDER, Art. 83 Rz. 11.

236 BLICKENSTORFER, S. 102 f.

237 Art. 847 Abs. 1 OR.

238 Art. 847 Abs. 2 und 3 OR.

239 BLICKENSTORFER, S. 103.

240 Ein solcher Abfindungsanspruch steht den Erben nur dann zu, wenn die Statuten der Genossenschaft einen solchen vorsehen (Art. 865 Abs. 1 OR).

241 Das Klagerecht geht bei einer Gesamtrechtsnachfolge allerdings zusammen mit dem Mitgliedschaftsrecht über.

klageberechtigt ist. Der Aktionär oder Gläubiger kann indessen auch erst mit der Schädigung diese Stellung einnehmen, oder zum Zeitpunkt der Anhebung der Klage gar nicht mehr Aktionär oder Gläubiger sein.[242] Ein austretendes Mitglied ist somit weiterhin zur Prozessführung berechtigt; ein Rechtsnachfolger aufgrund einer Gesamtnachfolge ist zudem ohnehin zur Geltendmachung des unmittelbaren Schadens aktivlegitimiert. Dies sollte auch dann gelten, wenn die Mitgliedschaft mit dem Tod nicht übergeht, was dem gesetzlichen Normalfall entspricht.[243]

M.E. ist die mit Lehre und Rechtsprechung im Aktienrecht übereinstimmende Lehrmeinung BLICKENSTORFERS betreffend Übergang der Aktivlegitimation und Unterscheidung zwischen unmittelbarem und mittelbarem Schaden auch unter der neuen ZPO gerechtfertigt. Beim Verantwortlichkeitsanspruch aufgrund einer unmittelbaren Schädigung handelt es sich um einen reinen Schadensersatzanspruch, der nicht an die Mitgliedschafts- oder Gläubigerstellung gebunden ist, sondern unabhängig von diesen, lediglich aufgrund der eingetretenen Schädigung geltend gemacht werden kann. So kann nämlich auch der Anspruch aus Verantwortlichkeit von der Genossenschaft an Genossenschafter oder Gläubiger und m.E. auch an Dritte zediert werden, da es sich nicht um ein höchstpersönliches Recht der Genossenschaft handelt. Der Anspruch ist nicht an die Genossenschaft selbst gebunden. Mit der Zession gehen die Einreden der verantwortlichen Personen auch nicht unter.[244]

(5) Das Verzeichnis der Genossenschafter und der Beweis der Mitgliedschaft

Eine in der Einleitung gestellte Frage war, ob sich die Aktivlegitimation der Genossenschafter, nach dem in Art. 837 OR vorgesehenen Verzeichnis bestimmt und ob das Verzeichnis vom Gericht von Amtes wegen zu prüfen ist. Ausschlaggebend ist dabei, ob die Eintragung ins Verzeichnis der Genossenschafter konstitutiv ist. Aufgrund einer Gesetzesrevision,[245] welche auf den 1. Juli 2015 in Kraft gesetzt wurde, muss nun jede Genossenschaft ein Verzeichnis der Genossenschafter führen. Weiterhin müssen auch diejenigen

242 BGer 4C.198/2000 vom 28.9.2000 E. 3; BGer 4C.13/1997 vom 19.12.1997 E. 3; BSK OR II-GERICKE/WALLER, Art. 754 Rz. 3; vgl. dazu BÄRTSCHI, Verantwortlichkeit, S. 134 ff.

243 Art. 847 Abs. 1 OR.

244 MÜLLER, S. 237.

245 AS 2015 S. 1389 ff.

Genossenschaften Verzeichnisse beim Handelsregister deponieren, welche für die Genossenschafter eine beschränkte oder unbeschränkte Haftung für die Schulden der Genossenschaft vorsehen.[246] Deren Inhalt wird auch weiterhin denjenigen Personen offengelegt, die Einsicht verlangen.[247]

Das Verzeichnis ist, wie soeben gezeigt, nur bei gewissen Genossenschaften öffentlich einsehbar. Das Gericht muss dieses deshalb m.E. bei der Prüfung der Aktivlegitimation nicht von Amtes wegen einsehen, da ansonsten eine Ungleichbehandlung der Genossenschaften stattfände. Der Aufwand einer Einsichtnahme in das Verzeichnis seitens des Gerichts wäre auch nicht verhältnismässig, da die Personen nicht direkt im Handelsregister eingetragen werden, sondern lediglich ein Verzeichnis beim Handelsregister vorliegt. Die Eintragung in das Register ist zudem nicht konstitutiv für den Erwerb der Mitgliedschaft. Wird die Mitgliedschaft bestritten, so kann die Aktivlegitimation mithilfe eines Ausweises der Mitgliedschaft i.S.v. Art. 852 Abs. 1 OR bewiesen werden. Schreiben die Statuten einen solchen Ausweis nicht vor, so kann eine Kopie der schriftlichen Beitrittserklärung und / oder des Verwaltungsbeschlusses bzw. des Beschlusses der Generalversammlung als Beweis ebendieser Mitgliedschaft dienen.[248] Auch ein Auszug aus dem Verzeichnis der Genossenschafter kann als Beweismittel für die Aktivlegitimation dienen, wobei einer Urkunde bzw. einem Verwaltungsbeschluss regelmässig ein höherer Beweiswert zukommen sollte. Dieselbe Bedeutung wie das Aktienbuch in der Aktiengesellschaft hat das Register in der Genossenschaft m.E. nämlich nicht; so fehlen die vergleichbaren Art. 686 Abs. 2 und 4 OR für die Genossenschaft, wonach ein Ausweis über den Erwerb der Aktie zu Eigentum für die Eintragung erforderlich ist und nur derjenige als Aktionär oder Nutzniesser im Verhältnis zur Gesellschaft gilt, der im Aktienbuch eingetragen ist.

(6) Klageberechtigung im Genossenschaftsverband

Der Genossenschaftsverband ist ebenfalls eine Genossenschaft, wobei die einzelnen Genossenschaften als Genossenschafter den Genossenschaftsverband konstituieren. Die oben und weiter unten gemachten Ausführungen zur

246 Art. 877 OR; falscher Ansicht: Botschaft, GAFI, S. 665.

247 Art. 88 Abs. 2 HRegV.

248 Auch der Versicherungsvertrag gemäss Art. 841 OR oder die unterzeichneten Statuten gemäss Art. 834 Abs. 4 OR könnten als Beweis der Mitgliedschaft dienen, wobei der Überschuldungstatbestand, der für die Geltendmachung eines mittelbaren Schadens durch einen Genossenschafter vorausgesetzt wird, vor der Geltendmachung des Schadens wohl regelmässig noch nicht gegeben ist.

Klageberechtigung und zur Klageanhebung haben deshalb auch für ihn Geltung.[249] Betreffend die Wirkung des Entlastungsbeschlusses im Genossenschaftsverband kann vollumfänglich auf die Ausführungen BLICKENSTORFERS[250] zu diesem Thema verwiesen werden. Zur Klagemöglichkeit der den Genossenschaftsverband konstituierenden Genossenschaften gegen den Verband als Organ wird auf das Kapitel «II.A.5.d) Bottom-Up Struktur» verwiesen.

Es stellt sich die Frage, ob innerhalb des Genossenschaftsverbandes auch den Genossenschaftern der unteren Genossenschaften ein Klagerecht gegen die Verwaltung des Genossenschaftsverbandes zukommt. Der Genossenschaftsverband wird durch unterschiedliche Genossenschaften konstituiert, welche sich durch Delegierte i.S.v. Art. 922 OR an der Delegiertenversammlung vertreten lassen. Innerhalb dieser Konstellation sind Verantwortlichkeitsklagen somit auf zwei Ebenen möglich. Einerseits können die Aktivlegitimierten der Genossenschaften die Verantwortlichkeitsklagen nach Art. 916–920 OR gegen die Organe der den Genossenschaftsverband konstituierenden Genossenschaften erheben. Andererseits steht es den Genossenschaften und Gläubigern des Genossenschaftsverbands sowie dem Genossenschaftsverband selbst zu, gegenüber der Verwaltung und je nachdem der Geschäftsführung des Genossenschaftsverbandes eine Klage zu erheben. Ist in den Statuten keine Sonderregelung vorgesehen, so kommt die im Kapitel «II.A.4.b)(1) Klageanhebung der Genossenschaft ausser Konkurs» beschriebene Regelung auch im Genossenschaftsverband zur Anwendung, wobei die Delegiertenversammlung die Generalversammlung des Genossenschaftsverbandes ist. Aus dem Wortlaut des Gesetzes ist kein direktes Klagerecht der Genossenschafter und Gläubiger der den Genossenschaftsverband konstituierenden Genossenschaften gegen die Verwaltung des Genossenschaftsverbandes ersichtlich.[251] Es würde allerdings der personalistischen Struktur der Genossenschaft entsprechen, wenn eine solche Klage zulässig wäre. Genossenschaften sind Bottom-Up organisiert. Je mehr Rechte den unteren Mitgliedern einer Genossenschaft bzw. eines Genossenschaftsverbandes zukommen, desto mehr wird diese Strukturidee verwirklicht. Der Genossenschaftsverband ist mit einem

---

249 BLICKENSTORFER, S. 110.

250 BLICKENSTORFER, S. 110 f.

251 Nur die Genossenschaften können als Mitglieder gegen den Genossenschaftsverband klagen. Ihnen stehen aber nicht die umfassenden Klagerechte des Art. 916 OR zur Verfügung, sondern nur diejenigen des Art. 917 OR sowie die Klagerechte in Art. 41 ff. OR.

Konzern zu vergleichen, wobei die Struktur invers ist,[252] d.h. die unteren Genossenschaften gewissermassen den Verband kontrollieren, bzw. sie jederzeit aus ihm austreten können und der Verband sich primär für die Interessen der Mitglieder einzusetzen hat.[253] *De lege lata* steht den Genossenschaftern bei einem formellen Organverständnis für diese Anspruchsgruppe keine Klagemöglichkeit offen; eine solche kann auch nicht leichthin angenommen werden, auch wenn sie aus strukturellen Überlegungen vielleicht Sinn ergeben würde. *De lege ferenda* wäre ein solches Klagerecht für den den Genossenschaftern und Gläubigern widerfahrenen unmittelbaren und mittelbaren Schaden m.E. angezeigt. Auch wenn die Genossenschafter nicht direkt an der Generalversammlung des Genossenschaftsverbands teilnehmen, sind sie letztendlich gemeinsam mit den Gläubigern die Leidtragenden von schädigenden Entscheidungen der Verwaltung des Genossenschaftsverbandes und nicht die Delegierten der den Genossenschaftsverband konstituierenden Genossenschaften, weshalb sie auch von einem Klagerecht profitieren sollten.

b) Klageanhebung

(1) Klageanhebung der Genossenschaft ausser Konkurs

Über die Frage, bei wem in der Genossenschaft die Entscheidungskompetenz liegt, eine Klage nach Art. 916 OR und Art. 917 Abs. 1 OR für die Genossenschaft zu erheben, herrscht ein Lehrstreit. Gemäss CORBOZ[254] vertritt die Mehrheit der Lehre die Ansicht, dass diese Kompetenz der Generalversammlung der Genossenschaft zukomme. Anderer Ansicht ist MONTAVON,[255] welcher der Verwaltung als auch der Generalversammlung das Recht zuspricht, über die Einreichung einer Klage im Namen der Gesellschaft zu entscheiden.

---

252 CEREGATO, S. 168.

253 NATSCH, S. 151 ff.; welche ausführt, dass es in der Praxis auch durchaus anders aussehen kann, und die Mitglieder auch vom Verband beherrscht werden können.

254 CoRo CO-CORBOZ / AUBRY GIRARDIN, Art. 916 Rz. 20 m.V.a. ZK OR-GUTZWILLER, Art. 916 Rz. 30 ff., der allerdings «in qualifizierten Fällen auch der Verwaltung eine Aktivlegitimation» zuschreibt; gl. M. VON STEIGER, S. 133; ausserdem: HENSEL, S. 132 f. der die Kompetenz der Generalversammlung aus der ihr zustehenden Befugnis, der Verwaltung Entlastung zu erteilen, ableitet; CoRo CO-CORBOZ / AUBRY GIRARDIN, Art. 917 Rz. 20; REYMOND / TRINDADE, S. 257; zitiert nach BLICKENSTORFER, S. 96 Fn. 13: WOLFER, S. 173; zitiert nach BLICKENSTORFER, S. 96 Fn. 14: JAEGGI, S. 112.

255 MONTAVON, S. 157.

Allerdings soll gemäss MONTAVON auch die Generalversammlung der Genossenschafter mit einer absoluten Mehrheit eine für die Verwaltung verbindliche Entscheidung über die Anhebung einer Klage treffen können, sofern die Statuten nichts anderes bestimmen. MÜLLER[256] spricht ebenfalls der Verwaltung die Entscheidungskompetenz für das Erheben einer Verantwortlichkeitsklage zu. Er verweist zur Begründung auf den in der Genossenschaft geltenden Paritätsgedanken und die abschliessende Auflistung der Aufgaben der Generalversammlung in Art. 879 OR. Aus dem Gesetzestext ergibt sich aber nicht klar, dass die dort aufgeführten Aufgaben die einzigen der Generalversammlung zufallenden Aufgaben sind; der Gesetzestext sagt lediglich aus, dass die aufgeführten Aufgaben nicht übertragbar sind.[257] Die Kompetenzen, welche gemäss dem Gesetz und den Statuten nicht klar einem Organ zugeordnet sind, sollen gemäss HENSEL[258] bei der Generalversammlung verordnet sein. Auch wenn dieser Auffassung zuzustimmen ist und nicht zugewiesene Aufgaben grundsätzlich bei der Generalversammlung als dem obersten Organ anzusiedeln sind, so gehört der Entscheid über die Anhebung einer Verantwortlichkeitsklage wie es BLICKENSTORFER[259] darlegt und überzeugend begründet,[260] gemäss dem Paritätsprinzip zu den Geschäftsführungsaufgaben, welche bei der Verwaltung verordnet sind und nicht bei der Generalversammlung.

In der Genossenschaft fehlt ein nicht delegierbarer Pflichtenkatalog der Verwaltung wie er für den Verwaltungsrat der Aktiengesellschaft in Art. 716a OR vorhanden ist. Die Entscheidungskompetenz zur Anhebung einer Verantwortlichkeitsklage sowie die Vertretung in dieser Aufgabe ist deshalb auch delegierbar und kein höchstpersönliches Recht der Verwaltung. Eine Geschäftsführung ist zudem gut beraten, vor der Anhebung einer Verantwortlichkeitsklage die Verwaltung zu konsultieren.[261] M.E. ist dies allerdings nicht zwingend. Der Verwaltung kommt in der Genossenschaft nämlich kein

---

256 MÜLLER, S. 236 f.

257 So bereits: HENSEL, S. 102; dass die Befugnisse in Art. 879 OR nicht abschliessend aufgeführt sein können, ergibt sich schon aus HENSELS (S. 102 Fn. 5) Auflistung der im Gesetz a.a.O. verzeichneten Aufgaben der Generalversammlung.

258 HENSEL, S. 103.

259 BLICKENSTORFER, S. 96 ff.

260 FORSTMOSER, Verantwortlichkeit, S. 38 Fn. 45.

261 MEIER-WEHRLI (S. 48) empfiehlt in der AG auch dem Verwaltungsrat, sich zum Anheben einer Verantwortlichkeitsklage durch die Generalversammlung ermächtigen zu lassen.

zwingendes Oberaufsichtsrecht zu und auch aus dem Gesetz ist nicht ersichtlich, weshalb die Verwaltung eine Entscheidung zur Anhebung einer Verantwortlichkeitsklage nicht vollständig delegieren könnte, ohne vor der Anhebung konsultiert werden zu müssen.

Des Weiteren kann in den Statuten die Geschäftsführungskompetenz der Verwaltung betreffend das Erheben von Verantwortlichkeitsklagen rechtsgültig entzogen und bei der Generalversammlung verordnet werden.[262] Soll gegen die Verwaltung als Kollektiv eine Verantwortlichkeitsklage erhoben werden, so ist zwingend die Generalversammlung zu diesem Entscheid berechtigt. Dies gilt selbst dann, wenn ihr gemäss den Statuten diese Kompetenz nicht ausdrücklich zukommt.[263] Dies ergibt sich aus Überlegungen zum Interessenkonflikt. Bei einer verwaltungsinternen Abstimmung, ob gegen ein Mitglied der Verwaltung eine Verantwortlichkeitsklage erhoben wird, muss dieses Mitglied bei der Abstimmung aufgrund einer Pflichtenkollision[264] in den Ausstand treten. Soll gegen die Verwaltung im Kollektiv eine Verantwortlichkeitsklage erhoben werden, so müsste jedes einzelne Mitglied der Verwaltung in den Ausstand treten. Die Verwaltung wäre somit nicht beschlussfähig. Ausserdem erscheint es fragwürdig, ob eine Verwaltung das Erheben einer Verantwortlichkeitsklage gegen sich selbst überhaupt traktandieren würde. Die Generalversammlung müsste sodann die ganze Verwaltung neu besetzen oder einen besonderen Bevollmächtigten bestellen, der die Klage anhebt.[265]

Zusätzlich sollte der Generalversammlung, wie BLICKENSTORFER[266] dies auch schon ausführt, die Möglichkeit zustehen, der Verwaltung mittels eines Generalversammlungsbeschlusses die Weisung erteilen zu können, eine Verantwortlichkeitsklage gegen einzelne Mitglieder der Verwaltung oder der Geschäftsführung zu erheben. Inhalt dieser Weisung wären der Kreis der ins Recht zu fassenden Personen als auch die Umstände, aufgrund derer geklagt werden soll.[267] Nicht Gegenstand der Weisung sind allerdings die exakten Gründe für die Klage sowie die Höhe des einzuklagenden Betrags, wobei ein

---

262 Art. 833 Ziff. 6 OR.

263 Vgl. dazu und für die nachfolgenden Ausführungen: BLICKENSTORFER, S. 98.

264 Vgl. dazu: BÖCKLI, §13 Rz. 641 für die AG.

265 MONTAVON, S. 160; ISLER / FISCHER, S. 44 f. für die AG.

266 BLICKENSTORFER, S. 98.

267 ISLER / FISCHER, S. 45 für die AG.

Höchst- oder Mindestbetrag festgesetzt werden kann.[268] Die Verwaltung müsste sich, ungeachtet anderslautender vorheriger Verwaltungsbeschlüsse, an diese Weisung halten und könnte zur Ausführung von den einzelnen Genossenschaftern gerichtlich angewiesen werden. Bei einer Weigerung kann ein Vertreter der Genossenschaft in analoger Anwendung von Art. 891 Abs. 1 Satz 2 OR zur Anhebung der Klage vom Richter bestimmt werden. Diese Weisungsbefugnis begründet sich mit Governance-Überlegungen. Wenn die Verwaltung nämlich als einzige Instanz in der Genossenschaft über die Anhebung von Verantwortlichkeitsklagen gegen ihre Mitglieder entscheiden kann und keiner externen Kontrolle unterliegt, dann ist es wahrscheinlich, dass es bei Verfehlungen von Mitgliedern der Verwaltung zu dem Gesellschaftsinteresse entgegengesetzten Absprachen betreffend die Nichtanhebung von Verantwortlichkeitsklagen kommt. Die Generalversammlung sollte zusätzlich auch von Anfang an das Recht haben, in einer solchen Angelegenheit einen Vertreter zu bestellen, der anschliessend auch über den Prozessbeistand entscheidet. Damit es anlässlich der Generalversammlung zu einer Abstimmung über die Anweisung an die Verwaltung zur Erhebung einer Verantwortlichkeitsklage kommen kann, müssen die Mitglieder der Genossenschaft diese ordentlich traktandieren.[269] Dazu bedarf es der notwendigen Zustimmung der anderen Mitglieder.[270]

Damit die einzelnen Mitglieder der Genossenschaft herausfinden können, ob sie die Verwaltung im Rahmen der Generalversammlung anweisen sollen, eine Verantwortlichkeitsklage zu erheben, können sie gemäss Art. 857 Abs. 2 OR Einsichtnahme in die Geschäftsbücher verlangen. Mit der Einsichtnahme können die Mitglieder die Genauigkeit der Angaben der ihnen aufgrund von Art. 856 OR unterbreiteten Informationen überprüfen.[271] Die Einsichtnahme ist folglich in erster Linie ein Kontrollrecht der Genossenschafter, welches auch gerichtlich eingeklagt werden kann.[272] Eine Verweigerung

---

268 Isler / Fischer, S. 46 für die AG.

269 Dass die Entscheidung betreffend das Erheben einer Verantwortlichkeitsklage separat von der Décharge ordentlich traktandiert werden muss, bekräftigen auch Isler / Fischer (S. 46) für die AG.

270 Vgl. dazu Art. 881 Abs. 2 OR und BSK OR II-Moll, Art. 883 Rz. 5, wonach ein Zehntel der Genossenschafter und wenn es weniger als 30 Genossenschafter insgesamt sind, mind. drei Mitglieder das Recht haben, eine Angelegenheit in der Generalversammlung zu traktandieren.

271 Reymond / Trindade, S. 146.

272 Art. 857 Abs. 3 OR.

durch die Generalversammlung oder die Verwaltung ist möglich.[273] Ergibt sich bei der Einsichtnahme, dass die Pflichten in Art. 903 Abs. 1 und 2 OR verletzt wurden, d.h. dass eigentlich ein Überschuldungstatbestand gegeben war, aber keine Zwischenbilanz erstellt und auch keine Anzeige beim Richter gemacht wurde, so können die im Rahmen der Ausübung des Rechts auf Einsichtnahme erhaltenen Informationen zudem auch für die Substantiierung einer Verantwortlichkeitsklage verwendet werden.[274]

(2) Klageanhebung der Genossenschafter und der Gläubiger ausser Konkurs

Die Genossenschafter und die Gläubiger können ausserhalb des Konkurses einzeln und selbständig den Entscheid zur Klageanhebung für den ihnen widerfahrenen, unmittelbaren Schaden treffen.[275] Dasselbe gilt für den mittelbaren Schaden, welchen die Genossenschafter geltend machen können. Erheben mehrere Genossenschafter oder zusätzlich auch die Gesellschaft eine Klage, so bedarf es u.U. einer Vereinigung oder einer Sistierung der Verfahren, bzw. bei der Gutheissung eines Entscheids der Abschreibung aufgrund Gegenstandslosigkeit.[276] Den Gläubigern steht ausser Konkurs, mangels eingetretener Schädigung, kein Klagerecht für eine mittelbare Schädigung zu. Solange die Genossenschaft aufrecht steht, erleiden die Gläubiger nämlich keine Verluste. Eine Vereinigung, eine Sistierung oder eine Abschreibung von Verfahren kommt folglich bei Gläubigern nicht infrage.

(3) Klageanhebung im Konkurs

Im Konkurs ist gemäss Art. 253 Abs. 2 SchKG die zweite Gläubigerversammlung für den Entscheid über die Geltendmachung von Verantwortlichkeitsansprüchen zuständig, wobei die den Gläubigern und Genossenschaftern widerfahrenen, unmittelbaren Schäden auch im Konkurs selbständig und direkt von ihnen eingeklagt werden können. Bei einem positiven Entscheid der Gläubigerversammlung macht die Konkursverwaltung den einheitlichen Anspruch der Gläubigergesamtheit hängig.[277] Dieser besteht aus dem mittel-

---

[273] REYMOND / TRINDADE, S. 146; BSK OR II-WEBER, Art. 857 Rz. 3.

[274] FORSTMOSER / MEIER-HAYOZ / NOBEL, §40 Rz. 196 implizit für die AG; der Gesetzeswortlaut der Bestimmungen in Art. 697 Abs. 3 OR und in Art. 857 Abs. 2 OR ist sehr ähnlich.

[275] BLICKENSTORFER, S. 101 und 106.

[276] BLICKENSTORFER, S. 102.

[277] CoRo CO-CORBOZ / AUBRY GIRARDIN, Art. 917 Rz. 21.

baren Schaden der Gläubiger und Genossenschafter sowie dem Anspruch der Genossenschaft selbst. Bei einem negativen Entscheid kann sich jeder Gläubiger den Anspruch i.S.v. Art. 260 SchKG abtreten lassen. Die Genossenschafter können sich die ihnen widerfahrenen, mittelbaren Schäden m.E. nicht gleichzeitig mit den Gläubigern abtreten lassen.[278] Verzichten allerdings auch die einzelnen Gläubiger auf die Geltendmachung, so muss die Abtretung des Anspruchs der Gläubigergesamtheit, welcher auch der Genossenschaft zugestanden hätte,[279] den haftbaren oder nachschusspflichtigen Genossenschaftern angeboten werden.[280] Wird von diesen eine Klage angestrengt und hat diese Erfolg, so werden sie nach Abzug der Kosten im Umfang der Nachschusspflicht aus dem Prozessergebnis befriedigt.[281] Mit dem übrigbleibenden Betrag werden sodann diejenigen Genossenschafter im Umfang der, die Nachschusspflicht übertreffenden, geleisteten Beiträge befriedigt und erst anschliessend die Nachschuss leistenden Genossenschafter nach Massgabe der geleisteten Nachschüsse.[282] M.E. sollten *de lege ferenda,* nachdem die den Nachschuss einklagenden Genossenschafter aus dem Prozessergebnis befriedigt wurden, allerdings zuerst die Gläubiger mit dem Prozessüberschuss befriedigt werden und nachher die übrigen Genossenschafter nach der in Art. 5 Abs. 2 VGeK festgelegten Methode.

c) Passivlegitimation

(1) Organbegriff

Die vorliegende Arbeit schränkt die untersuchte Passivlegitimation auf die Mitglieder der Verwaltung und der Geschäftsführung ein. Diese sind Organe der Genossenschaft. Dem Organverständnis im Genossenschaftsrecht liegt die bundesgerichtliche Rechtsprechung zu den Organen in der Aktiengesell-

278 A.M. Blickenstorfer, S. 105 f., der allerdings noch von der alten Rechtsprechung zum Aktienrecht ausging, wonach die einzelnen Ansprüche nicht durch einen einzigen Anspruch der Gläubigergesamtheit substituiert werden.

279 Davon sind m.E. auch die mittelbaren Schäden der Gläubiger und Genossenschafter erfasst, da eine mittelbare Schädigung eines Gläubigers oder Genossenschafters immer unmittelbar bei der Genossenschaft eintritt; a.M. Blickenstorfer, S. 106.

280 Art. 5 Abs. 1 VGeK; CoRo CO-Corboz / Aubry Girardin, Art. 917 Rz. 21; gl.M. für die Aktionäre der AG: Isler, S. 98 f.

281 Art. 5 Abs. 2 VGeK; Müller, S. 237 f.

282 Art. 5 Abs. 2 VGeK i.V.m. Art. 19 Abs. 2 VGeK.

schaft zugrunde.[283] Es wird grundsätzlich von einem funktionalen Organbegriff ausgegangen.[284] Organe können in der Genossenschaft in den folgenden vier Ausprägungen vorkommen und als solche auch ins Recht gefasst werden. Die Begrifflichkeiten werden in der Literatur nicht immer einheitlich verwendet.

aa) «*Formelle Organe* sind die ausdrücklich als solche ernannten Entscheidungsorgane, das heisst die gültig gewählten Mitglieder des Verwaltungsrates,[285] und zwar unabhängig von ihrer tatsächlichen Funktion und Einflussnahme. Nicht massgeblich für die Entstehung der formellen Organstellung ist die Eintragung in das Handelsregister.»[286]

bb) *Materielle Organe* sind gemäss der bundesrätlichen Botschaft Direktoren und Geschäftsführer.[287] Sie gehören nicht zu den Mitgliedern der Verwaltung. An sie wurden durch die Statuten oder das Organisationsreglement ausdrücklich Geschäftsführungsaufgaben delegiert.[288] Das Gesetz spricht deshalb seit der Änderung des Gesetzes vom 16. Dezember 2005[289] in Art. 916 OR auch bei der Genossenschaft, nun ausdrücklich von «befassten» und nicht mehr von «betrauten» Personen, um sicherlich auch die materiellen Organe von der Regelung zu erfassen.[290]

cc) Die *faktischen Organe* haben innerhalb der Gesellschaft kein offizielles Amt inne.[291] Es sind dies «Personen, die tatsächlich Organen vorbehaltene Entscheidungen treffen, die eigentliche Geschäftsführung besorgen und so die Willensbildung der Gesellschaft massgebend mitbestimmen».[292] Sie liessen sich nie formell wählen, ihnen kann aber eine materielle Organeigenschaft auf der Ebene der Verwaltung zuerkannt werden.[293] Beispiele sind

283 MÜLLER, S. 238.

284 LUTERBACHER, S. 65 f.

285 Im Kontext der Genossenschaft ist dies die Verwaltung.

286 BÄRTSCHI, Verantwortlichkeit, S. 97 für die AG.

287 Botschaft, Revision Obligationenrecht 1983, S. 935.

288 BÄRTSCHI, Verantwortlichkeit, S. 99 für die AG.

289 AS 2007, S. 4837.

290 (Zusatz)Botschaft, Änderung Obligationenrecht 2004, S. 4045 m.V.a.: Botschaft, Revision Obligationenrecht 2001, S. 3225.

291 REYMOND / TRINDADE, S. 216.

292 BGE 117 II 570 E. 3 für die AG.

293 BLICKENSTORFER, S. 172.

geschäftsführende Personen und sog. «Hintermänner», die qua «Strohmänner an der Verwaltung teilnehmen.»[294]

dd) Die *Organe infolge Kundgabe* sind keine Organe im eigentlichen Sinn. Sie geben durch ihr Handeln allerdings nach aussen zu verstehen, dass sie ein Organ der Gesellschaft sind. Es entsteht sodann eine spezielle von der Lehre entwickelte Vertrauenshaftung durch analoge Anwendung der Art. 916 ff. OR.[295]

(2) Verwaltung und ihre Mitglieder

Aus dem Wortlaut der Art. 916 OR und Art. 917 OR ergibt sich, dass gemäss den beiden Artikeln jeweils unterschiedliche Personenkreise passivlegitimiert sind. Art. 916 OR erwähnt alle mit der Verwaltung, der Geschäftsführung, der Revision oder der Liquidation befassten Personen, wohingegen Art. 917 Abs. 1 OR nur die Mitglieder der Verwaltung und die Liquidatoren ins Recht fasst. Art. 916 OR legt sodann «seinen Akzent nicht auf die formalrechtliche Entstehung der Funktion»[296]; bei Art. 917 OR ist dies anders. Mithin ist bei Art. 916 OR ein Organverständnis angezeigt, welches die faktischen Organe auch erfasst;[297] bei Art. 917 OR hingegen ein formelles.[298]

Die Mitglieder der Verwaltung sind in zeitlicher Hinsicht ab ihrem Amtsantritt für die gesamte Amtsdauer verantwortlich. Ein Rücktritt eines Mitglieds wirkt dann von der Verantwortlichkeit befreiend, wenn dem Rücktretenden kein aktives Verhalten zuzumuten war. Für Pflichtwidrigkeiten vor seinem Amts-

---

294 BLICKENSTORFER, S. 172.

295 Vgl. BÄRTSCHI, Verantwortlichkeit, S. 104 für die AG.

296 ZK OR-GUTZWILLER, Art. 916 Rz. 7.

297 Von einem solchen Verständnis geht auch die Botschaft zur Gesetzesänderung aus ((Zusatz)Botschaft, Änderung Obligationenrecht 2004, S. 4045).

298 REYMOND / TRINDADE, S. 258 f., die in Fn. 39 auf die Tatsache verweisen, dass der i.S.v. Art. 903 Abs. 2 OR angerufene Richter die Konkurseröffnung ohnehin nur auf Begehren der formellen Organe und aufgrund eines formellen Verwaltungsbeschlusses ausspricht. Eine Ausdehnung der Verantwortlichkeit auf die faktischen Organe ergibt auch aus diesem Grund keinen Sinn; a.M. BLICKENSTORFER, S. 181 und 183, der auch für den Art. 917 OR vom im Kapitel «II.A.4.c)(1) Organbegriff» beschriebenen Verständnis ausgeht.

antritt ist das Mitglied nur dann verantwortlich, wenn es die getroffenen Beschlüsse ausführt oder bestätigt.[299]

(3) Geschäftsführung und ihre Mitglieder

Aus Art. 916 OR werden die Mitglieder der Geschäftsführung, im funktionalen Sinne, gegenüber der Genossenschaft passivlegitimiert.[300] Art. 917 Abs. 1 OR schafft für den unmittelbaren Schaden keine Passivlegitimation der Mitglieder der Geschäftsführung. Bei Art. 917 Abs. 2 OR stellt sich die Frage, ob auch ein Anspruch gegenüber der Geschäftsführung besteht. Die Gesetzessystematik lässt einen solchen Anspruch eigentlich nicht zu, da der Abs. 2 direkt nach Art. 917 Abs. 1 OR steht und gemäss Art. 917 Abs. 1 OR nur die Mitglieder der Verwaltung und der Liquidatoren, nicht aber die Mitglieder der Geschäftsführung eingeklagt werden können. Da in Art. 917 Abs. 2 OR aber für die Geltendmachung des mittelbaren Schadens vollumfänglich[301] auf das Aktienrecht und damit die Art. 756 ff. OR verwiesen wird, und im Aktienrecht der mittelbare Schaden gegen die Organe der Gesellschaft geltend gemacht werden kann,[302] müsste davon auch die Geschäftsführung erfasst sein. Die Klage der Aktionäre respektive der Genossenschafter aus Art. 756 OR erfolgt gegen die Organe der Gesellschaft. Zu den Organen gehört gemäss dem hier zugrundeliegenden materiellen Organverständnis auch die Geschäftsführung. Allerdings kann gemäss Art. 917 OR, wie dies weiter oben im Kapitel «II.A.3.b)(5) Pflichtverletzung in der Überschuldung» bereits für Art. 917 Abs. 2 OR begründet wurde, nur der Schaden eingeklagt werden, welcher aus einer Verletzung der nicht delegierbaren Pflichten in Art. 903 Abs. 1 und 2 OR entstanden ist. Gegen diese Pflichten kann indessen nur die Verwaltung verstossen, weshalb eine Passivlegitimation der Geschäftsführung aus Art. 917 Abs. 2 OR ausgeschlossen bleiben muss.

(4) Verwaltung und Geschäftsführung als Liquidatoren

Auf die Passivlegitimation der Liquidatoren wird hier lediglich kurz eingegangen, da sie zur Verantwortlichkeit der Mitglieder der Verwaltung und der Geschäftsführung abgegrenzt werden muss. Die Liquidatoren haften sowohl

---

299 Blickenstorfer, S. 171, der auf den S. 171 ff. weitergehende Ausführungen zur passivlegitimierten Verwaltung i.S.v. Art. 916 OR macht, auf welche hier global verwiesen wird.

300 Blickenstorfer, S. 179.

301 BSK OR II-Gericke / Waller, Art. 917 Rz. 11.

302 BSK OR II-Gericke / Waller, Art. 756 Rz. 3.

aus Art. 916 OR als auch aus Art. 917 OR gegenüber den jeweils Aktivlegitimierten. Die Mitglieder der Verwaltung können auch dann schon für Liquidationshandlungen verantwortlich gemacht werden, wenn noch gar kein Liquidationsbeschluss vorliegt[303] und auch noch niemand als Liquidator eingesetzt wurde.[304] So gehören u.a. bereits vor dem Liquidationsbeschluss die Mitglieder der Verwaltung und der Geschäftsführung zu den mit der Liquidation befassten Personen. Insbesondere eine Teilnahme an der Verhandlung mit Käufern von Gegenständen des Gesellschaftsvermögens sowie ganz allgemein das selbständige Beitragen zu den Entscheidungen und Liquidationshandlungen spricht für eine Stellung als faktischer Liquidator.[305] Vor allen Dingen die Mitglieder der Geschäftsführung mögen ein Interesse daran haben, nicht als faktische Liquidatoren qualifiziert zu werden, da sie dann der Verantwortlichkeit von Art. 917 OR unterliegen und zusätzlich auch die Genossenschafter und die Gläubiger ihnen gegenüber aktivlegitimiert sind. Ausserdem käme sodann gegenüber den Mitgliedern der Verwaltung und der Geschäftsführung im Konkurs als *lex specialis* Art. 5 SchKG[306] zum Zug.

d) Andere Verantwortlichkeitsklagen

(1) Klage nach Art. 108 FusG

Vom Anwendungsbereich des Fusionsgesetzes werden auch die Genossenschaften erfasst.[307] Das FusG sieht eine gesonderte, rechtsformübergreifende[308] Verantwortlichkeitsklage gegen alle mit einer FusG-Transaktion[309] befassten Personen vor. Ins Recht gefasst werden können Organe sowohl der übertragenden als auch der übernehmenden Gesellschaft. Die Klage kann sowohl durch die Genossenschaft selbst, die Genossenschafter als auch die Gläubiger erhoben werden. Im Konkurs einer Genossenschaft kann zunächst die Konkursverwaltung klagen und erst nach einem Verzicht auf die Geltendmachung des Anspruchs derselben kann der einzelne Gläubiger einen solchen Anspruch bzw. die Abtretung desselben nach Art. 260 SchKG

303 Blickenstorfer, S. 201, der als Voraussetzung für die Haftung der Liquidatoren auf das Vorliegen des Liquidationsgrundes gemäss Art. 911 OR abstellt.

304 Müller, S. 239.

305 BGE 115 Ib 274 E. 14 c; Müller, S. 239.

306 SK SchKG-Müggler, Art. 5 Rz. 11.

307 Art. 1 Abs. 1 FusG.

308 OFK FusG-Vogel et al., Art. 108 Rz. 1.

309 ZK FusG-Martini, Art. 108 Rz. 4.

einklagen.[310] Bei Art. 108 FusG handelt es sich um eine spezialgesetzliche Regelung, die bei der Verletzung fusionsrechtlicher Pflichten ausschliesslich greift.[311] Im Sinne der Parömie *lex specialis derogat legi generali* können deshalb, abweichend von Art. 917 OR auch Genossenschafter und Gläubiger ausserhalb der Überschuldung klagen. Die Aktivlegitimation ist nämlich der aktienrechtlichen Regelung nachgebildet.[312] Die Schadenersatzklage gründet auf einer Pflichtverletzung, die im Rahmen einer im FusG vorgesehenen Strukturanpassung[313] vorgenommen wurde. Es muss also entweder eine Fusion, eine Spaltung, eine Umwandlung oder eine Vermögensübertragung vorgenommen worden sein. Die Haftung gemäss Art. 108 FusG folgt sodann den Regeln der Art. 41 ff. OR.[314] Der Pflichtenkatalog der verantwortlichen Organe während einer Strukturanpassung bestimmt sich, neben der allgemeinen Treue- und Sorgfaltspflicht, allerdings weitgehend nach dem Fusionsgesetz.

(2) Verantwortlichkeitsklagen in öffentlichrechtlichen Genossenschaften

Öffentlichrechtliche Genossenschaften treten in unterschiedlichen Formen auf. Erstens (I) können sie als Personalkörperschaften organisiert sein. Kriterium dabei ist eine gewisse persönliche Eigenschaft des Mitglieds der Genossenschaft. Die Schweizerische Gesellschaft für Hotelkredit ist ein Beispiel für eine Personalkörperschaft, die als Genossenschaft organisiert ist.[315] Zweitens (II) können sie eine Realkörperschaft bilden. Kriterium hierfür ist das Eigentum des Mitglieds an einer Sache. Öffentlichrechtliche Bodenverbesserungs-, Landumlegungs- oder Alpgenossenschaften sind Beispiele dafür.[316] Drittens (III) treten sie als gemischtwirtschaftliche Unternehmen nach Art. 926 OR auf,

---

[310] BSK FusG-Maurenbrecher / Waller, Art. 108 Rz. 23a.

[311] ZK FusG-Martini, Art. 108 Rz. 9.

[312] BSK FusG-Maurenbrecher / Waller, Art. 108 Rz. 17; für eine grafische Übersicht der Aktivlegitimation im und ausserhalb des Konkurses, sowie der Geltendmachung des unmittelbaren und mittelbaren Schadens siehe: ZK FusG-Martini, Art. 108 Rz. 33.

[313] Für Strukturanpassungen ausserhalb des FusG kommt das genossenschaftsrechtliche Haftungsregime zur Anwendung.

[314] ZK FusG-Martini, Art. 108 Rz. 2.

[315] Tschannen / Zimmerli / Müller, S. 64; Art. 2 Bundesgesetz über die Förderung der Beherbergungswirtschaft vom 20.6.2003 [SR 935.12].

[316] Tschannen / Zimmerli / Müller, S. 64.

welche formal Gesellschaften des Zivilrechts sind. Vertreter von Bund, Kantonen, Bezirk oder Gemeinden können in die Verwaltung oder in die Revisionsstelle abgeordnet werden, sofern dies statutarisch vorgesehen ist. Das Gemeinwesen ist nicht Mitglied der Genossenschaft; für gewöhnlich ist es allerdings kapitalmässig an derselben beteiligt.[317] Viertens (IV) bestehen öffentliche Unternehmen in Privatrechtsform, welche gewerblich handeln. Es sind dies ebenfalls formal Gesellschaften des Zivilrechts. Die Anteile gehören aber zumeist vollständig der öffentlichen Hand und das Unternehmen ist nicht gewinnorientiert.[318] Je nach Form gestaltet sich das für die Organe geltende Verantwortlichkeitsrecht unterschiedlich.

In Art. 829 OR werden die öffentlichrechtlichen Personenverbände, welche einem genossenschaftlichen Zweck dienen, deklaratorisch dem Recht von Bund und Kantonen unterstellt.[319] Davon sind die ersten beiden Formen (I) und (II) erfasst. Sie kennzeichnen sich durch die fünf nachfolgenden Begriffselemente:[320]

- Durch staatlichen Hoheitsakt errichtet
- Rechtlich verselbständigt
- Mitgliedschaftlich verfasst[321]
- Mit Autonomie versehen
- Zur selbständigen Erfüllung von (in der Regel übertragenen) Verwaltungsaufgaben bestimmt

Für diese Personenverbände gilt das öffentliche Recht; primär sind die im die Genossenschaft errichtenden Hoheitsakt enthaltenen Regeln anwendbar.[322] Darin kann eine Verweisung auf das Verantwortlichkeitsrecht des Bundes, bzw. des Kantons oder der Gemeinde enthalten sein. Im Errichtungsakt kann aber auch auf die Regeln des Zivilrechts verwiesen werden. Das Zivilrecht wird dann zum subsidiären öffentlichen Recht für die entsprechende Körper-

317 Tschannen / Zimmerli / Müller, S. 75.

318 Tschannen / Zimmerli / Müller, S. 76.

319 BSK OR II-Baudenbacher, Art. 829 Rz. 1; grundsätzlich: BSK ZGB I-Huguenin / Reitze, Art. 59 Rz. 10.

320 Tschannen / Zimmerli / Müller, S. 65 ff.

321 Zum Erfordernis des Mitgliedschaftszwangs und des Beitritts durch Gesetz für den Charakter als öffentlichrechtliche Genossenschaft: BGE 132 I 270 E. 5.4.

322 Tschannen / Zimmerli / Müller, S. 65 und 600.

schaft.[323] Für die ersten beiden Formen (I) und (II) gilt m.E. somit folgendes: Findet im Errichtungsakt und in den Statuten keine Verweisung auf das Zivilrecht statt und werden darin auch keine besonderen Verantwortlichkeitsregeln statuiert, so kommt das jeweils geltende Verantwortlichkeitsrecht des Kantons oder des Bundes zur Anwendung. Wie dieses genau aussieht, bestimmt sich je nach Einzelfall. Für die Grundzüge wird auf die Kapitel §61 und §62 im Lehrbuch «Allgemeines Verwaltungsrecht» von TSCHANNEN / ZIMMERLI / MÜLLER verwiesen; im Bund und in den meisten Kantonen gilt auf jeden Fall die ausschliessliche Staatshaftung.[324] Wird im Errichtungsakt oder in den Statuten auf das Zivilrecht verwiesen, so kommt das dadurch zum öffentlichen Recht erhobene[325] Verantwortlichkeitsrecht des Obligationenrechts, d.h. die Art. 41 ff. OR und die Art. 916 ff. OR zur Anwendung. Ein Beispiel dafür ist die umfassende Verweisung in den Statuten der Schweizerischen Gesellschaft für Hotelkredit.[326]

Da bei Genossenschaften des Bundes und auch in den meisten Kantonen bei einer Verfehlung eines Beamten der Staat haftet, ist dieser ausschliesslich passivlegitimiert, d.h. es kann nicht auf den die Verfehlungen begehenden Beamten direkt zugegriffen werden. Der Staat haftet primär und direkt. Wenn also ein Beamter aufgrund einer Pflichtverletzung, gemäss zum öffentlichen Recht erhobenen Zivilrecht, Verantwortlichkeitsfolgen auslöst, so kann die Klage, obwohl gemäss dem Wortlaut des Gesetzes dieser Beamte verantwortlich ist, nur gegen den Staat erhoben werden. Vorbehalten bleiben die Rückgriffsregelungen, wie bspw. Art. 7 VG, gegen den schädigenden Beamten.

In der dritten Form (III) ist die Körperschaft, d.h. wiederum der Staat, gegenüber der Genossenschaft, den Genossenschaftern und den Gläubigern für die von ihr abgeordneten Vertreter haftbar.[327] Das Gemeinwesen haftet direkt, primär und ausschliesslich.[328] Haftungsgrundlagen sind die privatrechtlichen Normen des Obligationenrechts, d.h. die Art. 916 ff. OR und die Art. 41 ff. OR.[329]

---

323 TSCHANNEN / ZIMMERLI / MÜLLER, S. 65.

324 TSCHANNEN / ZIMMERLI / MÜLLER, S. 590.

325 BSK OR II-BAUDENBACHER, Art. 829 Rz. 5 m.V.a. BGE 81 II 301 E. auf den Seiten 303 und 304.

326 Art. 1 Abs. 2 der Statuten der Schweizerischen Gesellschaft für Hotelkredit.

327 Art. 962 Abs. 3 OR.

328 BLICKENSTORFER, S. 239.

329 BLICKENSTORFER, S. 239.

Für weitergehende Ausführungen zu dieser Form kann auf das Werk von BLICKENSTORFER[330] verwiesen werden.

In der vierten Form (IV) handelt der Staat gewerblich und bedient sich dabei dem Rechtskleid der Genossenschaft. Im Bund kommen sodann gemäss Art. 3 Abs. 2 VG und Art. 11 Abs. 1 VG für die Verwaltung und die Geschäftsführung die Art. 916 ff. OR sowie die Art. 41 ff. OR zur Anwendung. Auch hier ist nur der Staat passivlegitimiert.[331] Vorbehalten bleiben die Rückgriffsregelungen gegen den schädigenden Beamten.

e) Zivilprozessuale Bestimmungen

(1) Gerichtsstand

Art. 40 ZPO schreibt für Klagen aus gesellschaftsrechtlicher Verantwortlichkeit vor, dass das Gericht am Wohnsitz oder Sitz der beklagten Partei oder am Sitz der Gesellschaft zuständig ist. Der Gerichtsstand ist alternativ.[332] Diese Regelung kommt auch für die Verantwortlichkeitsregelung in der Genossenschaft zum Tragen.[333] Sowohl mittelbare als auch unmittelbare Schädigungen können an diesen Gerichtsständen eingeklagt werden. Die Klage kann während, im Nachgang und ausserhalb eines Konkurses oder Liquidationsvergleichs erhoben werden.[334] Auch nach Art. 260 SchKG abgetretene Forderungen[335] und Regressansprüche[336] werden erfasst.

Gemäss Art 12 ZPO kann, sofern die Voraussetzungen erfüllt sind, zusätzlich auch der Ort der Niederlassung der beklagten Partei ein Gerichtsstand sein.[337] Aufgrund der fehlenden zwingenden Natur der Bestimmung in Art. 40 ZPO sind ausserdem auch Gerichtsstandsvereinbarungen[338] sowie Einlassungen auf das Verfahren[339] möglich. Bei einer passiven einfachen Streitgenossenschaft nach Art. 15 Abs. 1 ZPO können zudem auch alle Parteien der

---

330 BLICKENSTORFER, S. 238 ff.

331 Art. 3 Abs. 3 VG.

332 BSK OR II-GERICKE / WALLER, Art. 916 Rz. 13.

333 ZPO-Komm-RÜETSCHI, Art. 40 Rz. 3.

334 ZPO-Komm-RÜETSCHI, Art. 40 Rz. 4.

335 ZPO-Komm-RÜETSCHI, Art. 40 Rz. 4.

336 ZPO-Komm-RÜETSCHI, Art. 40 Rz. 5.

337 DASSER / ROTH, S. 257.

338 Art. 17 ZPO.

339 Art. 18 ZPO.

Streitgenossenschaft vor einem Gericht, welches für eine der beklagten Parteien zuständig ist, eingeklagt werden. Gemäss Art. 71 ZPO müssen Rechte und Pflichten dabei auf gleichartigen Tatsachen oder Rechtsgründen beruhen, es muss dieselbe Verfahrensart anwendbar sein und sachlich muss dasselbe Gericht zuständig sein.[340]

Art. 42 ZPO gilt als *lex specialis* für die Verantwortlichkeitsklagen aus Art. 108 FusG.[341] Der Sitz einer der beteiligten Rechtsträger ist dabei der Gerichtsstand.[342] Der Wohnsitz der beklagten Partei ist gemäss Art. 42 ZPO kein Gerichtsstand.

Für die Zuständigkeit im internationalen Verhältnis[343] und für die Handelsgerichtsbarkeit[344] wird auf die Ausführungen in der Literatur verwiesen.

(2) Die Prozesskosten

In Verantwortlichkeitsprozessen fallen u.U. sehr hohe Kosten an.[345] Diese stellen für viele potenzielle Kläger ein Prozesshindernis dar.[346] Häufig sind zudem die Schadenssummen sehr hoch; die finanziellen Ressourcen der Beklagten sowie der durch D&O-Versicherungen gedeckten Beträge sind aber nur sehr begrenzt.[347]

Die Prozesskosten bestehen im Zivilprozess aus den Parteientschädigungen und den Gerichtskosten,[348] wobei die Kantone die Tarife festsetzen.[349] Im Kanton St. Gallen berechnen sich die Gerichtskosten gemäss der Gerichtskostenverordnung und die Parteientschädigungen gemäss der Honorarordnung. Die Gerichtskosten bestimmen sich, sofern ein Mindest- und ein Höchstsatz vorgegeben sind, nach der Art des Falls, den finanziellen Interessen der Beteiligten, den Umtrieben, den finanziellen Verhältnissen des Kostenpflich-

---

340 DASSER / ROTH, S. 258.

341 DASSER / ROTH, S. 257.

342 Art. 42 ZPO.

343 DASSER / ROTH, S. 259 ff.; VON DER CRONE / BAUM, S. 295 für die AG.

344 DASSER / ROTH, S. 274 ff.

345 Als Beispiel: OGer ZH, Urteil vom 25. März 2013, LB090080, E. V.1.1.

346 DASSER / ROTH, S. 286. Vgl. dazu und betreffend die Bemühungen des Gesetzgebers, die Kostenrisiken für Verantwortlichkeitsklagen, die auf Leistung an die Gesellschaft lauten, zu beseitigen: VON DER CRONE / BAUM, S. 295 ff. für die AG.

347 DASSER / ROTH, S. 286.

348 Art. 95 Abs. 1 ZPO.

349 Art. 96 ZPO.

tigen sowie der Art der Prozessführung der Beteiligten.[350] Der Ansatz, der sich grundsätzlich nach Art. 10 Abs. 1 GeKV-SG bestimmt, kann je nach Umständen erhöht[351] oder herabgesetzt[352] werden. Insbesondere findet bei einem erhöhten Streitwert eine prozentuale Erhöhung statt.[353] Die Parteientschädigung bemisst sich nach dem Streitwert.[354] Sie erhöht sich oder wird herabgesetzt, je nach zuständigem Gericht,[355] Verfahrensart[356] sowie Kompliziertheit des Verfahrens.[357]

f) Beweis

Die Beweislastregeln des Haftpflichtrechts kommen auch im Verantwortlichkeitsprozess in der Genossenschaft zum Tragen, d.h. der Kläger muss die Elemente des Verantwortlichkeitsanspruches substantiieren und beweisen.[358] Er hat den vollen Beweis zu erbringen.[359]

Der Schaden muss vom Kläger konkret bewiesen und substantiiert werden.[360] Der Kläger muss den tatsächlichen Vermögensstand, der aufgrund des schädigenden Verhaltens entstanden ist, als auch den hypothetischen Vermögensstand ohne die schädigende Handlung nachweisen.[361] Eine Quantifizierung des Schadens hängt häufig mit hypothetischen Entwicklungen zusammen. Diese nachzuweisen kann sich als sehr schwierig erweisen.[362] Ist der Schaden ziffernmässig nicht nachweisbar, ist er nach Art. 42 Abs. 2 OR nach Ermessen des Richters mit Rücksicht auf den gewöhnlichen Lauf der Dinge und auf die vom Geschädigten getroffenen Massnahmen abzuschätzen. Diese Bestimmung räumt dem Gericht einen erweiterten Ermes-

350 Art. 4 Abs. 2 GeKV-SG.

351 Art. 6 GeKV-SG.

352 Art. 5 GeKV-SG.

353 Art. 11 GeKV-SG.

354 Art. 13 und Art. 14 HonO-SG.

355 Art. 15 HonO-SG.

356 Art. 16 HonO-SG.

357 Art. 18 HonO-SG.

358 BGer 4A_271/2016 & 4A_291/2016 vom 16. Januar 2017 E. 3 für die AG.

359 Von der Crone / Baum, S. 295 für die AG.

360 Reiter, S. 190 für die AG.

361 Reiter, S. 190 für die AG.

362 Umbach / Weber, S. 113.

sensspielraum ein, indem sie ihm gestattet, den Schaden aufgrund einer blossen Schätzung als ausgewiesen zu erachten. Dies stellt eine Beweiserleichterung dar. Der Kläger hat allerdings weiterhin alle Umstände, die für den Eintritt eines Schadens sprechen und dessen Abschätzung erlauben oder erleichtern, soweit möglich und zumutbar zu behaupten und zu beweisen. Die Umstände, welche der Kläger vorbringt, müssen den Bestand des Schadens hinreichend belegen und seine Grössenordnung hinreichend fassbar werden lassen.[363] Gleich wie in der Aktiengesellschaft trifft zudem auch die potenziell Ersatzpflichtigen eine Obliegenheit zur substantiierten Bestreitung. Insbesondere dort, wo gegenüber den Ansprechern ein Informationsvorsprung besteht, kommt ihnen diese zu.[364]

Die Pflichtverletzung und der adäquate Kausalzusammenhang zwischen Pflichtverletzung und Schaden müssen vom Kläger bewiesen werden. Der volle Beweis des Kausalzusammenhangs sollte, wenn dieser unmöglich oder unzumutbar ist, gleich wie in der Aktiengesellschaft,[365] durch denjenigen der überwiegenden Wahrscheinlichkeit ersetzt werden, «wenn für die Richtigkeit der Sachbehauptung nach objektiven Gesichtspunkten derart gewichtige Gründe sprechen, dass andere denkbare Möglichkeiten vernünftigerweise nicht massgeblich in Betracht fallen.»[366] Je nach Rechtsnatur des Verantwortlichkeitsanspruchs muss zudem entweder der Kläger das Verschulden beweisen oder der Beklagte hat sich zu exkulpieren.[367]

g) Nachschusspflicht der Genossenschafter

Genossenschafter können statutarisch zu Nachschüssen für die Deckung von Bilanzverlusten verpflichtet werden.[368] Solche Bilanzverluste können u.a. durch schädigende Handlungen von Verwaltung und Geschäftsführung entstehen. Sind Verantwortlichkeitsansprüche der Genossenschaft liquide, so werden die Bilanzverluste im Umfang der Liquidität der Nachschusspflichten aufgrund der Aktivierung der Ansprüche in der Bilanz, geschmälert.[369] Sind

---

363 BGer 4A_462/2009 vom 16. März 2010 E. 2.2 und BGer 4A_271/2016 & 4A_291/2016 vom 16. Januar 2017 E. 3.2 für die AG.

364 Reiter, S. 190 f. m.V.a. BGer 4C.366/2000 vom 19. Juni 2001 E. 5 b.bb.

365 Vgl. dazu Bärtschi, Rahmenbedingungen, S. 56.

366 BGE 132 III 715 E. 3.1.

367 Siehe dazu das Kapitel «II.A.2 Rechtsnatur der Verantwortlichkeitsklagen».

368 Art. 871 OR.

369 Blickenstorfer, S. 222.

die Verantwortlichkeitsansprüche illiquide, so müssen die Nachschüsse dennoch geleistet werden.[370] Es besteht allgemein keine Konkurrenz zwischen Verantwortlichkeitsansprüchen und Nachschüssen. Die beiden Ansprüche bestehen unabhängig voneinander. Sie haben einen unterschiedlichen Rechtsgrund. Die Nachschüsse dienen der Sanierung; Verantwortlichkeitsansprüche dienen dem Interessenersatz. Daraus folgt auch, dass ein nachschusspflichtiger Genossenschafter, der zugleich Mitglied der Verwaltung oder der Geschäftsführung ist, die von ihm zu leistenden Beträge aus Verantwortlichkeit nicht mit der Leistung eines Nachschusses begleichen kann.[371]

h) Solidarität und Rückgriff

Wenn mehrere Personen für denselben Schaden verantwortlich sind, so haften sie solidarisch.[372] Der Rückgriff unter den Verantwortlichen bestimmt sich nach dem Grad des Verschuldens.[373] Die zentrale Frage ist, ob die Regelung der Solidarität in der Aktiengesellschaft im Verantwortlichkeitsrecht der Genossenschaft, analog angewendet werden kann. Die Solidaritätsregelung im Aktienrecht wurde 1991 revidiert; die Regelung in der Genossenschaft blieb die gleiche. Der Wortlaut des Art. 916 OR ist derselbe wie derjenige des Art. 759 OR von 1936. Durch die Neuregelung im Aktienrecht werden die adäquate Kausalität und das Verschulden auch im Aussenverhältnis berücksichtigt; man spricht von der differenzierten Solidarität. MONTAVON[374] wägt in dieser Frage für die gewöhnliche Genossenschaft ab. Einerseits sieht er eine Anwendbarkeit der Solidaritätsregeln der Aktiengesellschaft als sinnvoll an, wenn von der Genossenschaft das Rechnungslegungsrecht der Aktiengesellschaft gemäss den Art. 957 ff. OR eingehalten werde. Andererseits zeitige eine Nichtanwendung der aktienrechtlichen Solidarität auf die für gewöhnlich kleinen Genossenschaften keine schwerwiegenden Konsequenzen, da sie ohnehin nur eine geringe wirtschaftliche Tätigkeit ausübten. Im Werk von REYMOND / TRINDADE[375] wird der Hoffnung Ausdruck verliehen, dass die aktienrechtliche Regelung bei der Rechtsanwendung des Bundesgerichts analog zur Anwendung gelange. Eine Ungleichbehandlung der konzessionierten Ver-

---

370 BLICKENSTORFER, S. 223.

371 BLICKENSTORFER, S. 223 f. mit weiteren Ausführungen zur Nachschusspflicht.

372 Art. 918 Abs. 1 OR.

373 Art. 918 Abs. 2 OR.

374 MONTAVON, S. 156.

375 REYMOND / TRINDADE, S. 256.

sicherungs- und der Kreditgenossenschaften mit den gewöhnlichen Genossenschaften könne nämlich nicht die Absicht des Gesetzgebers gewesen sein. GERICKE / WALLER,[376] MEIER,[377] CORBOZ[378] und MÜLLER[379] vertreten ebenfalls die Ansicht, dass die differenzierte Solidarität in der Genossenschaft analog zur Anwendung gelangen soll. MÜLLER begründet dies mit der Entstehungsgeschichte sowie der Absicht des Gesetzgebers, für die Genossenschaft eine einfachere und weniger strenge Regelung zu erlassen. Bei einer analogen Anwendung würde dieser Absicht Folge geleistet. Die Art. 43 f. OR sollen auch hier gelten. Der herrschenden Lehrmeinung sollte m.E. Folge geleistet werden, wobei es wünschenswert wäre, wenn der Gesetzgeber eine Anpassung im Gesetzestext vornähme.

i) Verjährung

Die genossenschaftsrechtlichen Verantwortlichkeitsansprüche verjähren vom Tage der Kenntnisnahme des Schadens und der verantwortlichen Person in fünf Jahren; absolut verjähren sie mit Ablauf von zehn Jahren vom Tage der schädigenden Handlung an gerechnet.[380] Die Bestimmung ist gleichlautend wie diejenige des Aktienrechts. Es kann auf die einschlägige Literatur sowie die Rechtsprechung zum Aktienrecht verwiesen werden.[381] In der Änderung des Obligationenrechts vom 15. Juni 2018 hat die Bundesversammlung beschlossen, dass Art. 919 Abs. 2 OR gleich wie das aktienrechtliche Pendant in Art. 760 Abs. 2 OR dahingehend geändert wird, dass der Anspruch auf Schadenersatz frühestens mit Eintritt der strafrechtlichen Verfolgungsverjährung eintritt. Tritt diese infolge eines erstinstanzlichen Strafurteils nicht mehr ein, so verjährt der Anspruch frühestens mit Ablauf von drei Jahren seit Eröffnung des Urteils.[382] Durch die neue Regelung soll sichergestellt werden, dass Zivilansprüche, die sich aus strafbaren Handlungen herleiten, nicht an der

---

376 BSK OR II-GERICKE / WALLER, Art. 918 Rz. 1.

377 HaftpflichtKomm-MEIER, Art. 918 Rz. 4.

378 CoRo CO-CORBOZ / AUBRY GIRARDIN, Art. 918 Rz. 11.

379 MÜLLER, S. 248.

380 Art. 919 Abs. 1 OR.

381 BGer 4A_60/2012 vom 30. Juli 2012 E. 2.1 ausdrücklich für die Genossenschaft; statt vieler: BSK OR II-GERICKE / WALLER, Art. 919 Rz. 1.

382 Art. 919 Abs. 2 OR; Revision des Verjährungsrecht vom 15. Juni 2018, AS 5343 S. 5346.

Verjährung scheitern, wenn es zu einer erstinstanzlichen strafrechtlichen Verurteilung kommt.[383]

5. Prinzipien und Verantwortlichkeitsklagen

a) Treuepflicht

Die Treuepflicht der Genossenschafter ist in Art. 866 OR festgesetzt und im Zusammenhang mit Art. 2 ZGB zu lesen,[384] auch wenn sie in ihrer Anwendung über den einfachen Grundsatz von Treu und Glauben hinausgeht[385] und gewissermassen eine selbständige Pflicht darstellt.[386] Sie hat einen besonderen Stellenwert in der Genossenschaft als Selbsthilfeorganisation.[387] Die Treuepflicht gebietet den Genossenschaftern, «alles der Gemeinschaft Nützliche zu tun und alles ihr Abträgliche zu unterlassen».[388] Sie ist «eine Regel für die Auslegung der durch das Gesetz oder die Statuten festgelegten Rechte und Pflichten der Mitglieder bzw. der Verwaltung».[389]

Wie verhält sich diese Treuepflicht nun also zur Verantwortlichkeitsklage der Mitglieder? Zweck der Normen in Art. 916 ff. OR ist der Schutz des privaten Vermögens der Mitglieder und der Gläubiger, bzw. des Vermögens der Genossenschaft. Der Gesetzgeber legitimiert diesen Schutz gegenüber den Mitgliedern der Verwaltung und der Geschäftsführung u.a. durch die Art. 916 ff. OR ganz bewusst. Wenn Genossenschafter eine mittelbare Schädigung einklagen, dann tun sie dies gegenüber den verantwortlichen Organen. Eine Leistung erfolgt zuhanden der Genossenschaft und findet damit immer im Interesse der Gemeinschaft statt. Denn wenn die Klage erfolgreich ist, wird die Genossenschaft und damit die Gemeinschaft begünstigt. Es findet ein Interessensausgleich statt. Der Einklagung eines (un)mittelbaren Schadens durch die Mitglieder liegt eine Verletzung der Art. 903 Abs. 1 und 2 OR bzw. ein Delikt i.S.v. Art. 41 OR zugrunde. Die Genossenschafter tun mit einer Verantwortlichkeitsklage m.E. nichts, was der Gemeinschaft abträglich

---

383 Botschaft, Verjährungsrecht, S. 244 und S. 255.

384 ZK OR-Gutzwiller, Art. 866 Rz. 3 und 4.

385 Gerwig, S. 127.

386 Troxler, S. 26, zitiert nach: Forstmoser, Grossgenossenschaften, S. 184.

387 BSK OR II-Nigg, Art. 866 Rz. 1.

388 Benz, S. 44, zitiert nach: ZK OR-Gutzwiller, Art. 866 Rz. 7.

389 Troxler, S. 26, zitiert nach: Forstmoser, Grossgenossenschaften, S. 184.

ist. Sie machen lediglich einen Schaden geltend, der ihnen widerfahren ist, und führen keine Klage gegen die Genossenschaft selbst. Die Treuepflicht besteht nur gegenüber der Genossenschaft, allenfalls auch gegenüber den Organen, nicht aber gegenüber den Einzelpersonen, welche die Organe konstituieren und die mit der Klage belangt werden.[390] Ein Konflikt zwischen dem Interesse des Genossenschafters und dem Interesse der Gemeinschaft ist zumindest juristisch beim Erheben einer Verantwortlichkeitsklage deshalb nicht ersichtlich. Eine Ausschliessung aus der Genossenschaft gemäss Art. 846 Abs. 2 OR i.V.m. Art. 4 ZGB kann deshalb aufgrund einer Verantwortlichkeitsklage auch nicht möglich sein, da kein treuwidriges Verhalten vorliegt. Genossenschafter sind somit in der Ausübung ihres Klagerechts frei. Sie können eine Klage jederzeit erheben. Mit der Übernahme eines Verwaltungs- bzw. Geschäftsführungsmandats nehmen die jeweiligen Personen das Risiko einer Verantwortlichkeitsklage der Genossenschafter gegen sie persönlich in Kauf.

Bei der Ausübung der Stimmrechte in der Generalversammlung muss der Genossenschafter seiner Treuepflicht nachkommen, d.h. seine Stimme so abgeben, wie es das gemeinsame Interesse verlangt.[391] Dies gilt auch, wenn über das Erheben einer Verantwortlichkeitsklage der Genossenschaft gegenüber den Mitgliedern der Verwaltung und / oder der Geschäftsführung abgestimmt werden sollte.[392] Der Genossenschafter ist dabei gehalten, im (Vermögens-)Interesse der Genossenschaft abzustimmen. Er muss dabei in Erwägung ziehen, ob für eine Gesellschaft die Vergangenheitsbewältigung im Vordergrund stehen oder der Blick nach vorne gerichtet werden soll. Er muss zwischen erwartetem Aufwand und Ertrag abwägen; mögliche lähmende Wirkungen auf die Gesellschaft infolge Streitverkündung der früheren Organe gegenüber den amtierenden Organen muss er in Betracht ziehen. Des Weiteren muss er abwägen, ob die Verantwortlichkeitsvorwürfe «Munition» für andere Klagen liefern und deshalb von einer Klage abgesehen werden soll. Abschliessend kann eine Verantwortlichkeitsklage zu einer verstärkten

---

390 BGer 7B.166/2000 vom 4. Dezember 2000 E. 7.a.cc für die AG.; Reiter, S. 189 für die AG.

391 Troxler, S. 38, zitiert nach: Forstmoser, Grossgenossenschaften, S. 187.

392 Siehe dazu das Kapitel «II.A.4.b)(1) Klageanhebung der Genossenschaft ausser Konkurs».

negativen Öffentlichkeitswirkung führen.[393] Insbesondere muss er aber auch persönliche Verbindungen zu den Mitgliedern der Verwaltung und der Geschäftsführung wie Verwandtschaft, Verschwägerung, Freund- oder Feindschaft, ausser Acht lassen bzw. bei einer Abstimmung, welche diese Verhältnisse tangieren kann, in den Ausstand treten. Ist er selbst Mitglied der Verwaltung oder der Geschäftsführung, so muss er bei einer Abstimmung der Generalversammlung auf jeden Fall in den Ausstand treten.

Sowohl die Mitglieder der Verwaltung bzw. der Geschäftsführung als auch die Mitglieder der Genossenschaft sind gegenüber der Genossenschaft zur Treue verpflichtet. Zwischen den Mitgliedern der Genossenschaft und der Verwaltung oder der Geschäftsführung besteht indessen keine Treuepflicht. Die Frage, ob die Genossenschafter aufgrund der grösseren Pflichten gegenüber der Genossenschaft nicht auch mit den gleichen Verantwortlichkeitsklagerechten wie die Aktionäre ausgestattet sein sollten, muss m.E. vor diesem Hintergrund beantwortet werden. Die Treuepflicht der Mitglieder der Genossenschaft tangiert das Verhältnis zu den Mitgliedern der Verwaltung bzw. der Geschäftsführung nicht; sie steht auch nicht im Austauschverhältnis zu den Pflichten der Verwaltung. Die Genossenschafter sind aufgrund des Selbsthilfezwecks zur Treue in der Genossenschaft verpflichtet. Dafür, dass sie der Genossenschaft treu bleiben, tun es die anderen Genossenschafter auch. Dadurch wird der Selbsthilfezweck gemeinschaftlich gefördert. Mit der Treuepflicht der Mitglieder der Genossenschaft kann deshalb kein umfassenderes Klagerecht der Genossenschafter aus Verantwortlichkeit begründet werden. Hierfür gibt es, wie im nächsten Kapitel «II.A.5.b) Gleichbehandlungsgebot der Konkurrenten» gezeigt wird, andere Gründe.

b) Gleichbehandlungsgebot der Konkurrenten

Alle gewöhnlichen Genossenschaften, d.h. auch Grossgenossenschaften wie Migros und Coop, unterstehen dem Verantwortlichkeitsregime der Art. 916 ff. OR. Vorbehalten ist eine abweichende statutarische Regelung, gemäss welcher in der Genossenschaft ein dem Aktienrecht gleichgeartetes Verantwortlichkeitsregime eingeführt werden kann.[394] Dies bedeutet u.a. auch, dass die Genossenschafter für eine Verantwortlichkeitsklage aufgrund einer Pflicht-

393 Siehe zu den vorhin aufgeführten Kriterien die Ausführungen bei: ISLER / FISCHER, S. 35 ff.

394 Siehe dazu inkl. Begründung und weiterführenden Überlegungen: MÜLLER, S. 234 f.

verletzung, welche eine andere Vorschrift als Art. 903 Abs. 1 und 2 OR tangiert, nicht aktivlegitimiert sind. Die Mitglieder der Geschäftsführung sind nur gegenüber der Genossenschaft selbst passivlegitimiert; nicht aber gegenüber den Mitgliedern oder den Gläubigern. In der Aktiengesellschaft sowie in den konzessionierten Versicherungsgenossenschaften und den Kreditgenossenschaften verhält sich dies anders. Die Regelung in der Genossenschaft der Art. 916 ff. OR wurde vom Gesetzgeber im Hinblick auf kleinere Genossenschaften erlassen, welche einen Selbsthilfezweck verfolgen. Sie sollte einfacher und weniger streng als diejenige der Aktiengesellschaft ausgestaltet sein. Für kleine und mittlere Genossenschaften sollte an dieser Regelung festgehalten werden; die Beweggründe des Gesetzgebers von damals, es dadurch zu ermöglichen, die Verwaltungen der Genossenschaften mit tüchtigen Persönlichkeiten zu bestellen, gelten auch heute noch.[395] Es stellt sich aber die Frage, ob dies für die Grossgenossenschaften ebenfalls zutrifft.

Aus dem Gleichheitsgebot von Art. 8 Abs. 1 BV sowie Art. 27 BV i.V.m. Art. 94 Abs. 4 BV leitet sich das sogenannte Gleichbehandlungsgebot der direkten Gewerbegenossen her. Bei einer Tätigkeit im selben Bereich, bei derselben Adressatengruppe und denselben Angeboten für die Befriedigung der gleichen Bedürfnisse, muss der Gesetzgeber die Gesetzesunterworfenen gleichbehandeln.[396] Oder ganz allgemein, mit ARISTOTELES gesprochen, ist gleiches nach Massgabe seiner Gleichheit durch den Gesetzgeber gleich und ungleiches nach Massgabe seiner Ungleichheit ungleich zu behandeln.[397] Zuweilen wird von Konkurrenten der Grossgenossenschaften postuliert, dass der Selbsthilfegedanke in den Grossgenossenschaften verloren gegangen sei.[398] Auch wenn sich betreffend Grossgenossenschaften nur sehr schwierig

---

395 Botschaft, Revision Obligationenrecht 1928, S. 302; MÜLLER, S. 249; a.M. HENGGELER, S. 156 f., der aber für seine Begründung noch vom alten Aktienrecht ausging, wonach die Mitglieder des Verwaltungsrats Aktionäre sein mussten (Art. 707 aOR), die Mitglieder der Verwaltung einer Genossenschaft aber nur in der Mehrheit Genossenschafter zu sein brauch(t)en (Art. 894 Abs. 1 OR). Aufgrund dieser Kriterien waren in der damaligen Fassung des Obligationenrechts die Voraussetzungen für die Mitgliedschaft in der Verwaltung einer Genossenschaft verhältnismässig weniger streng ausgestaltet als für die Mitgliedschaft im Verwaltungsrat einer AG.

396 SG-Komm BV-SCHWEIZER, Art. 8 Rz. 20.

397 SG-Komm BV-SCHWEIZER, Art. 8 Rz. 19.

398 FORSTMOSER, Grossgenossenschaften, S. 154.

generelle Aussagen treffen lassen,[399] so kann dennoch gesagt werden, dass in Grossgenossenschaften der Grad der Professionalisierung der Verwaltung und der Geschäftsführung weiter fortgeschritten ist, als dies in kleineren Genossenschaften der Fall ist.[400] Die Lage ist bei den Verwaltungen und der Geschäftsführung in Grossgenossenschaften also ähnlich wie bei Aktiengesellschaften, wo ebenfalls professionelle Verwaltungsräte und Geschäftsführungen im Amt sind. Aufgrund des Gleichbehandlungsgebots der Wettbewerber und dem allgemeinen Gleichheitsgebot sollte sich der Gesetzgeber *de lege ferenda* Gedanken dazu machen, wie er Grossgenossenschaften und deren verantwortliche Organe gegenüber denjenigen der Aktiengesellschaft und der Gesellschaft mit beschränkter Haftung gleichstellt.

Bereits FORSTMOSER stellte in seiner Dissertation zu den Grossgenossenschaften Überlegungen zu den Wettbewerbsvorteilen der Grossgenossenschaften gegenüber Gesellschaften ähnlicher Grösse in anderem Rechtskleid an. Er sieht in der weniger detailliert ausgestalteten Verantwortlichkeitsregelung der Genossenschaft zwar nicht gerade einen Grund für die Wahl der Gesellschaftsform der Genossenschaft anstatt derjenigen der Aktiengesellschaft,[401] dennoch sollte für die Verantwortlichkeitsregelung von Grossgenossenschaften, wie dies bei den konzessionierten Versicherungs- und Kreditgenossenschaften bereits heute der Fall ist, auf das Aktienrecht verwiesen werden.[402]

---

399 FORSTMOSER, Grossgenossenschaften, S. 63 f.

400 Vgl. dazu FORSTMOSER, Grossgenossenschaften, S. 194 ff. zur «Schwergewichtsverlagerung auf die Verwaltung» in den Grossgenossenschaften.

401 FORSTMOSER, Grossgenossenschaften, S. 86 und S. 130.

402 FORSTMOSER, Grossgenossenschaften, S. 290 f.; a.M. GERBER (S. 285 f. und S. 321 f.), der für alle Genossenschaften eine vollumfängliche Verweisung auf die aktienrechtliche Verantwortlichkeitsregelung fordert; HENGGELER (S. 155 ff.) sieht für eine «einfachere und schwächere Ausgestaltung der genossenschaftlichen Verantwortlichkeitsbestimmungen» keinen Grund. In einem anderen Kontext (S. 148) spricht er sich zudem gegen eine unterschiedliche Behandlung von grossen und kleinen Genossenschaften aus. Ebenfalls Reformbedarf, insbesondere bei Grossgenossenschaften, verortet NATSCH, Stand und Revisionspostulate, S. 117. TAISCH (S. 28) sieht für die Verantwortlichkeitsregelung dort Anpassungsbedarf, «wo die Selbsthilfe zur Erreichung der wirtschaftlichen Solidarität nicht mehr vorwiegend direkt, sondern mittels des Einsatzes professioneller Dritter im Auftrag und zugunsten der Genossenschafter erfolgt.» Gesetzgeberisch sei «zwischen Genossenschaften in einfachen Selbsthilfeverhältnissen und komplexen Genossenschaftsgruppen mit Einsatz von professionellen Dritten zu unterscheiden.»

Die Möglichkeit zur statutarischen Verweisung in einer gewöhnlichen Genossenschaft auf das aktienrechtliche Verantwortlichkeitsrechtsregime reicht m.E. nicht aus,[403] da die Anreize zu einer individuellen und strengeren Ausgestaltung des Verantwortlichkeitsregimes zu gering sind, bzw. aufseiten der die Generalversammlung einberufenden und im Normalfall die Traktanden vorgebenden Verwaltung ihren eigenen Interessen entgegengesetzt sind.

FORSTMOSER nahm in seiner Dissertation zu den Grossgenossenschaften keine quantitative Abgrenzung der Grossgenossenschaften zu den Genossenschaften normaler Grösse vor.[404] Sollte der Gesetzgeber Änderungen im Verantwortlichkeitsrecht der (Gross)Genossenschaft vorsehen, so bedarf es allerdings einer klaren, quantitativen Definition der Grossgenossenschaft, um die notwendige Rechtssicherheit für die Rechtsunterworfenen von Anbeginn zu schaffen. M.E. ergäbe es Sinn, wenn auf die KMU-Definition in Art. 727 Abs. 1 Ziff. 2 OR und Art. 2 lit. e FusG abgestellt werden würde. Eine Grossgenossenschaft wäre dann gegeben, wenn sie mindestens zwei der drei nachfolgenden Kriterien in zwei aufeinander folgenden Geschäftsjahren überschreitet oder Anleihensobligationen ausgibt.[405] Das erste Kriterium ist eine Bilanzsumme von CHF 20 Mio., das zweite ein Umsatzerlös von CHF 40 Mio. pro Jahr und das dritte sind 250 Vollzeitstellenäquivalente im Jahresdurchschnitt.

Eine weitere Definitionsmöglichkeit wäre das in Art. 962 Abs. 1 Ziff. 2 OR genannte Kriterium, nach welchem Genossenschaften mit mindestens 2'000 Genossenschaftern einen Abschluss nach einem anerkannten Standard zur Rechnungslegung erstellen müssen. NEUHAUS und KUNZ verwenden in der Kommentierung von Art. 962 OR für diese Genossenschaften auch den Begriff der Grossgenossenschaften.[406] M.E. sagt die reine Anzahl von Genossenschaftern allerdings nicht unbedingt etwas über die Grösse der Genossenschaft aus.[407] Eine Genossenschaft mit 2'000 Mitgliedern kann u.U. wenig Kapital binden oder nur wenige Leute beschäftigen. Die Schwelle von 2'000 Genossenschaftern wird sodann auch als arbiträr und absurd tief bezeich-

---

403 A.M. MÜLLER, S. 249 f.

404 FORSTMOSER, Grossgenossenschaften, S. 8 f.

405 Eine Genossenschaft kann nicht an der Börse kotiert sein. Dies ergibt sich nur schon aus dem Gesetzeswortlaut von Art. 962 OR.

406 BSK OR II-NEUHAUS / KUNZ, Art. 962 Rz. 3.

407 So auch: Vernehmlassung, Eingabe Suisa, S. 4.

net.[408] In der Verantwortlichkeitsregelung geht es um ein Vermögensrecht der bzw. des Geschädigten. M.E. ist deshalb auch bei dem schädigenden Organ darauf abzustellen, ob es ökonomisch betrachtet viel Verantwortung trug. Ist dies gegeben, so sollte eine strengere Verantwortlichkeitsregelung, gleich derjenigen in der Aktiengesellschaft, zur Anwendung gelangen. Dieses Kriterium ist sicherlich dann erfüllt, wenn es sich bei der Genossenschaft um kein KMU gemäss FusG und OR handelt.

c) Kopfstimmprinzip

Das Kopfstimmprinzip, festgeschrieben in Art. 885 OR, besagt, dass jeder Genossenschafter in der Generalversammlung oder in der Urabstimmung zwingend nur eine Stimme hat. Diese Gleichheit des Stimmrechts ergibt sich aus dem Wesen der Genossenschaft und ist unabdingbar.[409] Die Gleichheit des Stimmrechts ist Teil des ethischen Grundgehalts der Genossenschaft. Dieser besagt, dass jeder Genossenschafter gleich viel wiegt.[410] Aufgrund dieses Prinzips kann es zur Situation kommen, dass die Minderheit des Kapitals darüber entscheidet, ob die Genossenschaft eine Verantwortlichkeitsklage hängig macht oder nicht. Ungeachtet dessen, ob die Generalversammlung der Genossenschafter oder die Verwaltung für das Erheben der Verantwortlichkeitsklage zuständig ist,[411] wird dabei über eine u.U. wesentliche Vermögensfrage durch die in geringerem Ausmass im Vermögen Geschädigten entschieden. Bei der Aktiengesellschaft bspw. wird die Störung dieses Gleichgewichts durch das Verbot einer «one share – one vote»-Regelung, welche den Nennwert der Aktien und damit das repräsentierte Kapital ausser Acht liesse, betreffend die Anhebung einer Verantwortlichkeitsklage von Vornherein in Art. 693 Abs. 3 Ziff. 4 OR ausgeschlossen. Eine gleichartige Regelung für die Genossenschaft besteht nicht. Eine derartige Regelung sollte in der Genossenschaft m.E. aber auch nicht eingeführt werden. Die Genossenschafter sind gegenüber der Genossenschaft der Treue verpflichtet und müssen dieser Pflicht auch beim Entscheid betreffend Klageanhebung nachkommen. Eine Abweichung vom Kopfstimmprinzip in dieser Frage wäre aufgrund der persönlichen, mitgliedschaftlichen und nicht kapitalbezogenen Struktur im Recht

---

408 NÖSBERGER / CHRISTEN, S. 183.

409 BGE 69 II 41 E. 3.

410 BGE 128 III 375 E. 3.2.

411 Die Verwaltung wird von der Generalversammlung gemäss dem Kopfstimmprinzip gewählt und ist durch diese deshalb legitimiert.

der Genossenschaft ein Fremdkörper. Allfällige Spannungen zwischen eingebrachtem Kapital bzw. anderen Ressourcen und der Stimmberechtigung gilt es in der Genossenschaft auszuhalten.

Es stellt sich die Frage, ob der Verweis für die *actio pro societate* in Art. 917 Abs. 2 OR auf die Vorschriften des Aktienrechts auch den oben bereits angesprochenen Art. 693 Abs. 3 Ziff. 4 OR erfasst. Zuallererst gilt es darauf hinzuweisen, dass Art. 917 Abs. 2 OR nur für die Geltendmachung des Schadens auf die Regeln der Aktiengesellschaft verweist. Geltendmachung bedeutet Durchsetzung.[412] Die Geltendmachung bzw. Durchsetzung eines Anspruchs erfolgt m.E. allerdings erst, wenn dieser einem Dritten gegenüber eingefordert wird, mithin bei einer Schlichtungsbehörde ein Schlichtungsgesuch oder bei einem Gericht eine Klage anhängig gemacht wird. Wie der Entschluss gesellschaftsintern gefasst wird, ist nicht Teil des Prozesses der Geltendmachung oder der Durchsetzung. Selbst wenn die interne Beschlussfassung in einer Gesellschaft unter die Geltendmachung subsumiert werden würde, so ist folgendes anzuführen. In der Aktiengesellschaft ist die «one share – one vote»-Regel eine Ausnahme. Für gewöhnlich bestimmt sich die Stimmkraft nach dem in der Generalversammlung vertretenen Nennwert. Die Regel in Art. 693 Abs. 3 Ziff. 4 OR wahrt das Prinzip der Entscheidfindung gemäss dem Nennwert. Würde diese Regel auf die Geltendmachung des mittelbaren Schadens in der Genossenschaft angewendet werden, so würde dadurch das Kopfstimmprinzip ausgehebelt werden und es würde gemäss dem eingebrachten Kapital entschieden werden. Eine solche Regelung wäre dem Genossenschaftsrecht fremd und keinesfalls wie im Aktienrecht die «Default Option». Auch aus diesem Grund wäre eine derartige Regelung abzuweisen.

Eine weitere Frage, die eingangs gestellt wurde, war, ob die Genossenschafter beim Erheben von Verantwortlichkeitsklagen die Vermögensrechte gemäss dem von ihnen eingebrachten Kapital oder aufgrund des Kopfstimmprinzips geltend machen. Dies ist eine Frage der Schadensberechnung. Ausschlaggebend ist dabei stets, «welche Einbusse das konkrete Vermögen des Geschädigten durch das schädigende Ereignis erlitten hat.»[413] Der Umfang der Schädigung, welche eingeklagt werden kann, erhöht sich nicht, wenn das Stimmrecht prozentual einen grösseren Teil umfasst, als dass es das einbezahlte Kapital erlauben würde. Die Schädigung ist eine Verminderung

412 Blickenstorfer, S. 54.

413 Blickenstorfer, S. 81.

des Vermögens. Auf dieses muss deshalb auch bei der Schadensberechnung abgestellt werden.

d) Bottom-Up Struktur

Genossenschaften begründen sich nicht aufgrund einer fixen Kapitalsumme, für welche Aktien gezeichnet werden können. Ein Grundkapital darf im Voraus nicht festgesetzt werden,[414] ja sogar die Abänderlichkeit des Kapitals ist zwingend.[415] Es sind vielmehr die Genossenschafter, die sich zur Erreichung eines bestimmten Zwecks mit einem Selbsthilfegedanken zusammentun. In der Genossenschaft werden Entscheide somit häufig Bottom-Up, das heisst von unten nach oben, und nicht Top-Down gefällt. Grund dafür ist einerseits die vorherrschende demokratische Grundidee, welche die Genossenschaft mehr als die Aktiengesellschaft zu einer heterarchischen Gesellschaftsform macht, in welcher Personen unterschiedlicher Ebenen in der Gesellschaft Entscheide treffen bzw. mitbeeinflussen können, allen voran die Generalversammlung der Genossenschafter bzw. die Delegiertenversammlung. Andererseits kann, wenn Genossenschaften in einem Verband zusammengeschlossen sind, auch der Verband Entscheidungen für die Mitgliedschaftsgenossenschaften fällen.

Insbesondere in den grossen Genossenschaftsverbänden wie der Raiffeisenbank bzw. Migros und Coop taucht diese Frage auf. Man spricht bei diesen Gebilden auch von «inversen Konzernen».[416] Als Veranschaulichungsbeispiel kann die Struktur des Genossenschaftsverbands Raiffeisen Schweiz dienen.

---

414 Art. 828 Abs. 2 OR.

415 BSK OR II-Baudenbacher, Art. 828 Rz. 26.

416 Ceregato, S. 168.

Abb. 2: Der Genossenschaftsverband Raiffeisen Schweiz

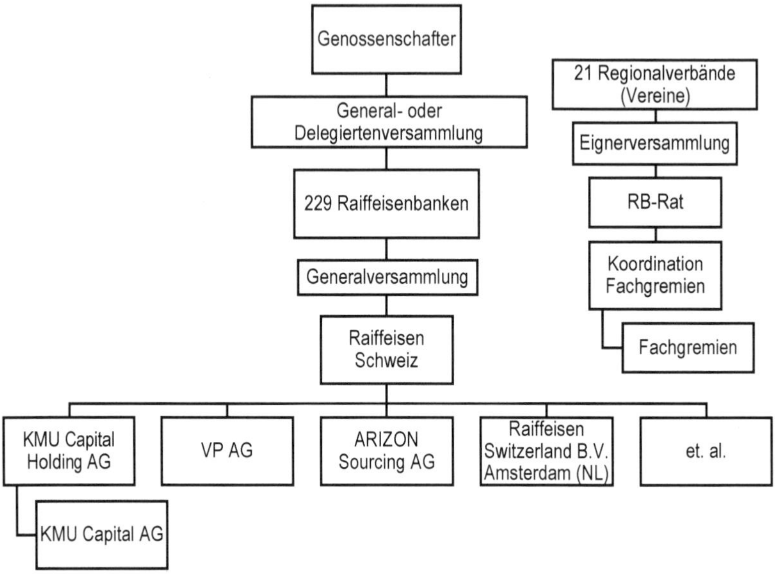

Quelle: Eigene Darstellung (komplexitätsreduziert), in Anlehnung an: Raiffeisen Gruppe Geschäftsbericht 2018, S. 81 und 84, <https://www.raiffeisen.ch/content/dam/www/rch/ueber-uns/medien/medienmitteilungen/2019/de/neue-gruppen-governance-raiffeisen.pdf>, abgerufen am 20. Februar 2020, sowie ein mit Herrn Dr. Hilmar Gernet am 4. Dezember 2019 geführtes Telefonat.

Der Genossenschaftsverband Raiffeisen Schweiz setzt sich aus den einzelnen Genossenschaften, das sind die Regionalbanken, zusammen, welche jeweils die Tagesgeschäftsentscheidungen für ihr Einzugsgebiet treffen. Die Generalversammlung legt die langfristige Grundsatzpolitik der Raiffeisen Gruppe fest[417] und die Verwaltung[418] ist für die Festlegung der Geschäftspolitik im Rahmen der Grundsatzpolitik zuständig.[419] Die Generalversammlung setzt sich aus den Vertretern der einzelnen Raiffeisenbanken zusammen, wobei jeder Bank als Genossenschafterin der Raiffeisen Schweiz eine Stimme zukommt. Hinzutreten die Eigner-Gremien spiegelbildlich zu den Raiffeisen-Organen, bestehend aus den Regionalverbänden, welche als Vereine organi-

417 Art. 28 lit. b Statuten der Raiffeisen Schweiz Genossenschaft.

418 In den Statuten wird sie «Verwaltungsrat» genannt.

419 Art. 41 Abs. 2 lit. c Statuten der Raiffeisen Schweiz Genossenschaft.

siert sind,[420] sowie aus der Eignerversammlung, dem Raiffeisenbanken-Rat, der Koordination Fachgremien sowie den einzelnen Fachgremien.[421] Die eigentlich für die Geschäftspolitik verantwortlichen Personen, das sind die Mitglieder der Verwaltung des Genossenschaftsverbandes, werden in ihren Entscheiden somit durch die Entscheidungen anderer Organe und Gremien begrenzt und kontrolliert. Die einzelnen Regionalbanken bestimmen stark über den Kurs der Raiffeisenbanken Schweiz mit. Der Verband andererseits übt auf die Mitgliedsgenossenschaften einen erheblichen Einfluss aus. Die Organe der Raiffeisen Schweiz stehen zudem mit den Eigner-Gremien in einem konstanten Meinungsaustausch.

Ein weiteres Beispiel, welches die spezielle Entscheidungsfindung in einem Genossenschaftsverband aufzeigt, ist der Migros-Genossenschaftsbund. So koordiniert dieser die Migros in partizipativer Weise und legt die Strategie der Migros fest.[422] Die Delegiertenversammlung des Migrosgenossenschaftsbundes wiederum setzt für den Verband die grundsätzliche Geschäftspolitik der Migros fest.[423] Sie genehmigt Fusionen und Aufspaltungen von angeschlossenen Genossenschaften,[424] genehmigt Verträge mit angeschlossenen Genossenschaften über Gegenstände von grundsätzlicher Bedeutung,[425] entscheidet über Beschlüsse der Verwaltung, gegen die der Rekurs ergriffen worden ist[426] und sie beschliesst über die Aufnahme neuer und das Fallenlassen laufender wichtiger kultureller, sozialer, wirtschaftspolitischer oder politischer Aktionen im Rahmen der dafür zur Verfügung stehenden Mittel, welche den Betrag von CHF 1 Mio. übersteigen.[427]

Ist der Genossenschaftsverband für gewisse Geschäftsführungsaufgaben oder für das Treffen gewisser Entscheidungen seiner Mitgliedsgenossenschaften ordentlich zuständig, so können die Mitglieder der Verwaltung der die Kompetenzen delegierenden Genossenschaften für Pflichtwidrigkeiten der

---

420 Art. 20 Abs. 3 Statuten der Raiffeisen Schweiz Genossenschaft.

421 <https://www.raiffeisen.ch/content/dam/www/rch/ueber-uns/medien/medienmitteilungen/2019/de/neue-gruppen-governance-raiffeisen.pdf>, abgerufen am 20. Februar 2020.

422 Art. 6 lit. a und b MGB-Statuten.

423 Art. 24 lit. c MGB-Statuten.

424 Art. 24 lit. e MGB-Statuten.

425 Art. 24 lit. f MGB-Statuten.

426 Art. 24 lit. g MGB-Statuten.

427 Art. 24 lit. m MGB-Statuten.

Verbandspersonen nicht verantwortlich gemacht werden.[428] Gleiches gilt in der gewöhnlichen Genossenschaft, wenn die Generalversammlung Entscheidungen trifft, die den Geschäftsgang beeinflussen, und diese von der Verwaltung bestätigt bzw. umgesetzt werden, so besteht betreffend diese Entscheidungen keine Klagemöglichkeit mehr für die Gesellschaft. Sie sind an die Entscheidungen der Generalversammlung gebunden. Aufgrund von Beschlüssen der Verwaltung, welche Beschlüsse der Generalversammlung ausführen, kann keine Verantwortlichkeitsklage durch die Genossenschaft geführt werden. Die Klagen der Genossenschafter und der Gläubiger nach Art. 917 OR hingegen können mangels Möglichkeit einer Kompetenzdelegation der Pflichten der Verwaltung in Art. 903 Abs. 1 und 2 OR[429] nicht von der Klagemöglichkeit ausgenommen werden.

Das gleiche, was für die ordentliche Delegation zutrifft, hat auch für die faktische Einwirkung des Genossenschaftsverbands auf den Geschäftsgang des Mitglieds Geltung. Der dem Verband angeschlossenen Genossenschaft erwachsen für allfällige Pflichtverletzungen der Verbandspersonen Verantwortlichkeitsansprüche gegenüber denselben aufgrund faktischer Organschaft.[430]

B. Verantwortlichkeitsklagen im Strafrecht und im öffentlichen Recht

1. Allgemeines

Für pflichtwidriges Verhalten der Verwaltung und der Geschäftsführung können diese nicht nur zivilrechtlich nach den Art. 916 ff. OR, Art. 41 ff. OR, Art. 55 ZGB und Art. 108 FusG belangt werden, sondern, sofern die Tatbestandselemente erfüllt sind, auch straf- und öffentlichrechtlich. Die straf- und öffentlichrechtlichen Verantwortlichkeitsklagen der Genossenschaft und ihrer Organe sind gleich ausgestaltet wie diejenigen in der Aktiengesellschaft.[431] Es

---

[428] Blickenstorfer, S. 174; auf die Ausführungen desselben (S. 173 ff.) zu den Verhältnissen der unterschiedlichen Ebenen innerhalb des Genossenschaftsverbandes, insbesondere zum Verhältnis «Mitgliedsgenossenschaft – Verband», und deren Auswirkungen auf die Verantwortlichkeit wird hier global verwiesen.

[429] BSK OR II-Watter, Art. 898 Rz. 1.

[430] Blickenstorfer, S. 175 f.

[431] Müller, S. 233.

kann somit auf die Literatur zur Aktiengesellschaft[432] verwiesen werden, sofern es sich nicht um ein Delikt handelt, welches bei Genossenschaften kaum bzw. gar nicht vorliegen kann. Dies ist bspw. bei der Ausnützung vertraulicher Informationen zwecks Kursmanipulation der Fall,[433] da Genossenschaften nicht an Börsen kotiert sein können. Hinzuweisen bleibt auch bei der Genossenschaft auf die Möglichkeit zur adhäsionsweisen Geltendmachung der zivilrechtlichen Ansprüche im Strafverfahren durch die geschädigte Person.[434] Aufgrund der öffentlichrechtlichen und der strafrechtlichen Bestimmungen entsteht sowohl für die Verwaltung als auch die Geschäftsführung das wohl grössere Haftungsrisiko als aufgrund der zivilrechtlichen Bestimmungen.[435] Nachstehend werden einige Ausführungen zu ausgewählten Aspekten dieser Verantwortlichkeitsklagen gemacht.

2. Strafrechtliche Verantwortlichkeitsklagen

a) Zurechnung einer Handlung zu einer natürlichen Person

Ganz allgemein machen sich Organe einer Genossenschaft persönlich strafbar,[436] wenn sie eine besondere Pflicht verletzen, welche der Genossenschaft obliegt, und deren Nichtbefolgung strafbar ist.[437]

---

432 MÜLLER / LIPP / PLÜSS, S. 372 ff. für öffentlichrechtliche Forderungen und S. 395 ff. für die strafrechtliche Verantwortlichkeit inkl. der möglichen Straftatbestände des Bundesrechts auf den S. 398 ff.; AKERET, S. 41 ff.; DONATSCH, S. 147 ff.

433 Art. 161 Abs. 1 aStGB, ersetzt durch die Bestimmungen im BEHG in AS 2013 S. 1103 ff. mit Wirkung seit 1. Mai 2013. Der Gesetzestext des BEHG wurde per 01. Januar 2020 ausser Kraft gesetzt.

434 Art. 122 ff. StPO.

435 FORSTMOSER, Verantwortlichkeit, S. 293 für die AG; KELLER, S. 5. Gemäss ihrer Untersuchung für die AGs werden allein durch sozialversicherungsrechtliche Klagen insgesamt höhere Schadenssummen in mehr Fällen geltend gemacht als durch zivilrechtliche Klagen.

436 Die Strafbarkeit nach Art. 29 StGB bezieht sich auf alle Straftatbestände des Strafgesetzbuches (MÜLLER / LIPP / PLÜSS, S. 396) und gilt ausdrücklich auch für die faktischen Organe (Art. 29 lit. d StGB).

437 Art. 29 StGB.

b) Verantwortlichkeitsklage nach Art. 102 StGB

Gemäss Art. 102 Abs. 4 StGB gelten als juristische Personen alle juristischen Personen des Privatrechts. Dazu gehören auch die Genossenschaften. Auch sie unterstehen somit Art. 102 StGB, sofern eine «geschäftliche Verrichtung» in der Genossenschaft besteht.[438] Kann die Straftat einer natürlichen Person, wie bspw. einem Mitglied der Verwaltung oder der Geschäftsführung, zugerechnet werden, so besteht keine Verantwortlichkeit der Genossenschaft nach Art. 102 StGB. Ist dies nicht der Fall, so wird die Genossenschaft, sofern alle subjektiven als auch objektiven Tatbestandsmerkmale des potenziellen Täters erfüllt sind,[439] mit Busse bis zu CHF 5 Mio. bestraft. Handelt es sich um eine der Straftaten nach Art. 102 Abs. 2 StGB, so ist die Strafbarkeit der Genossenschaft unabhängig der Zurechnung zu einer natürlichen Person gegeben.

c) Verantwortlichkeitsklage nach Art. 158 StGB

Die Genossenschaft wird durch das Verbot der ungetreuen Geschäftsbesorgung als Geschäftsherrin vor vorsätzlicher Schädigung aufgrund eines Vertrauensmissbrauchs durch den Geschäftsführer geschützt, dem sie Vermögen anvertraut hat.[440] Geschäftsführer ist, «wer in tatsächlich oder formell selbständiger und verantwortlicher Stellung im Interesse eines andern für einen nicht unerheblichen Vermögenskomplex zu sorgen hat.»[441] U.a. die geschäftsführenden Organpersonen, d.h. auch die Mitglieder der Geschäftsführung und der Verwaltung in der Genossenschaft sind davon erfasst,[442] wobei aufgrund der tatsächlichen Umstände auch die faktischen Organpersonen als Geschäftsführer gelten.[443]

d) Verantwortlichkeitsklage nach Art. 167 StGB

Das Verbot der Bevorzugung eines Gläubigers nach Art. 167 StGB ist eine Gläubigerschutzbestimmung, welche es dem zahlungsunfähigen Schuldner unter Strafandrohung verbietet, einzelne Gläubiger gegenüber anderen zu

---

438 BSK StGB I-Niggli / Gfeller, Art. 102 Rz. 384.

439 Macaluso / Garbarski, S. 106.

440 Müller / Lipp / Plüss, S. 400.

441 BGE 142 IV 346 E. 3.2.

442 BSK StGB II-Niggli, Art. 158 Rz. 23 und 25.

443 BSK StGB II-Niggli, Art. 158 Rz. 22.

bevorzugen. Kommt es zum Konkurs der Genossenschaft, so können die verantwortlichen Organpersonen mit Freiheitsstrafe bis zu drei Jahren oder Geldstrafe bestraft werden. Löhne, Mieten, betriebsnotwendige Lieferungen, öffentlichrechtliche Forderungen und Sozialversicherungsprämien können ohne Weiteres auch bei Zahlungsunfähigkeit beglichen werden, ohne dass dies strafrechtliche Konsequenzen nach sich ziehen würde.[444] Heikel kann die Situation bei Zessionen von Forderungen an Dritte sowie bei Vermögensentäusserungen zur Schaffung von Liquidität an nahestehende Personen sein.[445]

e) Verantwortlichkeitsklage nach Art. 251 StGB

Das Verbot der Urkundenfälschung dient dem Schutz des Rechtsverkehrs. Auch die Mitglieder der Verwaltung und der Geschäftsführung werden davon erfasst. Bei der Führung einer Gesellschaft ist insbesondere darauf Acht zu geben, dass die kaufmännische Buchführung[446] und Rechnungslegung[447] gemäss den allgemeinen Buchführungs- und Rechnungslegungsvorschriften gemäss Art. 957a ff. OR vorgenommen wird, andernfalls kann ein Delikt wegen unrichtiger Beurkundung vorliegen.

f) Verantwortlichkeitsklage nach Art. 6 VStrR

Gemäss Art. 6 Abs. 2 VStrR unterstehen sowohl der Geschäftsherr als auch der Arbeitgeber, Auftraggeber oder Vertretene, die es vorsätzlich oder fahrlässig in Verletzung einer Rechtspflicht unterlassen, eine Widerhandlung des Untergebenen, Beauftragten oder Vertreters abzuwenden oder in ihren Wirkungen aufzuheben, den Strafbestimmungen, welche für die entsprechend handelnden Täter gelten. Sind die ersteren, wie dies bei den Genossenschaften der Fall ist, eine juristische Person, so kommt Abs. 2 gemäss Abs. 3 auf die schuldigen Organe zur Anwendung[448] und diese werden anstelle der juristischen Person verantwortlich gemacht.

---

444 Müller / Lipp / Plüss, S. 403.

445 Müller / Lipp / Plüss, S. 403.

446 Siehe dazu: BSK StGB II-Boog, Art. 251 Rz. 87 ff.

447 Siehe dazu: BSK StGB II-Boog, Art. 251 Rz. 94 ff.

448 Siehe zu Abs. 2: Eicker / Frank / Achermann, S. 51 ff. und zu Abs. 3: Eicker / Frank / Achermann, S. 58 f.

3. Öffentlichrechtliche Verantwortlichkeitsklagen

a) Sozialversicherungsrechtliche Verantwortlichkeitsklagen

Art. 52 Abs. 1 AHVG[449] lässt den Arbeitgeber für den Schaden haften, der entsteht, wenn die geschuldeten Sozialversicherungsbeiträge nicht entrichtet werden. Die ausstehenden AHV / IV / EO / ALV- und PK-Beiträge konstituieren dabei zumeist den Schaden,[450] der ergänzt wird durch Verwaltungskostenbeiträge, Mahn-, Veranlagungs- und Betreibungsgebühren sowie die Verzugszinsen auf rückständigen Beiträgen.[451] Gemäss Abs. 2 desselben Artikels können bei juristischen Personen subsidiär die Mitglieder der Verwaltung und alle mit der Geschäftsführung oder Liquidation befassten Personen haftbar gemacht werden. Es ist eine Verschuldenshaftung öffentlichen Rechts.[452] In welche Rechtsform der Arbeitgeber gekleidet ist, spielt dabei keine Rolle.[453] In der Genossenschaft haften somit die Mitglieder der Verwaltung. Delegieren diese die Geschäftsführung ab und bildet die Geschäftsführung den Willen der Gesellschaft, so sind diese als faktische Organe haftbar.[454]

b) Verantwortlichkeitsklagen nach Art. 54 ff. KG

Wer vorsätzlich einer einvernehmlichen Regelung, einer rechtskräftigen Verfügung der Wettbewerbsbehörden oder einem Entscheid der Rechtsmittel-

---

449 Art. 52 AHVG kann stellvertretend für Regelungen in anderen Sozialversicherungsgesetzen stehen (Müller / Lipp / Plüss, S. 378, Fn. 1691).

450 Häusermann, S. 136.

451 Groner, S. 85.

452 Groner, S. 81; wobei Häusermann (S. 138) betreffend Art. 52 AHVG im Ergebnis eine eigentliche Kausalhaftung annimmt; gl.M. und kritisch betreffend die aktuelle Praxis sind Kieser (S. 186) und Nussbaumer (S. 1079 ff.). Ersterer fordert, dass eine Schadenersatzpflicht «nur zu bejahen ist, wenn die Verletzung eines elementaren Vorsichtsgebotes erstellt ist» (S. 186). Letzterer würde in einer «Lockerung der überhöhten Anforderungen an die Sorgfaltspflicht» eine sach- und verschuldensgerechtere Regelung der Verantwortlichkeit sehen (S. 1080). Gegen eine Kausalhaftung spricht das im Anhang aufgeführte Urteil vom 3. März 2010 des Sozialversicherungsgerichts des Kantons Zürich (AK.2008.00035), in welchem aufgrund des fehlenden Verschuldens kein Schadenersatz zugesprochen wurde.

453 BGer H/235/2004 vom 18.04.2005, E. 5.2; Groner, S. 82.

454 Groner, S. 83 f.

instanzen zuwiderhandelt, wird mit Busse bis zu CHF 100'000 bestraft.[455] Adressat dieser Norm sind primär natürliche Personen.[456] Organpersonen im zivilrechtlichen Sinn, d.h. auch faktische Organpersonen, sind für die Einhaltung kartellrechtlicher Vorgaben verantwortlich.[457]

c) Verantwortlichkeitsklagen nach BankG

Für die genossenschaftlich organisierten Banken gilt gemäss Art. 38 Abs. 2 BankG der Art. 39 desselben Gesetzes.[458] Gleich wie Art. 920 OR für die Kreditgenossenschaften verweist auch Art. 39 BankG auf die aktienrechtlichen Bestimmungen der Art. 752–760 des Obligationenrechts für die Verantwortlichkeit der Organe für die Geschäftsführung, Oberleitung, Aufsicht und Kontrolle.

d) Verantwortlichkeitsklage nach Art. 37 GwG

Mit Busse bis zu CHF 500'000 wird bestraft, wer vorsätzlich die in Art. 9 GwG stipulierten Meldepflichten verletzt.[459] Bei einer Widerhandlung gemäss Art. 37 GwG kommen gemäss Art. 50 Abs. 1 FINMAG die Art. 6 Abs. 1, 2 und 3 VStrR zur Anwendung.[460] Demnach kann diejenige Person in der Genossenschaft gebüsst werden, welche für die Meldepflicht zuständig gewesen wäre, diese aber unterlassen hat. Kommt dieser Person keine Organstellung zu, so kann sie sich dennoch strafbar machen, wenn sie es in vorsätzlicher oder fahrlässiger Verletzung einer Rechtspflicht unterlassen hat, eine Widerhandlung des Untergebenen, Beauftragten oder Vertreters abzuwenden oder in ihren Wirkungen aufzuheben.

e) Verantwortlichkeitsklage nach Art. 15 VStG

Gemäss Art. 15 Abs. 1 lit. a VStG haften die Liquidatoren für die Steuer einer aufgelösten Gesellschaft bis zum Betrag des Liquidationsergebnisses soli-

---

455 Art. 54 KG; für die Begriffsbedeutung der einvernehmlichen Regelung, der rechtskräftigen Verfügung der Wettbewerbsbehörden und dem Entscheid der Rechtsmittelinstanz sei auf BSK KG-Riedo / Niggli, Art. 54 Rz. 26 ff. verwiesen.

456 BSK KG-Riedo / Niggli, Art. 54 Rz. 15 ff.

457 BSK KG-Riedo / Niggli, Art. 54 Rz. 18.

458 BSK BankG-Bertschinger, Art. 38 Rz. 4.

459 Art. 37 GwG.

460 SHK GwG-Hilf, Art. 37 Rz. 14.

darisch mit derselben. Gemäss lit. b desselben Absatzes haften für die Steuer einer juristischen Person, welche ihre Organe ins Ausland verlegt, die Organe derselben. Wann ein Mitglied der Verwaltung oder der Geschäftsführung als Liquidator tätig ist, wurde im Kapitel «II.A.4.c)(4) Verwaltung und Geschäftsführung als Liquidatoren» bereits beschrieben. Die Mitglieder der Verwaltung und der Geschäftsführung können, sofern die Voraussetzungen gegeben sind, ebenfalls solidarisch für die abzuliefernden Verrechnungssteuern haften.[461] Die Liquidation beginnt gemäss der bundesgerichtlichen Rechtsprechung zudem bereits mit der faktischen Liquidation. Ein formeller Liquidationsbeschluss ist nicht notwendig.[462] Die Haftungsvorschrift nach Art. 15 VStG wurde durch das Bundesgericht zudem sehr rigoros interpretiert;[463] es handelt sich um eine dem zivilen ausservertraglichen Haftpflichtrecht fremde Garantenhaftung.[464]

Gemäss Art. 15 Abs. 2 VStG haften die Liquidatoren nur für Steuer-, Zins- und Kostenforderungen, die während ihrer Geschäftsführung entstehen, geltend gemacht oder fällig werden; ihre Haftung entfällt, soweit sie nachzuweisen vermögen, dass sie alles ihnen Zumutbare zur Feststellung und Erfüllung der Steuerforderung getan haben.

f) Verantwortlichkeitsklage nach Art. 15 MWSTG

Die Haftung der Liquidatoren nach Abs. 1 lit. e ist dem Art. 15 Abs. 1 lit. a VStG nachgebildet. Sind die Organe der Gesellschaft mit der Liquidation betraut, so können sie verantwortlich gemacht werden.[465] Wird die Gesellschaft ins Ausland verlegt, so sind die geschäftsführenden Organe gemäss lit. f verantwortlich. In beiden Fällen besteht die Verantwortlichkeit jeweils für die Steuer-, Zins und Kostenforderungen, welche während der Geschäftsführung entstehen oder fällig werden.[466] Eine Exkulpation ist unter denselben Bedingungen wie bei Art. 15 Abs. 2 VStG möglich.

---

461 Müller, S. 239.

462 BGE 115 Ib 274 E. 14 b.

463 Böckli, Haftung, S. 93.

464 Böckli, Haftung, S. 92; Müller / Lipp / Plüss, S. 374 f.; BSK VStG-Meister, Art. 15 Rz. 3 und 4.

465 BSK MWStG-Gantenbein, Art. 15 Rz. 24.

466 BSK MWStG-Gantenbein, Art. 15 Rz. 26 und 27.

g) Verantwortlichkeitsklage nach Art 55 DBG

Die Klage aus Art. 55 DBG ist an Art. 15 VStG angelehnt,[467] wobei sich die Haftung auf die von der Gesellschaft geschuldeten Gewinnsteuern bezieht.[468] Der Höchsthaftungsbetrag bezieht sich ebenfalls auf das Liquidationsergebnis.[469] Ein nicht unwesentlicher Unterschied zur Haftungsnorm gemäss Art. 15 Abs. 1 lit. a VStG liegt im Zeitpunkt, zu welchem die Haftpflicht begründet wird. Gemäss Art. 15 Abs. 1 lit. a VStG haftet der Verwaltungsrat bereits mit dem Eintritt des Auflösungsgrunds. Hingegen haftet er gemäss Art. 55 Abs. 1 DBG erst nach der Beendigung der Liquidation, d.h. erst nachdem die Gesellschaft dem Handelsregister zur Löschung angemeldet wurde. Im Falle einer faktischen Liquidation gilt der Zeitpunkt, an welchem die Gesellschaft «derart ausgehöhlt ist (…), dass eine Weiterführung der Geschäftsaktivitäten als unmöglich erscheint.»[470] Ein weiterer Unterschied des Art. 55 Abs. 1 DBG zu Art. 15 Abs. 2 VStG liegt darin begründet, dass die Norm keine zeitliche Haftungsbeschränkung vorsieht, d.h. die verantwortlichen Personen haften potentiell auch für diejenigen Steuerschulden, die schon vor ihrem Amtsantritt entstanden sind, ohne dass sie davon Kenntnis hatten.[471]

C. Folgerungen aus dem theoretischen Teil

1. Betreffend die materiellrechtlichen Voraussetzungen

Die materiellrechtlichen Voraussetzungen für Verantwortlichkeitsklagen sind denjenigen im Aktienrecht sehr ähnlich. Um eine Klage nach Art. 917 Abs. 1 oder 2 OR zu erheben, muss eine Pflicht in Art. 903 Abs. 1 oder 2 OR verletzt sein. Die BJR ist im Genossenschaftsrecht aufgrund der Regeln der Analogie ebenfalls anzuwenden. Sie findet dann Anwendung auf die Entscheide der Verwaltung oder der Geschäftsführung einer Genossenschaft, wenn diese auch alleinig vom entsprechenden Organ zu verantworten sind. Gleich wie im Aktienrecht spricht man in der Genossenschaft dann von Überschuldung,

---

467 Botschaft, Steuerharmonisierung, S. 188 betreffend den Art. 61 aDBG.

468 Art. 1 lit. b DBG.

469 BSK DBG-Hunziker / Mayer-Knobel, Art. 55 Rz. 5.

470 BSK DBG-Hunziker / Mayer-Knobel, Art. 55 Rz. 2.

471 BSK DBG-Hunziker / Mayer-Knobel, Art. 55 Rz. 5.

wenn die Forderungen der Genossenschaftsgläubiger durch die Aktiven nicht mehr gedeckt sind.

2. Betreffend die Durchsetzung von Verantwortlichkeitsansprüchen

a) Aktivlegitimation

Eine Übernahme der «Biber-Holding»-Praxis in der Genossenschaft würde auf die Klageberechtigung der Gläubiger und Genossenschafter erstickend wirken. Die Rechtsprechung sollte bei der vom Gesetz vorgesehenen Unterteilung in mittelbaren und unmittelbaren Schaden bleiben. Die vom Bundesgericht für die Aktiengesellschaft aufgestellte Dreiteilung der aufgrund von Verantwortlichkeit entstandenen Schäden sollte für die Genossenschaft nicht übernommen werden. Da der Gesetzgeber schon eine Einschränkung der Klagemöglichkeiten vorgenommen hat, kann davon ausgegangen werden, dass er damit seinen Willen abschliessend zum Ausdruck gebracht hat und diese Einschränkungen nicht um weitere Kriterien «ergänzt» haben wollte.

Die unmittelbar geschädigten Gläubiger und Genossenschafter können ihre Schäden in der gewöhnlichen Genossenschaft auch im Konkurs direkt und selbständig gegenüber den schädigenden Organen geltend machen. Die Klage gegenüber den Organpersonen ist eine persönliche. Sie richtet sich gegen die handelnden Personen und nicht gegen das Organ oder die Gesellschaft. Es findet auch keine Substituierung des Anspruchs durch denjenigen der Gläubigergesamtheit statt. Der Verantwortlichkeitsanspruch der Gesellschaft hingegen geht in die Konkursmasse über und kann von der Gläubigergesamtheit eingeklagt werden.

Für die Geltendmachung des mittelbaren Schadens durch die Genossenschafter und Gläubiger verweist das Verantwortlichkeitsrecht der Genossenschaft auf die Regeln der Aktiengesellschaft. Es kommen dort die Art. 756–758 OR zur Anwendung. Im Zusammenhang mit diesen Artikeln hat das Bundesgericht für den Fall des Konkurses die sogenannte Raschein-Praxis entwickelt, welche in beschränktem Ausmass auch für die Genossenschaft gilt. Die einzig berechtigte Klägerin ist in dieser Situation die Konkursverwaltung, welche die Ansprüche der Gläubigergesamtheit einheitlich geltend macht. Den Gläubigern und Genossenschaftern kommt aus mittelbarem Schaden keine Klageberechtigung mehr zu, da deren Ansprüche gemeinsam mit demjenigen der Genossenschaft selbst durch den der Gläubigergesamtheit substituiert wird.

Die Gläubigerversammlung bzw. eine Gläubigermehrheit entscheidet dabei, ob auf die Einklagung eines Anspruchs verzichtet werden soll. Wird der Anspruch nicht eingeklagt, kann dieser gemäss Art. 260 SchKG an einzelne Gläubiger oder Genossenschafter abgetreten werden, welche den Anspruch dann in eigenem Namen, aber aus fremdem Recht, nämlich demjenigen der Gläubigergesamtheit, geltend machen können.

Beim Verantwortlichkeitsanspruch aufgrund einer unmittelbaren Schädigung handelt es sich um einen reinen Schadensersatzanspruch, der nicht an die Mitgliedschafts- oder Gläubigerrechte gebunden ist, sondern unabhängig von diesen, lediglich aufgrund der eingetretenen Schädigung auch im Konkurs geltend gemacht werden kann. Anspruchstellerin ist dabei nicht die Gläubigergesamtheit. Der mittelbare Schaden hingegen ist ein Anspruch, der nur dann geltend gemacht werden kann, wenn eine Mitgliedschafts- oder Gläubigerstellung gegeben ist, bzw. dem Anspruchsteller noch Anteilscheine in der Genossenschaft verbleiben.

Der Entscheid über die Anhebung einer Verantwortlichkeitsklage gehört gemäss dem Paritätsprinzip zu den Geschäftsführungsaufgaben, welche bei der Verwaltung verordnet sind und nicht bei der Generalversammlung. Die Entscheidungskompetenz zur Anhebung einer Verantwortlichkeitsklage sowie die Vertretung in dieser Aufgabe ist als Geschäftsführungsaufgabe allerdings vollständig delegierbar und kein höchstpersönliches Recht der Verwaltung.

Soll gegen die Verwaltung als Kollektiv eine Verantwortlichkeitsklage erhoben werden, so ist die Generalversammlung zu diesem Entscheid selbst dann berechtigt, wenn ihr gemäss den Statuten diese Kompetenz nicht ausdrücklich zukommt. Zusätzlich sollte der Generalversammlung die Möglichkeit zustehen, der Verwaltung mittels eines Generalversammlungsbeschlusses die Weisung zu erteilen, eine Verantwortlichkeitsklage gegen einzelne Mitglieder der Verwaltung oder der Geschäftsführung zu erheben.

De lege lata steht den Genossenschaftern der den Genossenschaftsverband konstituierenden Genossenschaften keine Klagemöglichkeit gegen die Organe des Verbandes offen. *De lege ferenda* wäre ein solches Klagerecht für den bei den Genossenschaftern und Gläubigern entstandenen unmittelbaren und mittelbaren Schaden angezeigt.

b) Passivlegitimation

Bei den Klagen nach Art. 916 OR ist für die Passivlegitimierten ein funktionales Organverständnis angezeigt, welches die faktischen Organe auch erfasst; bei den Klagen nach Art. 917 OR hingegen ein formelles. Nach Art. 917 Abs. 2 OR kann nur der Schaden eingeklagt werden, welcher aus einer Verletzung der Pflichten in Art. 903 Abs. 1 und 2 OR entstanden ist. Gegen diese Pflichten kann indessen nur die Verwaltung verstossen, weshalb eine Passivlegitimation der Geschäftsführung aus Art. 917 Abs. 2 OR ausgeschlossen bleiben muss.

c) Solidarität

Die differenzierte Solidarität gelangt in der Genossenschaft, wie es die h.L. fordert, analog zur Anwendung. Es wäre allerdings wünschenswert, wenn der Gesetzgeber eine Anpassung im Gesetzestext vornähme, welche die differenzierte Solidarität für die Genossenschaft explizit festschreibt.

3. Betreffend die Prinzipien

a) Gleichbehandlungsgebot der Wettbewerber

Die zivilrechtliche Verantwortlichkeitsregelung der Art. 916 ff. OR ist für die Genossenschaft weniger streng ausgestaltet als für die Aktiengesellschaft. Diese Regelung ist für kleinere Genossenschaften, welche dem Selbsthilfegedanken verpflichtet sind, passend. Für Grossgenossenschaften sollte *de lege ferenda* aber, gleich wie bei konzessionierten Versicherungsgenossenschaften und Kreditgenossenschaften, eine Regelung analog derjenigen des Aktienrechts eingeführt werden. Dies ergibt sich aus Überlegungen zum Gleichbehandlungsgebot der Wettbewerber sowie dem allgemeinen Gleichheitsgebot. Die Lage ist bei den Verwaltungen und der Geschäftsführung in Grossgenossenschaften nämlich ähnlich wie bei Aktiengesellschaften, wo ebenfalls professionelle Verwaltungsräte und Geschäftsführer im Amt sind. Zur Abgrenzung der Grossgenossenschaften zu den anderen Genossenschaften kann die KMU-Definition des Obligationenrechts bzw. des Fusionsgesetzes beigezogen werden.

b) Treuepflicht

Bei der Ausübung der Stimmrechte in der Generalversammlung muss der Genossenschafter seiner Treuepflicht nachkommen, d.h. seine Stimme so abgeben, wie es das gemeinsame Interesse verlangt; dies gilt auch, wenn über das Erheben einer Verantwortlichkeitsklage der Genossenschaft gegenüber den Mitgliedern der Verwaltung und / oder der Geschäftsführung abgestimmt werden sollte. Der Genossenschafter ist dabei gehalten, im (Vermögens-)Interesse der Genossenschaft abzustimmen. Er muss dabei in Erwägung ziehen, ob für eine Gesellschaft die Vergangenheitsbewältigung im Vordergrund stehen oder der Blick nach vorne gerichtet werden soll. Er muss zwischen erwartetem Aufwand und Ertrag abwägen; mögliche lähmende Wirkungen auf die Gesellschaft infolge Streitverkündung der früheren Organe gegenüber den amtierenden Organen muss er in Betracht ziehen. Des Weiteren muss er abwägen, ob die Verantwortlichkeitsvorwürfe «Munition» für andere Klagen liefern und deshalb von einer Klage abgesehen werden soll. Zudem kann eine Verantwortlichkeitsklage zu einer verstärkten negativen Öffentlichkeitswirkung führen. Insbesondere muss er aber persönliche Verbindungen zu den Mitgliedern der Verwaltung und der Geschäftsführung wie Verwandtschaft, Verschwägerung sowie Freund- oder Feindschaft, ausser Acht lassen bzw. bei einer solche Personen tangierenden Abstimmung in den Ausstand treten. Ist er selbst Mitglied der Verwaltung oder der Geschäftsführung, so muss er bei einer Abstimmung der Generalversammlung auf jeden Fall in den Ausstand treten.

4. Betreffend die öffentlichrechtlichen Genossenschaften

Bei öffentlichrechtlichen Genossenschaften ist der Staat ausschliesslich passivlegitimiert, d.h. es kann nicht auf den die Verfehlungen begehenden Beamten direkt zugegriffen werden. Der Staat haftet primär und direkt.

5. Betreffend die straf- und öffentlichrechtlichen Verantwortlichkeitsklagen

Die straf- und öffentlichrechtlichen Verantwortlichkeitsklagen der Genossenschaft und ihrer Organe sind gleich ausgestaltet wie diejenigen in der Aktiengesellschaft.

III. Besonderer Praktischer Teil

A. Übersicht über die empirische Studie

1. Untersuchungsziel

Mit Hilfe der empirischen Studie soll untersucht werden, wie prävalent Verantwortlichkeitsklagen in der Genossenschaft sind, aus welchem Rechtsgrund sie häufig angestrengt werden, wovon der Erfolg von Verantwortlichkeitsklagen abhängt und wie sie vorwiegend ausgehen. Des Weiteren soll herausgefunden werden, weshalb das Erheben von Verantwortlichkeitsklagen durch die Aktivlegitimierten interessant ist, welche Rolle die Kosten beim Erheben von Verantwortlichkeitsklagen spielen und wo die grössten Hinderungsgründe für das Erheben von Verantwortlichkeitsklagen in der Genossenschaft liegen. Es soll herausgefunden werden, welche Massnahmen (Schulungsmöglichkeiten / Best Practice Guidelines / Ausgestaltung der Entscheidungsverfahren) vornehmlich ergriffen werden, um Verantwortlichkeitsklagen und die Umstände, welche zu Verantwortlichkeitsklagen führen, zu verhindern. Bezüglich der Schulungsmöglichkeiten soll ausfindig gemacht werden, welche im genossenschaftlichen Umfeld bekannt sind, ob diese genutzt werden und ob es weiterer Schulungsmöglichkeiten bedarf. Die praktische Rolle der Vermögensschadenhaftpflichtversicherungen in den Genossenschaften soll ebenfalls beleuchtet werden. Es soll des Weiteren erforscht werden, inwiefern das Verhalten von Mitgliedern der Verwaltung und der Geschäftsführung in der Ausübung ihrer Geschäfte beeinflusst wird. Ausserdem sollen die Kenntnisse der Mitglieder der Verwaltung und der Geschäftsleitung betreffend Verantwortlichkeitsklagen erfragt werden. Es soll ausfindig gemacht werden, wo in der Gesetzgebung bzw. Rechtsprechung Verbesserungsmöglichkeiten bei der Regelung von genossenschaftlichen Verantwortlichkeitsklagen verordnet werden, ob die Regelung strenger ausgestaltet werden sollte und namentlich, wie die Umfrageteilnehmenden über eine Verantwortlichkeitsregelung *de lege ferenda* denken, gemäss welcher nach den KMU-Kriterien differenziert wird, ob die aktien- oder die genossenschaftliche Regelung zum Tragen kommt. Ferner soll erfragt werden, was von zusätzlichen Klagerechten innerhalb des Genossenschaftsverbands gehalten wird.

2. Untersuchungszielgruppen

Im Rahmen der quantitativen Studie wurde an 150 Mitglieder der Verwaltung und der Geschäftsführung unterschiedlicher Genossenschaften aus der Deutschschweiz ein Link zu einer Umfrage zu den Verantwortlichkeitsklagen in der Genossenschaft versandt. Die Stichprobengrösse für die Beantwortung der Frage zur Art der Genossenschaft betrug 89 Teilnehmer. Je weiter hinten die Frage innerhalb der Umfrage verordnet war, desto weniger Teilnehmende gab es bei den einzelnen Fragen. 16 % der Umfrageteilnehmenden waren Mitglieder von konzessionierten Versicherungs- oder Kreditgenossenschaften, 84 % waren Mitglieder gewöhnlicher Genossenschaften. Die befragten Mitglieder der Verwaltungen und der Geschäftsführung wurden gemäss dem Zufallsprinzip ausgewählt. Es wurde insbesondere nicht darauf geachtet, ob die Teilnehmenden sich mit der Thematik «Verantwortlichkeitsklagen» auskannten. U.a. wurden nämlich auch die Kenntnisse betreffend Verantwortlichkeitsklagen erfragt.

Um ein breites und aussagekräftiges Meinungsbild zu erzeugen, wurden im Rahmen der qualitativen Studie Personen mit nachfolgenden Hintergründen befragt, wobei manche der interviewten Personen unterschiedliche Funktionen wahrnehmen.

- Rechtsanwalt
- Interessenvertretung der Genossenschaft
- Gericht
- Versicherung
- Lehre
- Genossenschaft / potenziell Geschädigte

Bei der Auswahl der Interviewpartner im Rahmen der qualitativen Studie wurde darauf geachtet, dass diese sich mit der Genossenschaft als Rechtsform auskennen, mit Verantwortlichkeitsklagen (in der Genossenschaft) schon praktisch zu tun hatten und / oder sie bereits zum Thema Genossenschaftsrecht publiziert haben.

3. Datenerhebungsmethodik

a) Quantitative Studie

Um eine möglichst grosse Vielfalt an Umfrageteilnehmenden zu erreichen, wurde das Handelsregister der deutschschweizerischen Kantone Aargau, Bern, Glarus, Graubünden, Luzern, Schaffhausen, St. Gallen, Solothurn, Thurgau, Zug und Zürich nach Genossenschaften, welche in unterschiedlichen

Gebieten aktiv sind, durchsucht. Umfragelinks wurden u.a. an Vertreter von Wohnbaugenossenschaften, Restaurationsgenossenschaften, Konzessionierte Kredit- und Versicherungsgenossenschaften, Strom- und Wasserversorgungsgenossenschaften, Landwirtschaftliche Genossenschaften, Seilbahngenossenschaften, Genossenschaften zur Förderung sportlicher Angebote, Buchhandlungsgenossenschaften, Museumsgenossenschaften, Reit- und Pferdezuchtgenossenschaften, Bootshafengenossenschaften, Milchproduktionsgenossenschaften, Messegenossenschaften, Kulturförderungsgenossenschaften, Konsumgenossenschaften, Blumenverkaufsgenossenschaften, Bürgschaftsgenossenschaften, Fernsehgenossenschaften, Verlagsgenossenschaften, Vorsorgegenossenschaften, Busbetriebsgenossenschaften und Baugewerbegenossenschaften verschickt. Nur diejenigen Genossenschaften wurden kontaktiert, von denen mittels einer Internetrecherche eine Telefonnummer ausfindig gemacht werden konnte. Um die Mailbox potenzieller Umfrageteilnehmer nicht unnötigerweise zu belasten und eine möglichst hohe Rücklaufquote zu erreichen, wurden die potenziellen Umfrageteilnehmer zuerst telefonisch kontaktiert. Wenn sich die verantwortlichen Personen zur Teilnahme an der Umfrage bereit erklärten, bzw. eine Teilnahme von einem Mitarbeiter bzw. einer Mitarbeiterin in Aussicht gestellt wurde, wurde ein Musterschreiben[472] mit dem Link zur Umfrage an die Genossenschaften versandt. Konnte telefonisch niemand erreicht werden, und war auf der Internetseite eine E-Mailadresse verzeichnet, so wurde in einigen wenigen Fällen die Genossenschaft auch direkt per E-Mail angeschrieben. Ein E-Mail inklusive Link wurde somit an 100 gewöhnliche Genossenschaften und 50 konzessionierte Versicherungs- und Kreditgenossenschaften versendet. Die Rücklaufs- bzw. Beendigungsquote betrug 43.33 % (65 beendete Umfragen), wobei die erste Frage von 59.33 % (89 eingegangene Antworten) der angefragten Personen beantwortet wurde. Die Abbruchquote während der Umfrage betrug somit 26.97 %. In der Auswertung wurden jeweils alle auf die betreffende Frage gegebenen Antworten ausgewertet und nicht nur diejenigen, welche die gesamte Umfrage ausfüllten. Deshalb variiert die Stichprobengrösse je nach Frage. Acht Personen bekundeten Interesse an den Umfrageresultaten. Die Umfrage wurde im Zeitraum vom 14. Mai 2019 bis zum 6. Juni 2019 durchgeführt. Der versendete Link leitete auf einen Online-Fragebogen des Programms UNIPARK weiter. Während ca. fünf Minuten konnten die Umfrageteilnehmenden zehn bis 13 Fragen, je nach ange-

472 Vgl. hierzu Anhang 4.

gebenen Antworten, zum Thema Verantwortlichkeitsklagen gegen Mitglieder der Verwaltung oder der Geschäftsführung in einer Genossenschaft beantworten. Es handelte sich um eine anonyme Umfrage. Die Umfrage sowie die Antworten sind in A.5. Resultate der Quantitativen Studie grafisch dargestellt.

b) Qualitative Studie

Während der Bearbeitung dieser Arbeit wurden Namen und Kontaktdaten von möglichen Interviewteilnehmenden gesammelt und anschliessend durch Empfehlungen des Referenten sowie aufgrund persönlicher Kontakte ergänzt. Diese Personen wurden per E-Mail für ein Interview per Telefon oder vor Ort angefragt.[473] Insgesamt wurden im Rahmen der qualitativen Studie mit elf Personen zehn Interviews geführt.[474] Ein Interview wurde mit zwei Personen gleichzeitig geführt. Neun dieser zehn Interviews konnten ausgewertet werden. Ein Interview musste mangels Kenntnissen und Erfahrungen im Bereich der Verantwortlichkeitsklagen gegen Mitglieder der Verwaltung und der Geschäftsführung der interviewten Person verfrüht abgebrochen werden. Die Aussagen konnten nicht verwendet werden.

Die Interviews waren anhand eines Leitfadens[475] strukturiert, wobei dieser bei gewissen Personen je nach Expertise um weitere Fragen ergänzt oder um einige Fragen gekürzt wurde.

Zu Beginn wurden fünf Interviews mit unterschiedlichen Experten geführt. Da die Fragen der qualitativen und der quantitativen Studie teilweise ähnliche Themenkomplexe beschlagen, konnten einige der vorläufigen Resultate der quantitativen Studie bei den weiteren fünf Interviews bereits in die Gespräche eingeflochten werden. Die Interviews wurden aufgenommen, anschliessend Wort-zu-Wort transkribiert, ausgewertet und in anonymisierter Form zusammengefasst.

4. Untersuchungsgrenzen

Die quantitative Umfrage erhebt keinen Anspruch auf Repräsentativität. Es wurde namentlich keine Rücksicht auf die Grösse der Genossenschaft

473 Vgl. Anhang 2 für das Musterschreiben.

474 Vgl. Anhang 1 für eine Auflistung der Interviewpartner.

475 Vgl. Anhang 3.

genommen. Zudem wurden aus Praktikabilitätsgründen nur Umfrageteilnehmende und Interviewpartner aus der Deutschschweiz befragt. Ausserdem wurden nur Genossenschaften befragt, welche online bzw. im Telefonbuch mit Telefonnummer und / oder E-Mailadresse verzeichnet waren. Genossenschaften, die dies nicht sind, wurden auch nicht in die Stichprobe aufgenommen. Es könnte sein, dass damit insbesondere kleinere Genossenschaften nicht von der Umfrage erfasst wurden. Ausserdem wurden nur Mitglieder von Verwaltungen und Geschäftsführungen von aufrechtstehenden Genossenschaften befragt. Es mag sein, dass wenn auch Mitglieder von Verwaltungen und Geschäftsführungen von unterdessen liquidierten Genossenschaften befragt worden wären, die Ergebnisse anders ausgefallen wären.[476] Mit einer Stichprobengrösse von 89 bzw. 65 Umfrageteilnehmenden und 10 Interviewpartnern können nachstehend allerdings einige begründete Aussagen getroffen werden.

Ausserdem ist nicht eindeutig feststellbar, ob sich die Teilnehmenden im Klaren waren, was eine Verantwortlichkeitsklage begrifflich genau ist. Es kann zudem sein, dass von den angefragten potenziellen Teilnehmenden insbesondere diejenigen an der Umfrage teilnahmen, welche schon einmal mit einer Verantwortlichkeitsklage in Berührung gekommen sind und deshalb aufgrund ihrer Kenntnisse in eine Teilnahme einwilligten (sog. Stichprobenverzerrung; engl. self selection bias). Einige der telefonisch angefragten Personen gaben nämlich an, dass sie an einer solchen Umfrage nicht teilnehmen wollten, weil sie noch nie damit zu tun gehabt hätten bzw. sie die Thematik nicht tangiere.

Betreffend die Antworten in der qualitativen Studie ist zudem auf die materiellen Interessen der Interviewteilnehmenden hinzuweisen. In einem Interview ist es möglich, dass sie primär die Interessen der von ihnen vertretenen Institutionen und Berufsgruppen kommunizieren.

476 Vgl. dazu Forstmoser / Sprecher / Töndury, S. 105, wonach Verantwortlichkeitsklagen in aufrechtstehenden Gesellschaften selten sind.

B. Auswertung der quantitativen und qualitativen Studie

1. Quantitative Studie

a) Prävalenz und Ausgang

Zwei Teilnehmende, bzw. 2.94 % der antwortenden Teilnehmenden gaben an, dass es in ihrer Genossenschaft bereits einmal eine Verantwortlichkeitsklage gegeben habe. Davon gab ein Teilnehmender an, ein Vertreter einer konzessionierten Versicherungsgenossenschaft oder einer Kreditgenossenschaft, dass sich die Parteien aussergerichtlich verglichen haben. Ein anderer Teilnehmender, als Vertreter einer gewöhnlichen Genossenschaft, gab an, dass der Ausgang zurzeit noch offen sei. Vier Teilnehmende (5.88 %) gaben an, dass sie es nicht wüssten. 62 Teilnehmende (91.18 %) gaben an, dass es bisher in ihrer Genossenschaft keine Verantwortlichkeitsklage gegeben habe.

Die Prozentzahl von Teilnehmenden in der Stichprobe, deren Genossenschaft schon einmal mit einer Verantwortlichkeitsklage in Berührung gekommen ist, ist ein Indiz dafür, dass Verantwortlichkeitsklagen in der Genossenschaft in der Praxis durchaus vorkommen. Indes fällt es schwer, die Resultate der Umfrage in einen grösseren Kontext einzuordnen. Es ist u.a. unbekannt, wie lange die Genossenschaften bereits bestehen. Damit ist durch das Ergebnis der Umfrage kein Rückschluss auf die Fallzahlen pro Jahr möglich. Es bleibt somit auch unklar, ob die Prävalenz der Verantwortlichkeitsklagen in gewöhnlichen Genossenschaften höher oder tiefer ist, als in konzessionierten Versicherungs- und Kreditgenossenschaften.

b) Kenntnisse

Bei einer Stichprobengrösse von 75 Teilnehmenden gaben elf Teilnehmende (14.67 %) an, dass sie die Voraussetzungen für und die Folgen von Verantwortlichkeitsklagen sehr schlecht kennen würden, d.h. dass ihnen bis zum Ausfüllen der Umfrage nicht bewusst war, dass Verantwortlichkeitsklagen in der Genossenschaft existieren, bzw. möglich sind. 22 Teilnehmende (29.33 %) gaben an, dass sie bereits von Verantwortlichkeitsklagen gehört haben, sie sich der Relevanz derselben aber nicht bewusst seien. 16 Teilnehmende (21.33 %) schätzten ihre Kenntnisse der Voraussetzungen für und die Folgen von genossenschaftlichen Verantwortlichkeitsklagen mit dem Prädikat «mittel» ein, d.h., dass sie wissen, dass es in der Genossenschaft Verantwortlichkeitsklagen gibt und sie die Relevanz derselben kennen. 22 Teilnehmende (29.33 %) gaben an, dass sie die Grundzüge der Voraussetzungen und der Folgen von Verantwortlichkeitsklagen in der Genossenschaft kennen würden. Vier Teilnehmende (5.33 %) gaben an, dass sie sich der Voraussetzungen und der Folgen von Verantwortlichkeitsklagen im Detail bewusst seien. Durchschnittlich schätzten die Teilnehmenden ihre Kenntnisse somit mit einem Wert von 2.81/5[477] ein, also etwas schlechter als «mittel».

Die Kenntnisse der Voraussetzungen und der Folgen von Verantwortlichkeitsklagen in der Genossenschaft sind somit unterschiedlich ausgeprägt, wobei die Extreme (sehr schlechte und sehr gute Kenntnisse) die kleinsten Gruppen sind. Eine vergleichbare Studie, welche die Kenntnisse von Verwaltungsräten und Geschäftsleitungsmitgliedern von KMUs, die als Aktiengesellschaften organisiert sind, untersuchte, ergab, dass 26 von 32 befragten Teilnehmenden den einschlägigen Art. 754 OR und 25 von 32 befragten Teilnehmenden den Art. 52 AHVG kannten.[478] Die Kenntnisse in den Genossenschaften sind somit etwas weniger stark ausgeprägt. Jedoch ist aufgrund der unterschiedlich gestellten Frage ein direkter Vergleich schwierig. Fünf der Antworten auf die offen gestellte Frage am Schluss der Umfrage gingen zudem auf die wenig ausgeprägten Kenntnisse ein. Ein Umfrageteilnehmer sagte, es sei wichtig, dass die genossenschaftliche Verantwortlichkeit in Zukunft bekannter werden würde. Weitere Statements zielten darauf ab, dass die Teilnehmenden eine weitergehende Informierung in diesem Bereich anstreben werden.

c) Massnahmen zur Vermeidung

Bei 77 Teilnehmenden und 81 erteilten Antworten[479] gaben 10 Teilnehmende (12.99 %) an, dass eine bzw. mehrere Schulungen (genossenschaftsintern / extern) zum Thema stattgefunden haben. Zwei Teilnehmende (2.90 %) gaben an, dass Best Practice Guidelines zur Verhinderung von Verantwortlichkeitsklagen erlassen worden seien. 26 Teilnehmende (33.77 %) sagten, dass die Prozesse so ausgestaltet worden seien, dass Verantwortlichkeitsklagen unwahrscheinlicher seien. 34 Teilnehmende (44.16 %) gaben an, dass keine Massnahmen getroffen worden seien, und 9 Teilnehmende (11.69 %)

477 Der tiefste Wert ist jeweils 1, der höchste 5.

478 Vgl GAUCH, S.73.

479 Bei dieser Frage konnten mehrere Optionen angekreuzt werden.

sagten, dass sie nicht wüssten, ob, bzw. welche Massnahmen getroffen worden seien.

d) Verhaltensbeeinflussung

Bei 69 Teilnehmenden verneinte mit 37 Teilnehmenden (53.62 %) die Mehrheit eine Beeinflussung ihres Verhaltens durch die Möglichkeit einer Verantwortlichkeitsklage. 13 Teilnehmende (18.84 %) gaben an, dass die Möglichkeit einer Verantwortlichkeitsklage sie selten beeinflusst habe und sie sich deshalb ein wenig vorsichtiger verhalten würden. Elf Personen (15.94 %) gaben an, dass die Möglichkeit einer Verantwortlichkeitsklage ihr Verhalten gelegentlich beeinflusst habe. Sie hätten sich deshalb etwas vorsichtiger verhalten. Sechs Personen (8.70 %) wurden in ihrem Verhalten von der Möglichkeit einer Verantwortlichkeitsklage häufig beeinflusst. Sie hätten sich deshalb vorsichtiger verhalten. Zwei Personen (2.90 %) habe, gemäss eigenen Angaben, die Möglichkeit einer Verantwortlichkeitsklage in ihrem Verhalten konstant beeinflusst. Sie hätten sich deshalb viel vorsichtiger verhalten.

Interessant ist in diesem Kontext auch, welchen Einfluss die Kenntnisse auf das Verhalten der Mitglieder der Verwaltung haben. Es besteht eine positive Korrelation zwischen Selbsteinschätzung der Kenntnisse und Selbsteinschätzung der Verhaltensbeeinflussung. Paradoxerweise ist dies bei sehr guten Kenntnissen allerdings nicht der Fall. Bei denjenigen Teilnehmenden, welche ihre Kenntnisse als mittel einschätzten, war der Einfluss auf das Verhalten sehr tief (Mittelwert: 1.38/5, n=8). Bei denjenigen Teilnehmenden, welche ihre Kenntnisse als schlecht einschätzten, war der Einfluss auf das Verhalten etwas höher (Mittelwert: 1.52/5, n=21). Bei denjenigen Teilnehmenden, welche ihre Kenntnisse mittel einschätzten, lag die Beeinflussung bei einem Mittelwert von 2.31/5 (n=13). Diejenigen Teilnehmenden, welche ihre Kenntnisse als gut einschätzten, waren nochmals geringfügig mehr beeinflusst, als diejenigen mit mittleren Kenntnissen (Mittelwert: 2.36/5, n=22). Diejenigen Teilnehmenden, welche ihre Kenntnisse hingegen als sehr gut einstuften, waren in ihrem Verhalten in keiner Weise beeinflusst (Mittelwert: 1.00/5, n=3).

Verantwortlichkeitsregelungen scheinen somit nur für einen begrenzten Personenkreis für die Verhaltenssteuerung geeignet zu sein. Nur wenige Personen verhalten sich bewusst aufgrund der Möglichkeit einer Verantwortlichkeitsklage merklich vorsichtiger. Für die Praxis ergibt sich daraus, dass bereits bei der Besetzung von Stellen in der Verwaltung und der Geschäftsführung darauf geachtet werden sollte, dass die Mitglieder sorgfältig handeln. Auf die Verantwortlichkeitsregelung ist in diesem Zusammenhang kein Verlass.

e) D&O-Versicherungen

Bei einer Stichprobengrösse von 71 gaben 16 Teilnehmende (22.54 %) an, dass eine D&O-Versicherung in ihrer Genossenschaft bestehe. 41 Teilnehmende (57.75 %) verneinten dies. 14 Teilnehmende (19.72 %) gaben an, dass sie nicht wissen, ob eine Versicherung bestehe. Interessant zu beobachten ist hier, dass diejenigen Teilnehmenden, welche D&O-versichert sind, ihre Kenntnisse (Mittelwert: 3.67/5) betreffend genossenschaftlicher Verantwortlichkeitsklagen höher einschätzen als dies bei denjenigen der Fall ist, welche nicht versichert sind (Mittelwert: 2.62/5). Dies könnte dahingehend interpretiert werden, dass je besser sich ein Mitglied der Verwaltung oder der Geschäftsführung dem Risiko von Verantwortlichkeitsklagen bewusst ist, desto eher wird er bzw. sein Unternehmen eine D&O-Versicherung abschliessen.

14 Teilnehmende gaben zusätzlich an, wie hoch die maximal versicherte Schadenssumme der D&O-Versicherung pro versichertes Mitglied war. Bei 4 Teilnehmenden (36.36 %) lag sie zwischen CHF 500'000 und CHF 1'000'000, bei einem Teilnehmenden (9.09 %) zwischen CHF 2'000'000 und CHF 5'000'000, bei 6 Teilnehmenden (54.55 %) lag die Summe über CHF 5'000'000.

Ein Grossteil der Teilnehmenden ist somit noch nicht versichert. Es könnte sein, dass der Markt für D&O-Versicherungen bei Genossenschaften somit noch nicht ausgeschöpft ist. Möglicherweise besteht allerdings für kleinere Genossenschaften auch ein geringerer Anreiz bzw. eine geringere Nachfrage, sich mit D&O-Versicherungen auseinanderzusetzen.

f) Verantwortlichkeitsregelung *de lege ferenda*

Die Teilnehmenden, welche in einer gewöhnlichen Genossenschaft tätig sind, wurden gefragt, was sie zur in der vorliegenden Arbeit vorgeschlagenen Angleichung an den aktienrechtlichen Standard für gewöhnliche Genossenschaften, welche die KMU-Kriterien überschreiten, denken. Die Umfrage wurde deshalb auf gewöhnliche Genossenschaften eingeschränkt, weil sie von einer potenziellen Gesetzesänderung tangiert wären. Bei einer Stichprobengrösse von 55 Teilnehmenden befürworteten 13 Teilnehmende (23.64 %) eine Angleichung, 16 Teilnehmende (29.09 %) sprachen sich dagegen aus und 26 Teilnehmende (47.27 %) gaben an, dass sie zu diesem Thema keine Meinung hätten.

Dass 47.27 % der Teilnehmenden keine Meinung zu dieser rechtspolitischen Frage haben, erstaunt aufgrund der Spezifizität der Frage nicht weiter. Das Resultat zu dieser Frage lässt angesichts der hohen Meinungslosigkeit bei den Umfrageteilnehmenden und der leichten Tendenz zur Ablehnung einer potenziellen Gesetzesänderung die Frage nach der Notwendigkeit einer Gesetzesänderung für die Praxis allerdings offen. Die Teilnehmenden, welche eine Gesetzesänderung ablehnen, haben im Mittel gemäss ihrer Selbsteinschätzung zudem leicht schlechtere Kenntnisse (Mittelwert: 3.06/5) der genossenschaftlichen Verantwortlichkeitsregelung als diejenigen, welche eine Gesetzesänderung befürworten (Mittelwert: 3.15/5). Ausserdem erstaunt es nicht, dass sich Mitglieder der Verwaltung und der Geschäftsführung von Genossenschaften eher gegen eine Verschärfung des Verantwortlichkeitsrechts in der Genossenschaft aussprechen.

g) Schulungsmöglichkeiten

Die Teilnehmenden konnten in einem Textfeld angeben, welche Schulungsmöglichkeiten ihnen im Bereich der Verantwortlichkeitsklagen bekannt seien. Es gingen 34 Antworten ein. 21 Teilnehmende gaben an, dass ihnen keine Schulungsmöglichkeiten bekannt sind. Vier Teilnehmende gaben die Kurse des Verbands «Wohnbaugenossenschaften Schweiz» an. Weitere Angebote waren den Teilnehmenden vonseiten der Universität St. Gallen, der Universität / FH (?), der Raiffeisengruppe (intern), des Bildungsprogramms «Wohnen Schweiz», der Zentrale (?), interner Schulungen (?), Arbeitssicherheit (?), diverser kleiner Anbieter (?), eines Advokaturbüros (?), privater Organisationen (?), Versicherungen (?), Makler (?) und Broker (?) bekannt. Wo ein Fragezeichen gesetzt wurde, fällt es schwer, den Anbieter klar zu identifizieren.

Die Frage, ob die Teilnehmenden bereits von Schulungs- und / oder Weiterbildungsmöglichkeiten Gebrauch gemacht hätten, bejahten 11 Teilnehmende (17.74 %) und verneinten 51 Teilnehmende (82.26 %).

Bei einer Stichprobengrösse von 63 Teilnehmenden gaben 17 Teilnehmende (26.98 %) an, dass sie ein Bedürfnis für zusätzliche Schulungsmöglichkeiten sehen, 26 Teilnehmende (41.27 %) verneinten ein solches. 20 Teilnehmende (31.75 %) hatten zu dieser Frage keine Meinung.

h) Weitere Bemerkungen

Die Teilnehmenden wurden zusätzlich befragt, ob sie weitere Bemerkungen zu den befragten Themen machen wollten. Diese Bemerkungen befinden sich in A.5. Resultate der Quantitativen Studie. Verschiedene Teilnehmende sahen aufgrund der Umfrage Handlungsbedarf für ihre Genossenschaft. Einige Teilnehmende machten Angaben zu ihrer Genossenschaft, zur genossenschaftsinternen Verhaltensweise sowie allgemeine Bemerkungen zum Thema.

2. Qualitative Studie

a) Prävalenz und Rechtsgrund

Fünf der neun Interviewpartner hatten bereits in der Praxis mit Verantwortlichkeitsklagen in der Genossenschaft zu tun. Die meisten Fälle waren Konkursfälle, wobei häufig eine Konkursverschleppung stattgefunden habe. In weiteren Fällen ging es um Veruntreuung, mangelhafte Beaufsichtigung, Solidarhaftung aufgrund einer unzulänglichen Unterschriftenregelung, fehlende Geltendmachung von Baurechtsentschädigungen und mit den beiden letztgenannten Fällen somit um eine ungetreue Geschäftsbesorgung. Von unterschiedlichen Interviewpartnern wurde festgestellt, dass es in Genossenschaften allgemein weniger Verantwortlichkeitsklagen als in Aktiengesellschaften gebe. Einerseits sei dies auf die tiefere Anzahl an Genossenschaften zurückzuführen, andererseits auf die für Verantwortlichkeitsklagen weniger anfällige Struktur. Anzumerken gilt es, dass das erstere Argument auf der absoluten Anzahl der bestehenden Gesellschaften im Rechtskleid der Genossenschaft bzw. der Aktiengesellschaft beruht und nichts über die Häufigkeit von Verantwortlichkeitsklagen im Verhältnis zu den vorhandenen Gesellschaften aussagt.

b) Erfolgsfaktoren und Ausgang

Es bestand Konsens, dass für den Erfolg einer Verantwortlichkeitsklage in der Genossenschaft primär die vier Voraussetzungen (I) des Schadens, (II) der Pflichtverletzung, (III) des adäquaten Kausalzusammenhangs zwischen (I) und (II) sowie (IV) das Verschulden erfüllt sein müssen. Die Teilnehmenden waren sich ebenfalls einig darin, dass die Substantiierung des Schadens, sofern es sich nicht um eine Konkursverschleppung handle, sowie der Pflichtverletzung die grösste Mühe bereiteten. Es wurde u.a. allerdings auch angeführt, dass bei der Schadensberechnung im Rahmen eines Konkursverschleppungsschadens die Berechnung des Unternehmenswertes zu einem früheren Zeitpunkt grosse Mühe bereiten könne. Bei der Veruntreuung von Geldern hingegen sei die Schadenhöhe klarer nachvollzieh- und substantiierbar.

Es wurde ausserdem von mehreren Interviewpartnern erwähnt, dass eine gute Dokumentierung des Falles oberste Priorität habe, um mit einer Verantwortlichkeitsklage Erfolg zu haben. Ausserdem sei eine allgemein gute Kenntnis der Tätigkeit der Gesellschaft von grossem Vorteil. Die Art der Präsentation des Falles sowie die Komplexität (je höher, desto schwieriger) seien zudem auch ausschlaggebend für den Erfolg von Verantwortlichkeitsklagen.

Die meisten Fälle werden u.a. aufgrund der Komplexität der Fälle aussergerichtlich bzw. einvernehmlich gemeinsam mit der Konkursverwaltung bzw. dem Abtretungsgläubiger beigelegt, wobei häufig auch die Vermögensschadenhaftpflichtversicherungen zur Streitbeilegung mit eingeschaltet werden würden. Ein Interviewteilnehmer schätzte, dass 90% der Fälle aussergerichtlich beigelegt werden. Vonseiten der Versicherung(en) werden schätzungsweise 70–80 % der gemeldeten Fälle durch Abwehrleistungen erledigt, so dass es gar nicht zu einem Vergleich oder einem Prozess kommt. Die versicherten Organe werden von den Versicherungen möglichst weitgehend in Schutz genommen, um diese zu entlasten. Die Zahlungen vonseiten der Versicherungen erfolgen risikobasiert.

Eine interviewte Person schätzte zudem, dass bei denjenigen Fällen, welche durchprozessiert werden, in 80 % der Fälle die beklagte Partei obsiege. Zurückzuführen sei dies auf die schwierige Substantiierung der vier Voraussetzungen. Dies sei u.a. mit dem fehlenden Willen zur Durchsetzung der Verantwortlichkeitsklagen der Gerichte in Zusammenhang zu bringen. Sie würden durch ihre Rechtsprechung die gesetzlichen Regeln zur Verantwortlichkeit zu einem toten Buchstaben machen.

c) Einfluss auf das Verhalten der Verwaltung und der Geschäftsführung

In Bezug auf die Frage, ob, bzw. wie die Verantwortlichkeitsregelung das Verhalten der Mitglieder beeinflusse, wurde differenziert bzw. unterschiedlich geantwortet. Dass es ganz von den Persönlichkeiten der Mitglieder abhänge, wurde von den meisten Interviewpartnern angeführt, wobei das Bewusstsein für das Vorhandensein von Verantwortlichkeitsklagen in den letzten Jahren wohl zugenommen habe. Die Vertreter der Genossenschaften bejahten teilweise eine Beeinflussung des Verhaltens, teilweise verneinten sie sie. Auch wurde auf die Gefahr aufmerksam gemacht, mittels Strafbestimmungen das Verhalten der Führungsebenen in Unternehmen beeinflussen zu wollen, da dadurch kompetente Personen, welche grundsätzlich auch bereit seien, risikobasierte, unternehmerische Entscheidungen zu treffen, von der Wahrnehmung der entsprechenden Aufgaben abgeschreckt würden. Allgemein wurde die Beeinflussung des Verhaltens vom Kenntnisstand der Verantwortlichkeitsklagen abhängig gemacht. Eine Aussage ging in die Richtung, dass wenn jemand wirklich rechtskundig sei und wisse, was es bedeuten würde, eine Klage bis zum Schluss durchzuführen, dann beeinträchtige ihn / sie diese nicht. Diejenigen Leute, welche hingegen gar nicht rechtskundig seien, könnten allerdings von möglichen Verantwortlichkeitsklagen eingeschüchtert werden. Diese Aussage deckt sich teilweise mit den Ergebnissen der quantitativen Umfrage. Diejenigen Umfrageteilnehmenden mit sehr guten Kenntnissen, liessen sich in ihrem Verhalten und ihrer Sorgfalt von möglichen Verantwortlichkeitsklagen überhaupt nicht beeinflussen. Personen mit sehr schlechten bis guten Kenntnissen wurden mit zunehmenden Kenntnissen allerdings stärker von möglichen Verantwortlichkeitsklagen beeinflusst. Sie handelten daraufhin vorsichtiger. Die Verantwortlichkeitsregelung ist somit nur in beschränktem Umfang geeignet, das Verhalten der Mitglieder der Verwaltung und der Geschäftsführung so zu steuern, dass sie sich sorgfältig verhalten.

d) D&O-Versicherungen

D&O-Versicherungen sind gemäss den Aussagen der Interviewpartner unterdessen in grösseren Genossenschaften für die Mitglieder der Verwaltung und der Geschäftsführung gängige Praxis. Kleinere Genossenschaften versichern sich allerdings seltener, da dort das Verständnis betreffend die Verantwortlichkeitsregelung weniger ausgeprägt ist. Die Organhaftpflichtversicherungen sind für Genossenschaften betreffend Prämiensummen, gedeckten Schäden und Höhe der Schadenssumme gleich ausgestaltet wie diejenigen der Aktiengesellschaft. Die eingeschränktere Passivlegitimation hat darauf keinen Einfluss. Die Aussagen der Interviewpartner betreffend die Häufigkeit abgeschlossener D&O-Versicherungen decken sich mit denjenigen der quantitativen Umfrage. Die abgesicherten Schadenssummen waren in der quantitativen Studie allerdings höher, als es die Ergebnisse der qualitativen Studie vermuten liessen.

e) Attraktivität und Hinderungsgründe

Auf die Frage, weshalb es für Aktivlegitimierte interessant bzw. nicht interessant sei, eine Verantwortlichkeitsklage in der Genossenschaft zu führen, welche die gewichtigsten Hinderungsgründe für das Erheben einer Klage seien und welche Rolle die Parteikosten dabei spielen würden, gaben die Interviewpartner sehr diverse Antworten. Einige der Interviewpartner sagten, dass es grundsätzlich keinen Unterschied mache, ob eine Klage in der Aktiengesellschaft oder der Genossenschaft angestrengt werde und die Beweggründe dafür oder dagegen immer dieselben seien. Es wurde angemerkt, dass die Kosten für den Anwalt, das Gericht und bei Unterliegen auch für die Gegenpartei in einem vernünftigen Verhältnis zur erwarteten, zugesprochenen Schadenssumme unter Berücksichtigung des Inkassorisikos stehen müssten. Dieses Risiko wird von der klägerischen Partei getragen. Bei der Abschätzung des Inkassorisikos sei auch die Zahlungsfähigkeit der einklagbaren Organe zu beachten. In der Abwägung, ob eine Klage angestrengt werden soll, spielten zudem Beweisfragen eine wichtige Rolle. Nur wenn die vier Voraussetzungen der Pflichtverletzung, des Schadens, des adäquaten Kausalzusammenhangs und des Verschuldens substantiiert behauptet werden könnten, ergebe es Sinn, eine Klage anzustrengen. Dazu müsse die klagende Partei ausreichend mit den einschlägigen Akten versorgt sein. Insbesondere bei Abtretungsgläubigern im Konkurs sei dies zuweilen problematisch. Betreffend zur Verfügung stehender Akten im Konkurs wurde angemerkt, dass häufig diejenigen Akten, welche eigentlich vorhanden sein müssten, es nicht seien, da sie von den verantwortlichen Personen nicht (vollständig) eingereicht bzw. u.U. vernichtet worden seien. Auch dies stelle einen Hinderungsgrund für das Erheben von Verantwortlichkeitsklagen dar. Zudem sei insbesondere für Genossenschafter ausserhalb des Konkurses das eingeschränkte Akteneinsichtsrecht ein Problem, aufgrund dessen sie keine Verantwortlichkeitsklagen einreichen könnten.

Im Zusammenhang mit der Genossenschaft wurde ausgeführt, dass auch das Gesetz ein Hinderungsgrund sein könne. Es bestünden aufgrund der eingeschränkten Aktiv- und Passivlegitimation weniger Klagemöglichkeiten als in der Aktiengesellschaft. Auch die Pflichten, bzw. der Pflichtenkatalog seien weniger klar definiert. Dies könne dazu führen, dass potenzielle Kläger eher von Verantwortlichkeitsklagen absehen. Zudem setze eine erfolgreiche Klage ausserhalb der Überschuldung für die Gläubiger und die Genossenschafter u.U. voraus, dass die Genossenschaft gegen die Mitglieder der Verwaltung oder der Geschäftsführung klage. Dies könne ein gewichtiger Hinderungsgrund sein, da es für die Genossenschafter sehr schwierig sein könne, die Genossenschaft von einer Klage zu überzeugen, bzw. sie in der Generalversammlung dazu zu bringen, zu klagen.

Namentlich wurden des Weiteren auch Reputationsüberlegungen erwähnt, sowie die Tatsache, dass die klagenden Parteien häufig auch in Zukunft noch mit den beklagten Parteien zusammenarbeiten können müssten. Eine Klage sei in diesem Zusammenhang für das genossenschaftsinterne Klima nicht förderlich, weshalb von Klagen abgesehen werde.

Zudem hänge der Entscheid von der Komplexität der Angelegenheit ab. Bei einer erhöhten Fallkomplexität sei es schwieriger und aufwendiger, eine Verantwortlichkeitsklage durchzuprozessieren. Die potenziell klägerische Partei sehe eher von einer Klage ab.

Abschliessend seien die von den Interviewpartnern als grösste Hinderungsgründe für das Erheben von Verantwortlichkeitsklagen genannt: Es sind dies die professionelle Führung einer Genossenschaft sowie eine hohe fachliche Kompetenz der Entscheidungsträger, welche dazu führten, dass ein Schaden gar nicht erst entstehe.

f) Verantwortlichkeitsregelung *de lege ferenda*

(1) Allgemeine Verantwortlichkeitsregelung

Die Frage, wo Verbesserungspotenzial in der Rechtsprechung und der Gesetzgebung in der genossenschaftlichen Verantwortlichkeitsregelung zu verorten sei, bzw. ob die Verantwortlichkeitsregelung in der Genossenschaft strenger ausgestaltet werden müsse, wurde unterschiedlich beantwortet. Interessant zu beobachten war, dass und wie sich die unterstellten, materiellen Interessen der interviewten Personen sowie der von ihnen vertretenen Institutionen und Berufsgruppen mit den Positionen in den Antworten zu den Fragen betreffend eine allfällige Revision des Genossenschaftsrechts deckten. Aufgrund der Zusicherung an die Interviewteilnehmenden, ihre Aussagen in der vorliegenden Arbeit anonym und neutral wiederzugeben, kann auf diesen Punkt nicht vertieft eingegangen werden.

Betreffend Verbesserungsmöglichkeiten im Bereich der Aktivlegitimation wurden zwei Meinungen geäussert. Ein Interviewpartner sagte, dass betreffend die Grösse der Genossenschaften differenziert werden solle. Kritische Grössenindikatoren könnten die Anzahl der Genossenschafter, die Anzahl der Mitarbeiter, die Bilanzsumme sowie der Grad der Komplexität des Geschäftsmodells sein. Wo Experten und Profis in der Verwaltung und der Geschäftsführung tätig seien, brauche es eine Angleichung an die Aktivlegitimation in der Aktiengesellschaft. Auch die Genossenschafter und die Gläubiger sollten nicht nur im Überschuldungsfall klagen können. Mit den zusätzlichen Verantwortlichkeiten sollten diesen Genossenschaften aber auch zusätzliche Instrumente zur Verfügung stehen, wie bspw. der Zugang zum Kapitalmarkt bzw. die Ausgabe von Partizipationsscheinen. Ein weiterer Interviewpartner sah neben dem Anpassungsbedarf im Bereich der Aktivlegitimation auch zusätzlich im Bereich der Passivlegitimation von Art. 917 OR Änderungsbedarf. Vorbehältlich der Gründerhaftung erwog die interviewte Person eine Anpassung an den aktienrechtlichen Standard, ohne betreffend die Grösse zu differenzieren. D.h., dass von Genossenschaftern und Gläubigern sowohl gegen die Revisionsstelle als auch gegen die Geschäftsführung auch ausserhalb des Überschuldungstatbestands geklagt werden könne. Geäussert wurde das Bedenken, dass, bei einem Verweis auf das Verantwortlichkeitsrecht in der Aktiengesellschaft, dieses u.U. gar nicht auf die Genossenschaft passe.

Des Weiteren wurde gefordert, dass der Gesetzeswortlaut der Solidarhaftbestimmung im genossenschaftlichen Verantwortlichkeitsrecht an die aktienrechtliche Bestimmung angeglichen werde und dass der Themenbereich der Einsichts- und Auskunftsrechte vertieft geprüft und revidiert werde.

Ein Interviewpartner merkte an, dass falls es zu einer Revision des Genossenschaftsrechts komme, es zudem wichtig wäre, ein solches Projekt sorgfältig anzugehen, indem das Genossenschaftsrecht ganzheitlich betrachtet werde. Das Recht sei derzeit sehr flexibel, wodurch viele unterschiedliche Genossenschaften nebeneinander «leben» können. Diesen Genossenschaften würde durch einen «Flickenteppich» u.U. massiver Schaden zugefügt, welcher durch eine ganzheitliche Revision verhindert werden könne. Das Bundesamt für Justiz sehe zudem im Genossenschaftsrecht viele Berührungspunkte zum Vereinsrecht, weshalb eine Revision in Zusammenhang mit diesem Rechtsgebiet stattfinden müsse. Da von einer derartigen Revision allerdings potenziell jeder Schweizer und jede Schweizerin mehrfach berührt sei, handle es sich um eine Büchse der Pandora, welche zurzeit lieber nicht geöffnet werde. Auch fehle der politische Wille, eine Gesamtrevision anzupacken.

Eine weitere Meinung, welche u.a. auch von der IG Genossenschaftsunternehmen vertreten wird, ist dass man das Genossenschaftsrecht so liberal ausgestaltet lassen solle, wie es zurzeit sei und eine Revision nicht opportun sei. Die derzeitige Regelung funktioniere bestens.

Eine weitere vertretene Meinung stellte die Vielzahl an Rechtsformen in der Schweiz infrage und verlangte ganz allgemein mehr Einheitlichkeit zwischen den Rechtsformen. Ab einer gewissen Grösse solle es eigentlich keine Genossenschaften mehr geben dürfen.

Allfällige Beweislasterleichterungen im Verantwortlichkeitsrecht der Genossenschaften wurden zwiespältig aufgefasst. Einerseits wurde dem Status Quo angekreidet, dass die Hürde der Substantiierung der vier Voraussetzungen zu hoch sei, andererseits wurde eine Erleichterung des Beweismasses oder sogar eine Umkehr der Beweislast als sehr kritisch betrachtet. Eine solche öffne die Möglichkeit zur Geltendmachung von Ansprüchen, welche nicht berechtigt seien.

(2) Strengere Verantwortlichkeitsregeln für Grossgenossenschaften

Auch betreffend die Frage, was von einer zweiteiligen Verantwortlichkeitsregelung für die Genossenschaft zu halten sei, gemäss welcher die KMU-Genossenschaften weiterhin dem bisherigen Regime unterstehen, die Grossgenossenschaften (welche mind. zwei der drei nachfolgenden Kriterien überschritten: Bilanzsumme von 20 Mio. Franken, Umsatzerlös von 40 Mio. Franken pro Jahr, 250 Vollzeitstellenäquivalente im Jahresdurchschnitt) hingegen der aktienrechtlichen Regelung unterstellt werden, wurden unterschiedliche Meinungen vertreten.

Die Mehrheit der interviewten Personen stand dem Regelungsvorschlag positiv gegenüber. Auch wurde die Umsetzbarkeit einer solchen Regelung als positiv eingeschätzt, da die Kriterien bereits aus dem Rechnungslegungsrecht und dem FusG bekannt seien. Eine solche Regelung verschaffe Klarheit und ergebe Sinn. Eine Ungleichbehandlung grosser Aktiengesellschaften im Vergleich zu grossen Genossenschaften rechtfertige sich nicht, da die Verwaltungen und die Verwaltungsräte gleich professionell geführt werden würden. Wenn der ursprüngliche Zweck einer Regelung nicht mehr gewahrt sei, dann ergebe es auch Sinn, wenn auf das Vermögen der Gesellschaft abgestellt werde betreffend die Frage, ob eine strengere Verantwortlichkeitsregelung zur Geltung kommen solle. Gegenwind erhielt eine Abgrenzung zu den kleineren Genossenschaften aufgrund der Grösse des Genossenschafterkreises, da dieses Kriterium nichts über die tatsächlich von den Organen getragene Verantwortlichkeit aussage. Eine Minderheit vertrat zudem die Ansicht, dass bei einer Neuregelung auch die Komplexität des Geschäftsmodells des der Regelung unterstellten Unternehmens berücksichtigt werden müsse, ohne aber eine konkrete Regelung vorzuschlagen.

Auch wenn die Mehrheit den Regelungsvorschlag positiv auffasste, sah eine der interviewten Personen keinen Handlungsbedarf, bzw. fehle die Aktualität in dieser Frage. Eine weitere Person bemerkte, dass zurzeit wohl der entsprechende Wille des Gesetzgebers für eine Gesetzesänderung fehle.

Eine Minderheit sprach sich gegen den Regelungsvorschlag aus. Einerseits fehle der Gesetzesänderungsbedarf, da Genossenschaften in der Schweiz, abgesehen von der Raiffeisenbank, nicht sehr häufig in Verantwortlichkeitsprozessen involviert seien. Aufgrund eines Einzelfalls, wo die Untersuchungsprozesse greifen würden, sei eine zusätzliche Regulierung deshalb nicht angezeigt. Der Ansatz sei falsch, funktionierendes Recht, sobald es funktioniere und zum Einsatz komme, sogleich verschärfen zu wollen. Andererseits wurde die Meinung vertreten, dass es für eine Differenzierung innerhalb der Genossenschaften und zwischen den unterschiedlichen Gesellschaften keine sachlichen Gründe gebe. Die Regelung solle für Aktiengesellschaft, GmbH und Genossenschaft dieselbe sein. Dies habe den Vorteil erhöhter Rechtssicherheit. Es gebe keinen Grund, weshalb Organe, welche sich unsorgfältig bzw. pflichtwidrig verhielten und dadurch einen Schaden verursachen würden, nicht für ihren Schaden haften sollten. Nur weil ein Organ in einer Genossenschaft tätig sei, könne unsorgfältiges Verhalten nicht gerechtfertigt werden.

(3) Umfassendere Verantwortlichkeitsklagerechte im Genossenschaftsverband

Die Antworten auf die Frage, was die Experten zu einem Klagerecht der Genossenschafter und / oder der Gläubiger der einen Genossenschaftsverband konstituierenden Genossenschaften gegen die Verwaltung des Genossenschaftsverbandes denken, fielen durchmischt aus. Die grosse Mehrheit der Experten erachtete solche zusätzliche Klagerechte als unbegründet und nicht notwendig.

Erstens wurde angeführt, dass die geschädigten Gläubiger und die Genossenschafter zu ihrem Recht kämen, indem sie gegen die Verwaltungen der den Genossenschaftsverband konstituierenden Genossenschaften klagen würden. Eine Klagemöglichkeit gegen die Mitglieder der Verwaltung oder der Geschäftsführung des Verbands sei nicht notwendig. Zweitens sei eine Gesetzesänderung nicht notwendig, da auch statutarisch klare Vorgehensweisen innerhalb eines Verbandes bei einem Fehlverhalten vorgesehen werden können. Drittens sei das Vorgehen der untersten Ebene von Genossenschaftern gegen die Verwaltung nur schwierig durchführbar. Die Schadenssummen seien zu gering und der Koordinationsaufwand unter den Genossenschaftern zur Geltendmachung des Schadens sowie die Kosten für Anwälte und Gericht zu hoch. Viertens seien die Mitglieder der Verwaltung des Genossenschaftsverbands als faktische Organe schon bald einmal involviert in den konstituierenden Genossenschaften und könnten als solche auch haftbar gemacht werden. Hier gilt es anzumerken, dass sich gemäss dem dieser Arbeit zugrunde liegenden Verständnis die Klageberechtigung der Genossenschafter und der Gläubiger nur auf die formellen Organe der Verwaltung und der Liquidatoren erstreckt. Fünftens stünden insbesondere den Genossenschaftern auch andere Mitwirkungsrechte offen. Sie könnten u.a. die Mitglieder der Verwaltung anlässlich einer Mitgliederversammlung auswechseln. Sechstens könnten zusätzliche Klagerechte im Verband dazu führen, dass die Verbandsstrukturen aufgehoben werden würden, wie dies bei der Coop Genossenschaft der Fall gewesen sei. Dadurch würden die zusätzlich einzuführenden Rechte ausgehebelt werden.

Zusätzliche Klagerechte wurden aus nachfolgenden Gründen befürwortet: Erstens sei auch im aktienrechtlichen Konzernrecht ein solcher Durchgriff möglich. Damit die Regelungen möglichst einheitlich seien, müsse auch das Genossenschaftsrecht einheitlich mit dem aktienrechtlichen Konzernrecht sein. Zweitens sei es ein Mittel zur Schwächung bzw. zur Kontrolle der Macht der Verwaltungen der Genossenschaftsverbände. Drittens sei es ein demokratisches Mittel, welches im Sinne des genossenschaftlichen Gedankens geschaffen werden könne. Viertens ergebe eine Solidarität zwischen den Verwaltungen der unterschiedlichen Ebenen Sinn, da sie gemeinsam für die Entscheidungen verantwortlich sind.

Die Frage, ob die den Genossenschaftsverband konstituierenden Genossenschaften selbst mit umfassenderen Klagerechten gegen die Mitglieder der Verwaltung des Genossenschaftsverbands ausgestattet werden sollen, wurde von den antwortenden Teilnehmenden verneint. Es wurde angeführt, dass es keinen Sinn ergebe, dass Genossenschafter in einem Genossenschaftsverband mit den gleichen Klagerechten ausgestattet werden wie die Aktionäre, in gewöhnlichen Genossenschaften die Genossenschafter allerdings weiterhin nur eingeschränkte Klagerechte hätten. Des Weiteren wurde gesagt, dass die Verwaltung des Genossenschaftsverbands sich massgeblich aus Personen aus den den Verband konstituierenden Genossenschaften zusammensetze.

Gäbe es ein Problem im Verband, so seien die den Verband konstituierenden Genossenschaften Teil des Problems. Hinzukomme, dass in gewissen Genossenschaftsverbänden ein Grossteil der Entscheide gegenüber den Mitgliedern des Verbands Empfehlungscharakter hätten. D.h., dass diese Entscheide letztendlich vom Verband faktisch nicht würden durchgesetzt werden können, und somit die Verantwortlichkeit der Verbandspersonen entfalle.

C. Folgerungen aus dem praktischen Teil

Sowohl die quantitative als auch die qualitative Studie zeigten auf, dass Verantwortlichkeitsklagen in der Genossenschaft in der Praxis durchaus vorkommen. Sie sind insgesamt seltener als in der Aktiengesellschaft. Die Gründe dafür sind vielfältig, wobei die geringere und abnehmende Zahl an Genossenschaften sowie die eingeschränktere Passivlegitimation gewichtige Faktoren sind. Konkursverschleppung und Veruntreuung sind gemäss der qualitativen Studie die häufigsten Klagegründe. Unterschiedliche Faktoren tragen zum Erfolg einer Verantwortlichkeitsklage bei, wobei die wichtigsten eine gute Substantiierung der vier Voraussetzungen und damit einhergehend eine gute Dokumentierung und Aktenlage sind. Am schwierigsten ist es, den Schaden und die Pflichtverletzung zu substantiieren. Gleich wie in der Aktiengesellschaft werden gemäss der qualitativen Studie auch in der Genossenschaft schätzungsweise 90 % der Fälle aussergerichtlich beigelegt. Gemäss den Ergebnissen der qualitativen Studie (teil)obsiegt bei den durchprozessierten Fällen zumeist die beklagte Partei.

Es bestehen gemäss der Studie Indizien, dass die Kenntnisse betreffend Voraussetzungen und Folgen von Verantwortlichkeitsklagen in den Genossenschaften allgemein weniger stark ausgeprägt sind als in der Aktiengesellschaft. Die Selbsteinschätzung der Kenntnisse in der quantitativen Studie bewegt sich durchschnittlich zwischen einem schlechten und einem mittleren Wert (2.81/5). Die am häufigsten ergriffene Massnahme um Verantwortlichkeitsklagen zu verhindern, ist die Ausgestaltung von genossenschaftsinternen Prozessen, so dass Verantwortlichkeitsklagen unwahrscheinlicher sind. 44.16 % der Befragten gaben an, dass bis anhin keine Massnahmen getroffen worden seien. Die Kurse des Verbands «Wohnbaugenossenschaften Schweiz» zum Thema sind unter den Genossenschaften die bestbekannten. Weitere Angebote waren den Teilnehmenden vonseiten der Universität St. Gallen, der Raiffeisengruppe (intern), des Bildungsprogramms Wohnen

Schweiz und weiterer kleinerer Anbieter bekannt. 17.74 % der Teilnehmenden nahmen bisher an Schulungen zum Thema teil. 26.98 % bejahten ein zusätzliches Bedürfnis von Schulungen in diesem Bereich. Vor dem Hintergrund der angegeben Kenntnisse der Mitglieder der Verwaltungen und der Geschäftsführungen scheint es wichtig, dass die verantwortlichen Personen in Zukunft besser über die Verantwortlichkeitsklagen in der Genossenschaft Bescheid wissen und weitere Aufklärungsarbeit bezüglich Verantwortlichkeitsklagen in der Genossenschaft, gerade für die verantwortlichen Personen, geleistet wird.

Vermögensschadenhaftpflichtversicherungen sind in grösseren Genossenschaften für die Mitglieder der Verwaltung und der Geschäftsführung gängige Praxis. Dennoch zeigen sowohl die quantitative wie auch die qualitative Studie, dass viele Genossenschaften ihre Organe nicht versichern. Eine mögliche Erklärung ist, dass gerade in kleineren Genossenschaften das Verständnis betreffend die Verantwortlichkeitsregelung weniger ausgeprägt ist. Dies konnte durch die qualitative Studie bestätigt werden. Die Organhaftpflichtversicherungen sind für Genossenschaften betreffend Prämiensummen, gedeckten Schäden und Höhe der versicherten Schadenssumme vergleichbar mit jenen der Aktiengesellschaft.

Ob bzw. wie die Möglichkeit von Verantwortlichkeitsklagen das Verhalten von Mitgliedern der Verwaltung, namentlich die ausgeübte Sorgfalt, beeinflusst, variiert stark. Dies hängt letztendlich von den Persönlichkeiten und den Kenntnissen der einzelnen Mitglieder ab. Mithilfe der qualitativen Studie konnte festgestellt werden, dass die Beeinflussung des Verhaltens positiv mit dem Kenntnisstand der Verantwortlichkeitsklagen korreliert. Dies konnte durch die quantitative Studie teilweise bestätigt werden. Wenn die Kenntnisse sehr schlecht bis gut sind, dann ist eine Korrelation zunehmender Kenntnisse und einer Verhaltensbeeinflussung gegeben. Bei sehr guten Kenntnissen der verantwortlichen Organe wird das Verhalten durch die Möglichkeit von Verantwortlichkeitsklagen allerdings nicht beeinflusst. Dies könnte sich dadurch erklären, dass Personen, welche die Voraussetzungen von Verantwortlichkeitsklagen kennen, wissen, dass es sehr schwierig ist, eine Verantwortlichkeitsklage erfolgreich zu Ende zu führen. Gemäss vorläufigen Erkenntnissen der qualitativen Studie dürften nur etwa 20 Prozent der klagenden Parteien einen Verantwortlichkeitsprozess gewinnen. Die Verantwortlichkeitsregelung ist somit nur in beschränktem Umfang geeignet, die Mitglieder der Verwaltung und der Geschäftsführung zu einem sorgfältigeren Verhalten anzuhalten.

In der Sache macht es keinen Unterschied, ob eine Klage in der Aktiengesellschaft oder der Genossenschaft angestrengt wird. Die Beweggründe dafür dürften vergleichbar sein. Die qualitative Studie zeigte auf, dass es für die involvierten Parteien empfehlenswert ist, wenn die Kosten für den Anwalt, das Gericht und bei Unterliegen auch für die Gegenpartei in einem vernünftigen Verhältnis zur erwarteten, anzuerkennenden Schadenssumme unter Berücksichtigung des Inkassorisikos, welches die klägerische Partei trägt, stehen.

Hinderungsgründe für das Erheben von Verantwortlichkeitsklagen in der Genossenschaft gibt es unterschiedliche. Die professionelle Führung einer Genossenschaft sowie eine hohe fachliche Kompetenz der Entscheidungsträger, welche dazu führen, dass ein Schaden gar nicht erst entsteht, wurde in der qualitativen Studie als gewichtigster Grund angegeben.

Allgemeine Vorschläge zu Verbesserungsmöglichkeiten im genossenschaftlichen Verantwortlichkeitsrecht gibt es im Bereich der Solidarhaftbestimmungen, indem diese an die aktienrechtlichen Bestimmungen angeglichen werden. Des Weiteren sollte der Themenbereich der Einsichts- und Auskunftsrechte innerhalb der Genossenschaften vertieft geprüft und revidiert werden. Falls es zu einer Revision des Genossenschaftsrechts kommen sollte, wäre es wichtig, ein solches Projekt sorgfältig anzugehen, indem das Genossenschaftsrecht ganzheitlich untersucht und allenfalls überarbeitet wird.

Auch wenn die vorgeschlagene Regelung in der qualitativen Studie nicht ausschliesslich positives Echo fand, wurde die Unterstellung der Grossgenossenschaften unter die aktienrechtliche Regelung insgesamt besser aufgefasst als in der quantitativen Studie. Gemäss der überwiegenden Meinung der Experten wäre eine solche Regelung gut denkbar. Eine Regelung, welche im Genossenschaftsverband den einzelnen Mitgliedsgenossenschaften, den Genossenschaftern und den Gläubigern zusätzliche Klagerechte einräumt, fand keinen Anklang. Die qualitative Studie vermochte zudem auch aufzuzeigen, dass mit einer Unterstellung der Grossgenossenschaften unter die aktienrechtliche Verantwortlichkeitsregelung sowie einer Abänderung des Gesetzeswortlauts des Art. 917 OR hin zu einem umfassenden Organbegriff auch im Verband aufgrund des faktischen Organverständnisses, viele der im theoretischen Teil verorteten Probleme aus dem Weg geräumt werden könnten. Die Organe des Genossenschaftsverbands würden so ebenfalls umfassender haften.

IV. Zusammenfassung und Empfehlungen

A. Zusammenfassung der Ergebnisse

Nachstehend werden die wichtigsten Ergebnisse des theoretischen sowie des praktischen Teils zusammengefasst wiedergegeben.

Die materiellrechtlichen Voraussetzungen für Verantwortlichkeitsklagen sind denjenigen im Aktienrecht sehr ähnlich. Die BJR ist im Genossenschaftsrecht aufgrund der Regeln der Analogie anzuwenden. Die Rechtsprechung sollte in der Genossenschaft an der vom Gesetz vorgesehenen Unterteilung in mittelbaren und unmittelbaren Schaden festhalten. Eine Übernahme der «Biber-Holding-Praxis» ist für die Genossenschaft nicht zu empfehlen, da die Klageberechtigung der Gläubiger und Genossenschafter dadurch vollständig beseitigt werden würde. Die vom Bundesgericht für die Aktiengesellschaft aufgestellte Dreiteilung der im Zusammenhang mit der Verantwortlichkeit entstandenen Schäden sollte für die Genossenschaft nicht übernommen werden. Die unmittelbar geschädigten Gläubiger und Genossenschafter können ihre Schäden in der gewöhnlichen Genossenschaft auch im Konkurs direkt und selbständig gegenüber den schädigenden Organen geltend machen. Es findet auch keine Substituierung des Anspruchs durch denjenigen der Gläubigergesamtheit statt. Der Verantwortlichkeitsanspruch der Gesellschaft hingegen geht in die Konkursmasse über und kann von der Gläubigergesamtheit eingeklagt werden. Aus mittelbarem Schaden hingegen kommt den Gläubigern und Genossenschaftern keine Klageberechtigung mehr zu, da deren Ansprüche gemeinsam mit demjenigen der Genossenschaft durch den der Gläubigergesamtheit substituiert wird.

Der Entscheid über die Anhebung einer Verantwortlichkeitsklage gehört gemäss dem Paritätsprinzip zu den Geschäftsführungsaufgaben, welche nicht bei der Generalversammlung, sondern bei der Verwaltung zu verordnen sind. Die Entscheidungskompetenz zur Anhebung einer Verantwortlichkeitsklage sowie die Vertretung in dieser Aufgabe ist als Geschäftsführungsaufgabe allerdings vollständig delegierbar und kein höchstpersönliches Recht der Verwaltung. Soll gegen die Verwaltung als Kollektiv eine Verantwortlichkeitsklage erhoben werden, so ist die Generalversammlung zu diesem Entscheid berechtigt. Zusätzlich sollte der Generalversammlung die Möglichkeit zustehen, der Verwaltung mittels eines Generalversammlungsbeschlusses die Weisung erteilen zu können, eine Verantwortlichkeitsklage gegen einzelne

Mitglieder der Verwaltung oder der Geschäftsführung zu erheben. Bei einer Abstimmung der Generalversammlung betreffend Verantwortlichkeitsklagen muss der Genossenschafter seiner Treuepflicht nachkommen, d.h. seine Stimme so abgeben, wie es das gemeinsame Interesse verlangt.

Bei den Klagen nach Art. 916 OR ist *de lege lata* für die Passivlegitimierten ein funktionales Organverständnis angezeigt, welches die faktischen Organe auch erfasst; bei den Klagen nach Art. 917 OR hingegen ein formelles. Bei öffentlichrechtlichen Genossenschaften ist der Staat ausschliesslich passivlegitimiert, d.h. es kann nicht auf den die Verfehlungen begehenden Beamten direkt zugegriffen werden. Der Staat haftet primär und direkt.

Die differenzierte Solidarität der Aktiengesellschaft gelangt, wie es die h.L. fordert, auch in der Genossenschaft zur Anwendung. Der herrschenden Lehrmeinung sollte Folge geleistet werden. Es wäre allerdings wünschenswert, wenn der Gesetzgeber eine Anpassung im Gesetzestext vornähme, welche die differenzierte Solidarität für die Genossenschaft explizit festlegt.

Für Grossgenossenschaften sollte *de lege ferenda,* gleich wie bei konzessionierten Versicherungsgenossenschaften und Kreditgenossenschaften, eine Regelung analog derjenigen des Aktienrechts eingeführt werden. Dies ergibt sich aus Überlegungen zum Gleichbehandlungsgebot der Wettbewerber sowie dem allgemeinen Gleichheitsgebot. Die Lage ist bei den Verwaltungen und der Geschäftsführung in Grossgenossenschaften ähnlich wie bei Aktiengesellschaften, wo ebenfalls professionelle Verwaltungsräte und Geschäftsführer im Amt sind. Zur Abgrenzung der Grossgenossenschaften zu den anderen Genossenschaften kann die KMU-Definition des Obligationenrechts bzw. des Fusionsgesetzes beigezogen werden. Von der Mehrheit der Experten der qualitativen Studie wurde eine solche Gesetzesrevision als sinnvoll und vor allen Dingen als umsetzbar bezeichnet. Die qualitative Studie vermochte zudem auch aufzuzeigen, dass sich eine Unterstellung der Grossgenossenschaften unter die aktienrechtliche Verantwortlichkeitsregelung sowie einer Abänderung des Gesetzeswortlauts des Art. 917 OR hin zu einem umfassenden Organbegriff auch im Genossenschaftsverband empfehlen würde. Aufgrund des einzuführenden funktionalen Organverständnisses würden viele der im theoretischen Teil verorteten Probleme aus dem Weg geräumt werden können. Die Organe des Genossenschaftsverbands würden so ebenfalls umfassender haften.

Sowohl die quantitative als auch die qualitative Studie zeigten auf, dass Verantwortlichkeitsklagen in der Genossenschaft in der Praxis durchaus vorkommen. Sie sind wohl seltener als in der Aktiengesellschaft. Gründe dafür sind u.a. die geringere Zahl an Genossenschaften sowie die eingeschränktere Passivlegitimation. Die wichtigsten Erfolgsfaktoren für das Gelingen einer Verantwortlichkeitsklage sind eine gute Substantiierung der vier Voraussetzungen und damit einhergehend eine gute Dokumentierung und Aktenlage. Die qualitative Studie zeigte auf, dass es für die involvierten Parteien empfehlenswert ist, wenn die Kosten für den Anwalt, das Gericht und bei Unterliegen auch für die Gegenpartei in einem vernünftigen Verhältnis zur erwarteten, anzuerkennenden Schadenssumme unter Berücksichtigung des Inkassorisikos, welches die klägerische Partei trägt, stehen. Es bestehen gemäss der Studie Indizien, dass die Kenntnisse betreffend Voraussetzungen und Folgen von Verantwortlichkeitsklagen in den Genossenschaften allgemein weniger stark ausgeprägt sind als in der Aktiengesellschaft. Vermögensschadenhaftpflichtversicherungen sind in grösseren Genossenschaften für die Mitglieder der Verwaltung und der Geschäftsführung gängige Praxis. Die empirische Studie zeigt hingegen auch, dass viele Genossenschaften ihre Organe nicht versichern.

B. Empfehlungen für die Praxis

1. Für die Forschung und die Lehre

Wie hoch die Fallzahlen pro Jahr von Verantwortlichkeitsklagen in den Genossenschaften sind, und wie sie für gewöhnlich ausgehen, bleibt auch nach dieser Arbeit aufgrund der statistischen und ressourcentechnischen Mittel, weiterhin unklar. Dazu müsste bei den Genossenschaften und den Gerichten eine umfassendere Studie durchgeführt werden. Auch eine Analyse der Fallentwicklung von zivil-, straf- und öffentlichrechtlichen Verantwortlichkeitsklagen wäre hier von Interesse. Ferner ist unklar, inwiefern bzw. wie stark sich die Faktoren «jährliches Negativwachstum der Anzahl der Genossenschaften» sowie «Konkursrate» auf die Entwicklung auswirken. Ebenfalls anzustreben wäre ein Vergleich zu den Aktiengesellschaften, welcher die Anzahl der vorhandenen Gesellschaften in die Berechnung miteinbezieht.

In der Lehre könnten die Auskunfts- und Einsichtsrechte der Genossenschafter genauer untersucht werden und allfälliger Revisionsbedarf aufgezeigt werden.

2. Für den Gesetzgeber

Falls es zu einer Revision des Genossenschaftsrechts kommen sollte, wäre es wichtig, ein solches Projekt sorgfältig anzugehen, indem das Genossenschaftsrecht ganzheitlich untersucht und allenfalls revidiert wird. Ein Vorschlag für eine Neuregelung der genossenschaftsrechtlichen Verantwortlichkeit befindet sich in A.6 Musterregelung dieser Arbeit. Besondere Beachtung sollten bei einem solchen Projekt auch den Auskunfts- und Einsichtsrechten der Genossenschafter geschenkt werden.

Namentlich sollten in einer Neuregelung die faktischen Organe in Art. 917 OR ausdrücklich miterfasst werden. Des Weiteren sollte im Wortlaut des Art. 917 Abs. 2 OR klargestellt werden, welche Personenkreise vom zweiten Absatz für die Geltendmachung von Schäden erfasst sind. Es sind dies nur die mit der Verwaltung und der Liquidation befassten Personen, die im Zusammenhang mit der Verletzung von für den Überschuldungsfall aufgestellten Pflichten den Genossenschaftern oder den Gläubigern Schäden zufügten. Der Gesetzgeber sollte zudem eine Anpassung im Gesetzestext vornehmen, welche die differenzierte Solidarität für die Genossenschaft explizit und gleich wie im Aktienrecht und dem Recht der GmbH festschreibt. Für die Grossgenossenschaften sollte für das Verantwortlichkeitsrecht auf die aktienrechtliche Regelung verwiesen werden. Ob eine Grossgenossenschaft vorliegt oder nicht und diese somit dem Verantwortlichkeitsrecht der Aktiengesellschaft unterstellt wird, sollte sich anhand des KMU-Kriteriums entscheiden. Eine Grossgenossenschaft wäre dann gegeben, wenn sie mindestens zwei der drei nachfolgenden Kriterien in zwei aufeinander folgenden Geschäftsjahren erfüllt: Das erste Kriterium ist eine Bilanzsumme von CHF 20 Mio., das zweite ein Umsatzerlös von CHF 40 Mio. pro Jahr und das dritte sind 250 Vollzeitstellenäquivalente im Jahresdurchschnitt.

3. Für die Rechtsprechung

Sollte der Rechtsprechung die Gelegenheit geboten werden, sich zum Verantwortlichkeitsrecht in der Genossenschaft zu äussern, wird empfohlen, folgende Punkte zu beachten:

Die BJR sollte auch auf die Entscheide der Mitglieder der Verwaltungen und der Geschäftsführungen von Genossenschaften angewendet werden.

Werden Schäden geltend gemacht, so muss zwischen unmittelbarem und mittelbarem Schaden unterschieden werden. Für den unmittelbaren Schaden der Gläubiger und Genossenschafter in der Genossenschaft gibt es keinen gesetzlichen Verweis auf das Aktienrecht. Die Klageberechtigung besteht unabhängig der Ansprüche der Genossenschaft. Geschädigte können ihre Schäden in der gewöhnlichen Genossenschaft auch im Konkurs direkt und selbständig gegenüber den schädigenden Organen geltend machen. Es findet auch keine Substituierung des Anspruchs durch denjenigen der Gläubigergesamtheit statt. Ist der Gläubiger zugleich auch Genossenschafter, so kann sie wahlweise entweder den Schaden als Gläubiger oder als Genossenschafter geltend machen oder auch beide Schäden kumulativ. Der Verantwortlichkeitsanspruch der Gesellschaft hingegen geht in die Konkursmasse über und kann von dieser eingeklagt werden.

Für die Geltendmachung des mittelbaren Schadens verweist das Verantwortlichkeitsrecht der Genossenschaft auf die Regeln der Aktiengesellschaft. Es kommen dort die Art. 756–758 OR zur Anwendung. Im Zusammenhang mit diesen Artikeln hat das Bundesgericht für den Fall des Konkurses die sogenannte Raschein-Praxis entwickelt. Dabei wird im Konkurs die Klageberechtigung für Verantwortlichkeitsansprüche eingeschränkt. Die einzig berechtigte Klägerin ist die Konkursverwaltung, welche die Ansprüche der Gläubigergesamtheit einheitlich geltend macht; den Gläubigern und Genossenschaftern kommen aus mittelbarem Schaden keine Klageberechtigung mehr zu, da deren Ansprüche gemeinsam mit demjenigen der Genossenschaft selbst durch den Anspruch der Gläubigergesamtheit substituiert wird. Die Gläubigerversammlung bzw. eine Gläubigermehrheit entscheidet dabei, ob auf die Einklagung eines Anspruchs verzichtet werden soll. Wird der Anspruch nicht eingeklagt, kann dieser gemäss Art. 260 SchKG an einzelne Gläubiger oder Genossenschafter abgetreten werden, welche den Anspruch dann in eigenem Namen aber aus fremdem Recht, nämlich demjenigen der Gläubigergesamtheit, geltend machen können.

Eine Übernahme der «Biber-Holding»-Praxis in der Genossenschaft würde auf die Klageberechtigung der Gläubiger und Genossenschafter erstickend wirken. Die Rechtsprechung sollte bei der vom Gesetz vorgesehenen Unterteilung in mittelbaren und unmittelbaren Schaden bleiben. Die vom Bundesgericht für die Aktiengesellschaft aufgestellte Dreiteilung der aufgrund von Verantwortlichkeit entstandenen Schäden sollte für die Genossenschaft nicht übernommen werden. Da der Gesetzgeber schon eine Einschränkung der Klagemöglichkeiten vorgenommen hat, kann davon ausgegangen werden, dass er damit seinen Willen abschliessend zum Ausdruck gebracht hat und diese Einschränkungen nicht um weitere Kriterien «ergänzt» haben will.

Die differenzierte Solidarität sollte in der Genossenschaft, wie es die h.L. fordert, analog dem Aktienrecht und der GmbH zur Anwendung kommen, auch wenn der Gesetzeswortlaut bisher noch nicht entsprechend abgeändert wurde.

4. Für die Mitglieder von Verwaltungen und Geschäftsführungen

Den Mitgliedern der Verwaltungen und der Geschäftsführungen in Genossenschaften wird empfohlen, sich im Bereich der genossenschaftsrechtlichen Verantwortlichkeit weiterzubilden. Dies kann durch die Teilnahme an Schulungen oder die Lektüre einschlägiger Literatur geschehen. Anschliessend sollten vermehrt genossenschaftsintern Massnahmen getroffen werden, um zukünftige Verantwortlichkeitsklagen zu verhindern. Entscheidungsprozesse sollten klar definiert und befolgt werden, damit die Entscheide den Anforderungen der BJR genügen und zivilrechtliche Verantwortlichkeitsklagen verhindert werden können. Betreffend die weiteren Verantwortlichkeitsklagen können intern Kontrollmechanismen eingeführt werden, welche das Verhalten der verantwortlichen Personen überprüfen.

5. Für Kläger und Beklagte

Klägern und Beklagten wird empfohlen, zu Beginn die Aktiv- und Passivlegitimation genau zu überprüfen, da insbesondere die zivilrechtliche Regelung für Genossenschaften anders ausgestaltet ist als die aktienrechtliche. Des Weiteren ist auf Klägerseite beim Entscheid, ob eine Klage erhoben werden soll, genau darauf zu achten, ob eine gute Aktenlage gegeben ist, aufgrund welcher die vier Voraussetzung des Schadens, der Pflichtverletzung, des adäquaten Kausalzusammenhangs und des Verschuldens ausreichend substantiiert werden können. Es ist eine Abschätzung unter Berücksichtigung des erwarteten zugesprochenen Schadens sowie der voraussichtlich entstehenden Kosten vorzunehmen. Verantwortlichkeitsklagen nur aus Prinzip lohnen sich zumindest für Privatpersonen aus monetärer Sicht nicht. Bei grösseren Gesellschaften können solche Klagen aus Reputationsüberlegungen allerdings dennoch geboten sein.

6. Für Aus- und Weiterbildungsanbieter

Bei vielen Genossenschaften sind genossenschaftsspezifische Aus- und Weiterbildungsangebote nicht bekannt. Marketingmassnahmen, welche auf die Mitglieder von Verwaltungen und Geschäftsführungen von Genossenschaften zielen, empfehlen sich. Zusätzliche, spezifisch auf Genossenschaften ausgerichtete Angebote wären ebenfalls prüfenswert.

7. Für Versicherungen

Eine interessante Erkenntnis aus der empirischen Studie ist, dass diejenigen Mitglieder der Verwaltung und der Geschäftsführung, welche erhöhte Kenntnisse von Verantwortlichkeitsklagen hatten, auch häufiger versichert sind. Versicherern wird u.a. deshalb empfohlen, mit Aus- und Weiterbildungsanbietern zusammenzuarbeiten. Erstens sind sich die Teilnehmenden solcher Angebote der Risiken von Verantwortlichkeitsklagen wohl besser bewusst und daher eher für den Abschluss einer Versicherung empfänglich. Zweitens sind die Risiken von Verantwortlichkeitsklagen aufgrund der erhöhten Kenntnisse der versicherten und geschulten Personen geringer, da sie wissen, welche Vorkehrungen sie treffen müssen, um Verantwortlichkeitsklagen zu vermeiden. Diese Personen zu versichern könnte sich, bei gleichbleibenden Prämiensummen, aus einer wirtschaftlichen Perspektive lohnen.

Anhang

A.1. Verzeichnis der Interviewpartner (qualitative Studie)

Name	Institution & Funktion	Ort	Datum
Dr. iur. RAin Regina Natsch	Amstutz Greuter Rechtsanwälte, Rechtsanwältin, Verfasserin verschiedener wissenschaftlicher Beiträge zum Genossenschaftsrecht, Vorstandsmitglied Coopérative Suisse	Telefon	28. Mai 2019
Dr. iur. RA Kurt Blickenstorfer	Partner bei Bratschi AG, Verfasser der Dissertation «Die genossenschaftsrechtliche Verantwortlichkeit»	Telefon	15. Mai 2019
Prof. Dr. RA Franco Taisch (Professor)	Titularprofessor Universität Luzern, Verwaltungsratspräsident Swiss Rock Asset Management AG, VR und Gründungspartner der Clinica Alpina SA, ehemals VR Raiffeisen Schweiz	Telefon	21. Mai 2019
Dr. iur. RA Thierry Luterbacher	Selbständiger Rechtsanwalt, ehemals Leiter der Vermögenshaftpflichtversicherungen der AXA Versicherungen AG und CEO der AXA-ARAG Rechtsschutzversicherungen AG, Verfasser verschiedener Publikationen zu Vermögensschadenhaftpflichtversicherungen sowie zum Verantwortlichkeitsrecht	Telefon	27. Mai 2019
lic. iur. RAin Annina Arpagaus-Erb	Migros-Genossenschafts-Bund, Generalsekretärin / Leiterin Generalsekretariat	Zürich	28. Mai 2019
lic. iur. RA Beat Haudenschild	Schweizerische Mobiliar Holding AG & Schweizerische Mobiliar Genossenschaft, Generalsekretär beider Gesellschaften	Bern	04. Juni 2019

Name	Institution & Funktion	Ort	Datum
Andreas Bischof	AXA Versicherungen AG, Experte PI / D&O / Crime, Vermögensschadenhaftpflichtversicherungen	Winterthur	03. Juni 2019
Dr. phil. Hilmar Gernet	Raiffeisen Schweiz Genossenschaft, Direktor, Delegierter für Politik, Genossenschaft & Geschichte	Bern	04. Juni 2019, zusätzliches Telefonat am 04. Dezember 2019 betreffend die neue Struktur der Raiffeisen Schweiz
Dott. ssa. giur. & MLaw Ingrid D'Inca	Raiffeisen Schweiz Genossenschaft, Legal & Compliance Officer, verantwortlich für interne Regulatorien und Genossenschaftsrecht	Bern	04. Juni 2019
lic. iur. Stephan Scherer	Obergericht Zug, Mitglied des Obergerichts Zug, ehemals zuständiger Referent beim Kantonsgericht Zug (1. Instanz) für den vom Bundesgericht beurteilten Fall BGer 4A_60/2012 vom 30. Juli 2012	Telefon	05. Juni 2019

A.2. Begleitschreiben für die qualitative Studie

Sehr geehrte(r) Herr / Frau Muster

Ich studiere an der Rechtswissenschaftlichen Fakultät der Universität St. Gallen im Studiengang Rechtswissenschaften (MLaw). Im Rahmen meines Studienabschlusses verfasse ich eine Masterarbeit zum Thema «Verantwortlichkeitsklagen gegen Mitglieder der Verwaltung und der Geschäftsführung einer Genossenschaft» unter der Betreuung von Herrn Prof. Dr. Roland Müller (Referent) und Herrn Prof. Dr. Andreas Binder (Korreferent).

Ziel des praktischen Teils der Masterarbeit ist es, mittels einer Umfrage und verschiedener Interviews Informationen betreffend folgende Themenkomplexe in Erfahrung zu bringen:

- Die praktische Relevanz und Prävalenz von Verantwortlichkeitsklagen in Genossenschaften
- Der Ausgang von allfälligen Verantwortlichkeitsklagen in der Genossenschaft sowie die Erfolgsfaktoren derselben
- Auswirkung von (möglichen) Verantwortlichkeitsklagen auf das Verhalten der Verwaltung
- Der praktische Umgang mit (möglichen) Verantwortlichkeitsklagen in der Genossenschaft
- Schulungsmöglichkeiten im Bereich der genossenschaftlichen Verantwortlichkeit
- Bedarf einer Gesetzesänderung

Gerne würde ich mit Ihnen ein Interview zu einigen dieser Aspekte führen. Falls Sie dazu bereit wären, wäre ich um die Zustellung von zwei bis drei Terminvorschlägen dankbar, an welchen Sie verfügbar wären. Ich komme gerne an einem, von Ihnen definierten Ort vorbei. Das Interview kann allerdings auch telefonisch geführt werden.

Vielen Dank bereits im Voraus für Ihre Unterstützung.

Mit freundlichen Grüssen

David Ehlebracht

A.3. Leitfaden zum Experten-Interview

Musterinterview

1. **Verbreitung und Klagegründe:** Hatten Sie / Hat Ihr Unternehmen im Rahmen Ihrer beruflichen Tätigkeit bereits mit Verantwortlichkeitsklagen in der Genossenschaft zu tun? Aus welchem Rechtsgrund wurden Verantwortlichkeitsklagen in der Genossenschaft angestrengt / nicht angestrengt?
2. **Ausgang und Erfolgsfaktoren:** Wie gingen die genossenschaftsrechtlichen Verantwortlichkeitsklagen aus (Klagerückzug, Klageanerkennung, Vergleich, Obsiegen / Unterliegen der klagenden Partei)? Wovon hängt der Erfolg einer Verantwortlichkeitsklage ab?
3. **Einfluss auf das Verhalten der Verwaltung:** Inwiefern beeinflussen mögliche Verantwortlichkeitsklagen in der Genossenschaft das Verhalten von Mitgliedern der Verwaltung und der Geschäftsführung?
4. **Attraktivität und Hinderungsgründe**: Weshalb ist es für Genossenschaften bzw. Gläubiger / Genossenschafter interessant / nicht interessant, eine Verantwortlichkeitsklage in der Genossenschaft bzw. gegen die Genossenschaft zu führen? Welche Rolle spielen die Parteikosten, die Gerichtskosten sowie die Kosten für den eigenen Anwalt beim Entscheid, ob eine Klage angestrengt werden soll? Was sind ihres Erachtens die gewichtigsten Hinderungsgründe für das Erheben von Verantwortlichkeitsklagen in der Genossenschaft?
5. **Verantwortlichkeitsregelung** de lege ferenda**:**

5.1 Wo sehen Sie in der Gesetzgebung bzw. Rechtsprechung Verbesserungsmöglichkeiten bei der Regelung von genossenschaftsrechtlichen Verantwortlichkeitsklagen? Sollte die genossenschaftsrechtliche Verantwortlichkeitsregelung strenger ausgestaltet werden?

5.2 Was denken Sie zu einer zweiteiligen Verantwortlichkeitsregelung für die Genossenschaft, gemäss welcher die KMU-Genossenschaften weiterhin dem bisherigen Regime unterstehen, die Grossgenossenschaften (mind. zwei der drei nachfolgenden Kriterien werden überschritten: Bilanzsumme von 20 Mio. Franken, Umsatzerlös von 40 Mio. Franken pro Jahr, 250 Vollzeitstellenäquivalente im Jahresdurchschnitt) hingegen der aktienrechtlichen Regelung unterstellt werden?

5.3 Was denken Sie zu einem umfassenderen Klagerecht der Genossenschafter / Gläubiger der einen Genossenschaftsverband konstituierenden Genossenschaften? Sollten die den Genossenschaftsverband konstituierenden Genossenschaften selbst mit umfassenderen Klagerechten gegen die Mitglieder der Verwaltung des Genossenschaftsverbands ausgestattet werden?

Ausgewertete Ergänzungsfragen (je nach Interviewpartner)

Organhaftpflichtversicherungen: Sind die Organhaftpflichtversicherungen für Genossenschaften, bzw. die Mitglieder der Verwaltung und der Geschäftsführung anders ausgestaltet als für die Verwaltungsräte einer AG? Wie verhalten sich die Versicherungs- bzw. Prämiensummen im Vergleich? Hat namentlich die eingeschränktere Aktivlegitimation in der Genossenschaft einen Einfluss auf die Ausgestaltung der Organhaftpflichtversicherung, namentlich die Prämiensumme? In den ersten Resultaten der quantitativen Studie hat sich ergeben, dass relativ viele Genossenschaften keine D&O-Versicherung haben. Können Sie das bestätigen? Wie wird mit Schadensfällen umgegangen?

Substantiierung: Mit der Substantiierung welches Elements (Schaden, Pflichtverletzung, adäquater Kausalzusammenhang, Verschulden) hatten die klagenden Parteien für gewöhnlich die grösste Mühe?

Vorgehen bei Verantwortlichkeitsklagen: Strebt(e) ihr Gericht, wenn möglich, einen Vergleich zwischen den Parteien an?

Bewusstsein: Inwiefern sind sich die Mitglieder der Verwaltung oder der Geschäftsführung Ihres Unternehmens bewusst, dass sie als Organe haften können?

A.4. Begleitschreiben für die quantitative Studie

Sehr geehrte/r Frau / Herr Muster

Wie soeben telefonisch mit Ihnen besprochen, trete ich per Mail mit Ihnen in Kontakt Ich studiere an der Rechtswissenschaftlichen Fakultät der Universität St. Gallen im Studiengang Rechtswissenschaften (MLaw). Im Rahmen meines Studienabschlusses verfasse ich eine Masterarbeit zum Thema «Verantwortlichkeitsklagen gegen Mitglieder der Verwaltung und der Geschäftsführung einer Genossenschaft» unter der Betreuung von Herrn Prof. Dr. Roland Müller (Referent) und Herrn Prof. Dr. Andreas Binder (Korreferent).

Ziel des praktischen Teils der Masterarbeit ist es, mittels einer Umfrage und verschiedener Interviews Informationen betreffend folgende Themenkomplexe in Erfahrung zu bringen:

- Die praktische Relevanz und Prävalenz von Verantwortlichkeitsklagen in Genossenschaften
- Der Ausgang von allfälligen Verantwortlichkeitsklagen in der Genossenschaft sowie die Erfolgsfaktoren derselben
- Auswirkung von (möglichen) Verantwortlichkeitsklagen auf das Verhalten der Verwaltung
- Der praktische Umgang mit (möglichen) Verantwortlichkeitsklagen in der Genossenschaft
- Schulungsmöglichkeiten im Bereich der genossenschaftlichen Verantwortlichkeit
- Bedarf einer Gesetzesänderung

Die Umfrage umfasst zehn bis 13 Fragen, deren Beantwortung ca. fünf Minuten dauert. Die Umfrage kann unter folgendem Link ausgefüllt werden:

<Umfragelink>

Die Datenerhebung und Auswertung erfolgt anonym und vertraulich. Wenn Sie Interesse an den Umfrageergebnissen haben, können Sie am Ende der Onlineumfrage Ihre E-Mailadresse angeben. Für allfällige Fragen stehe ich Ihnen gerne telefonisch (+41 76 480 08 25) oder per E-Mail zur Verfügung.

Vielen Dank bereits im Voraus für Ihre Unterstützung.

Mit freundlichen Grüssen

David Ehlebracht

A.5. Resultate der Quantitativen Studie

Abb. 3: Art der Genossenschaft

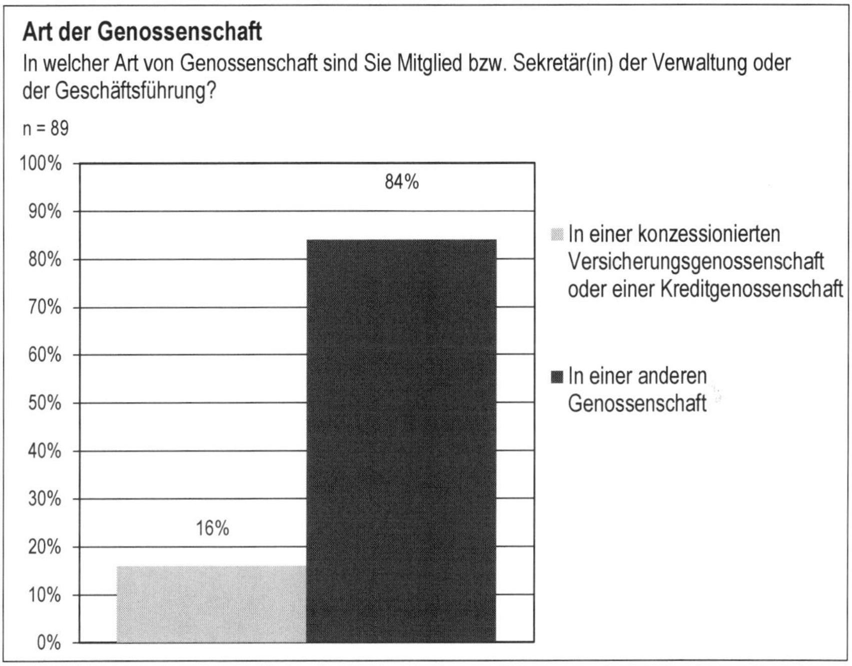

Quelle: Eigene Darstellung

Abb. 4: Kenntnisse der genossenschaftlichen Verantwortlichkeitsklagen

Kenntnisse der genossenschaftsrechtlichen Verantwortlichkeitsklagen

Wie gut kennen Sie die Voraussetzungen für und die Folgen von genossenschaftsrechtlichen Verantwortlichkeitsklagen?

1 = sehr schlecht (Bis zum Ausfüllen dieses Fragebogens war mir nicht bewusst, dass Verantwortlichkeitsklagen in der Genossenschaft bestehen)

2 = schlecht (Ich habe bereits von Verantwortlichkeitsklagen in der Genossenschaft gehört, kenne die Relevanz für die Tätigkeit der Verwaltung und der Geschäftsführung allerdings nicht)

3 = mittel (Ich weiss, dass für Mitglieder der Verwaltung und der Geschäftsführung die Möglichkeit von Verantwortlichkeitsklagen besteht und kenne die Relevanz derselben)

4 = gut (Die Grundzüge der Voraussetzungen und der Folgen von Verantwortlichkeitsklagen in der Genossenschaft sind mir bekannt)

5 = sehr gut (Ich bin mir der Voraussetzungen und der Folgen von Verantwortlichkeitsklagen in der Genossenschaft im Detail bewusst)

n = 75

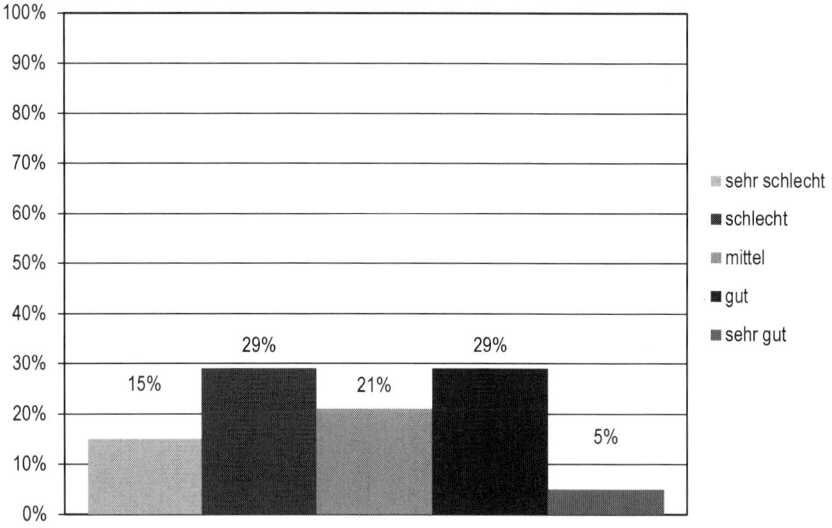

Quelle: Eigene Darstellung

Abb. 5: Einfluss auf das Verhalten

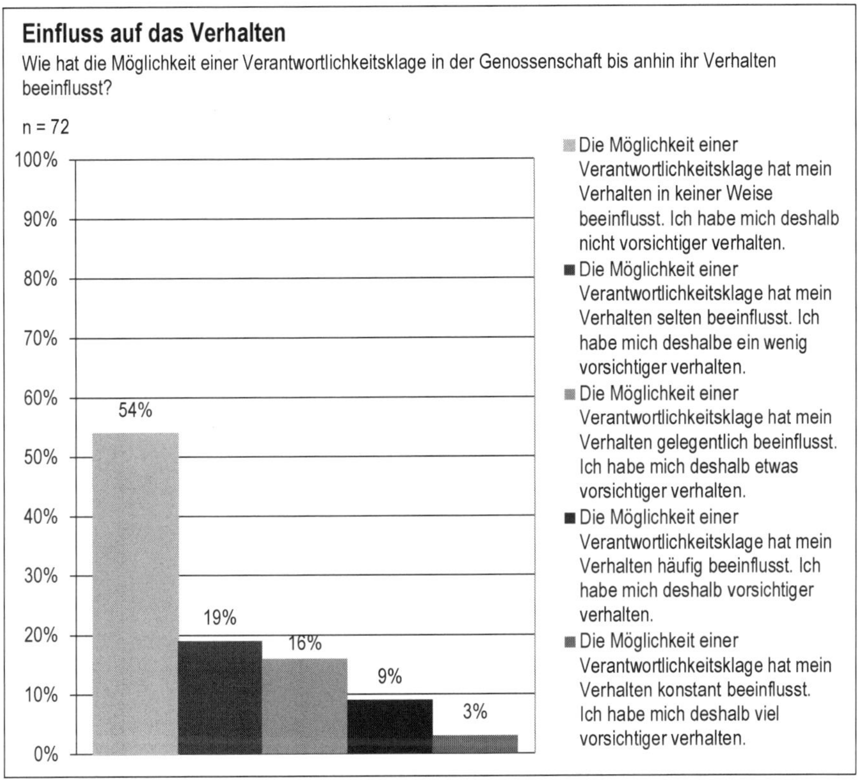

Quelle: Eigene Darstellung

Abb. 6: Massnahmen

Massnahmen

Wurden in Ihrer Genossenschaft intern Massnahmen getroffen, um Verantwortlichkeitsklagen zu verhindern? Falls ja, welche?

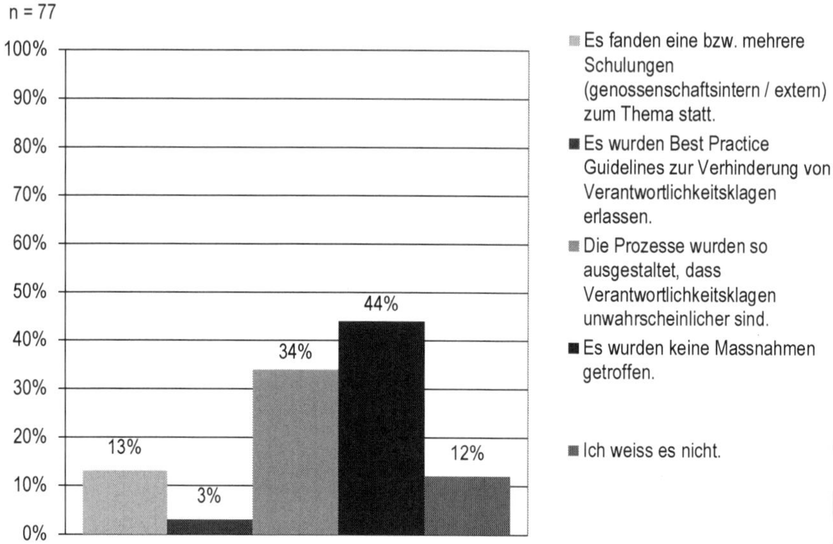

Quelle: Eigene Darstellung

Abb. 7: D&O Versicherungen

D&O Versicherungen

Bestehen in Ihrer Genossenschaft D&O-Versicherungen, um die Risiken von Verantwortlichkeitsklagen zu decken?

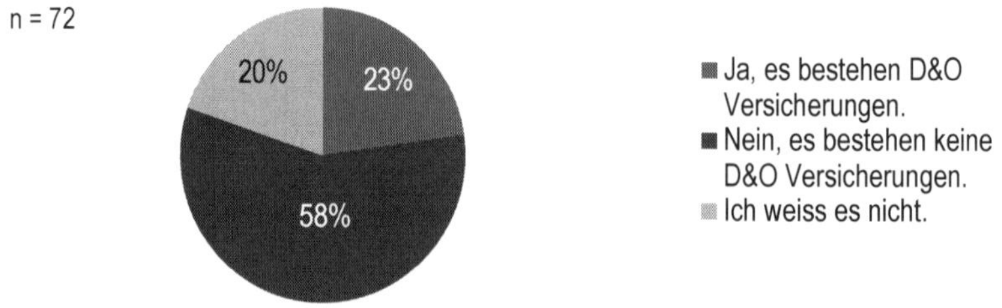

Quelle: Eigene Darstellung

Abb. 8: Höhe der D&O Versicherung

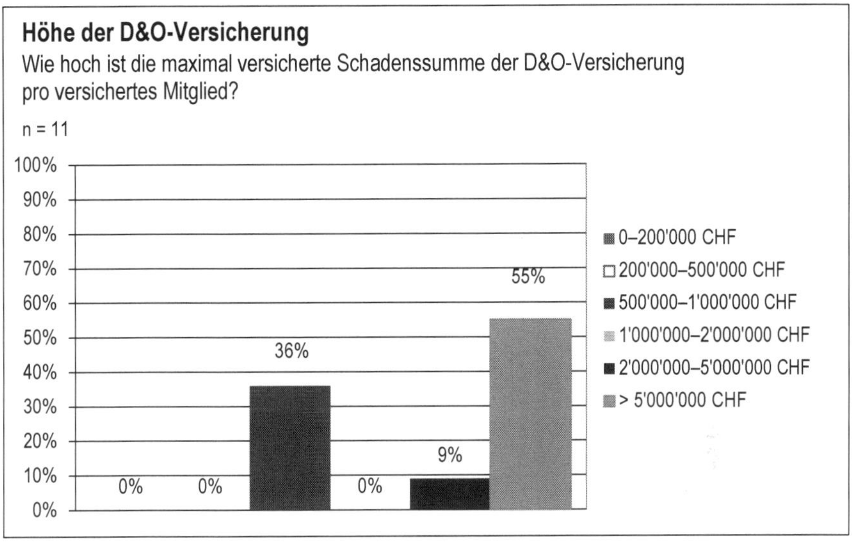

Quelle: Eigene Darstellung

Abb. 9: Häufigkeit von Verantwortlichkeitsklagen

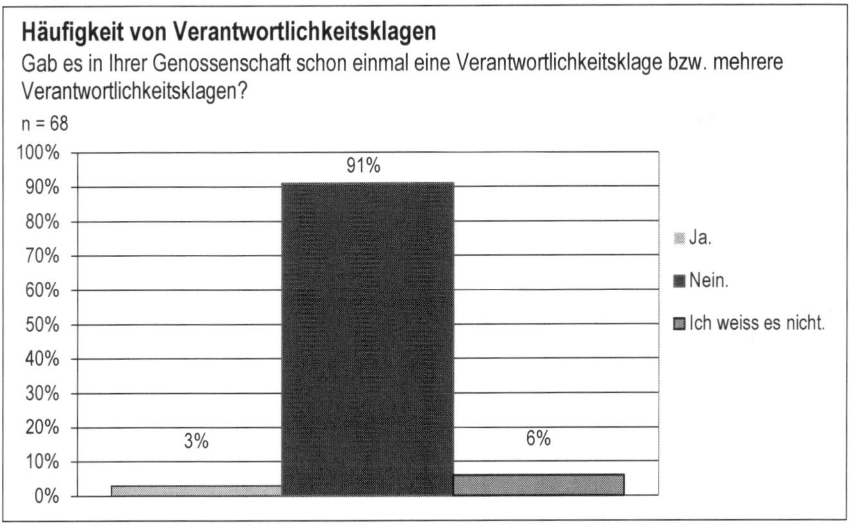

Quelle: Eigene Darstellung

Abb. 10: Ausgang der Verantwortlichkeitsklagen

Ausgang der Verantwortlichkeitsklagen

Wie ist / sind die Verantwortlichkeitsklage(n) ausgegangen?
Bitte geben Sie die entsprechende Anzahl der Ausgänge an. Nr. 1 = Klageanerkennung, Nr. 2 = Klagerückzug, Nr. 3 = Gerichtlicher Vergleich, Nr. 4 = Aussergerichtlicher Vergleich, Nr. 5 = Obsiegen der klagenden Partei, Nr. 6 = Obsiegen der beklagten Partei

n = 2

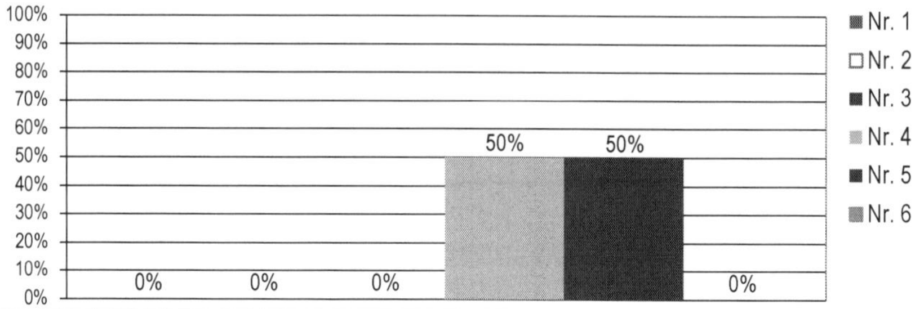

Quelle: Eigene Darstellung

Abb. 11: Angleichung an den aktienrechtlichen Standard

Angleichung an den aktienrechtlichen Standard

Würden Sie für die genossenschaftsrechtliche Verantwortlichkeitsregelung eine Angleichung an den aktienrechtlichen Verantwortlichkeitsstandard für Grossgenossenschaften (mind. zwei der drei nachfolgenden Kriterien überschritten: Bilanzsumme von CHF 20 Mio, Umsatzerlös von CHF 40 Mio. pro Jahr, 250 Vollzeitstellenäquivalente im Jahresdurchschnitt) befürworten?

n = 55

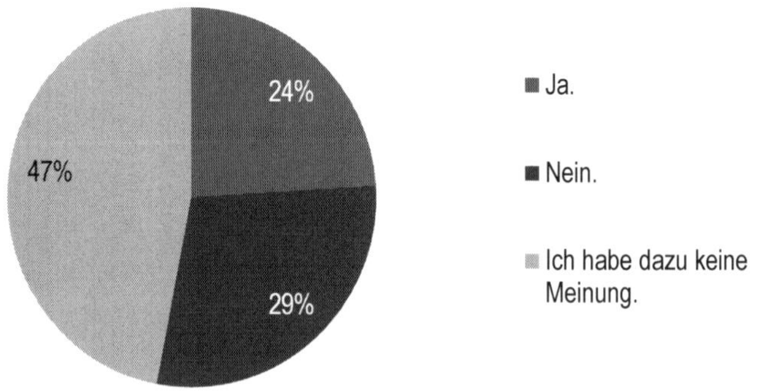

Quelle: Eigene Darstellung

Tab. 2: Schulungsmöglichkeiten

Schulungsmöglichkeiten
Welche Schulungsmöglichkeiten im Bereich der Verantwortlichkeitsklagen in der Genossenschaft sind Ihnen in der Schweiz bekannt?
n = 22
(Leider) Keine (9*, die weiter unten aufgeführten Bemerkungen, machten weitere Angaben und sind in den neun Personen nicht mit einbegriffen)
über Zentrale
weiss nicht
Mit einem Advokaturbüro wurden die entsprechenden Vorkehrungen getroffen. Bezügliche Reglementsänderungen und Statuten- Bereinigungen
WBG Schweiz
interne Schulungen
Kurse Wohnbaugenossenschaften Schweiz/ Sektionen
keine, dürften aber gefunden werden bei aktiver Suche
Arbeitssicherheit
Uni/FH Private Org zum VR, Stiftungsrat; Geno etc
Keine, da mir dieses Thema völlig unbekannt war.
keine, wir sind eine Non-Profit-Genossenschaft mit viel Freiwilligenarbeit. Falls Schulungen, wären diese zu günstigen Konditionen anzubieten (nicht zum üblichen Tagesansatz eines Professors).
keine, wir haben aber einen Juristen im Verwaltungsrat. Der würde solche eher kennen.
Versicherungsgesellschaften, Makler, Broker

Quelle: Eigene Darstellung

Abb. 12: Teilnahme an Schulungs- und / oder Weiterbildungsmöglichkeiten

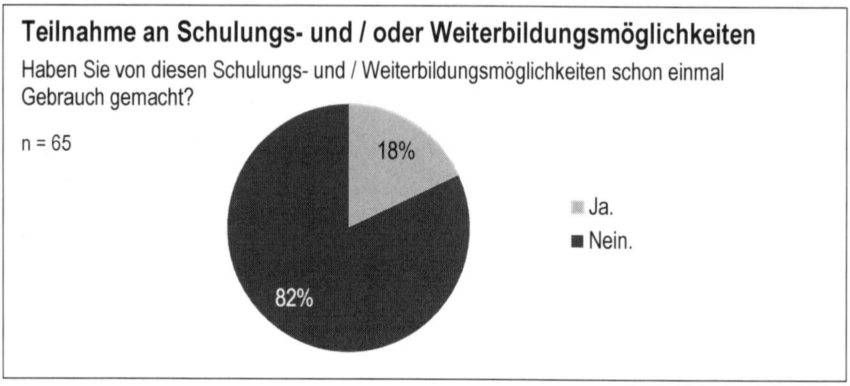

Quelle: Eigene Darstellung

Abb. 13: Bedarf weiterer Schulungsmöglichkeiten

Quelle: Eigene Darstellung

Tab. 3: Bemerkungen

Bemerkungen
Haben Sie weitere Bemerkungen zu den befragten Themen?
n = 17
Keine / nein (5*)
DA unsere Wohnbaugenossenschaft erst im Entstehen ist und noch keine Vermietungen stattgefunden haben, war das Thema NOCH nicht dringend. Wir planen jedoch, uns in Zukunft auf dem Gebiet «Schlau» zu machen.
Die Frage, ob die Möglichkeit einer Verantwortlichkeitsklage mein/unser Verhalten beeinflusst, habe ich offengelassen. Mein Grund: Aus anderen Gründen müssen wir sehr seriös, risikoabwägend und sehr transparent gegenüber den Mitgliedern und anderen Gremien auftreten und handeln: Glaubwürdigkeit, Vertrauensbildung, grösstmöglicher Einbezug und Mitsprache der Mitglieder, usw. Mit dieser konsequenten Offenlegung/Transparenz können wir uns nicht vorstellen, dass Spielraum für eine Verantwortlichkeitsklage besteht. Ich nehme Ihre Umfrage aber zum Anlass, dies nochmals abzuklären und im Vorstand zu traktandieren. Deshalb interessiert mich Ihre Auswertung und Schlussfolgerungen sehr. Urs Chiara
Wir sind eine kleine Wohnbaugenossenschaft mit 18 Wohnungen und arbeiten für einen Stundenlohn von CHF 50. Die gesamte Verwaltung wird von einem 4 köpfigen VR und einer Kassierin durchgeführt. Geprüft werden wir von einer kleinen externen Revisionsfirma.
Wir sind eine sehr kleine Wohnbaugenossenschaft, die teilweise unter Aufsicht des Bundes (BWO) ist. Falls es einmal eine Verantwortlichkeitsfrage zu klären gäbe, würden wir dies vermutlich unserer Gebäudehaftpflichtversicherung zum Regeln geben. Für Mietzinsprobleme ist eine andere Stelle zuständig, die mit Verantwortlichkeit kaum etwas zu tun hat.
Wenn sich alle Vorstandmitglieder an die Statuten, Reglemente und GV-Beschlüsse halten, sollte es zu keinen Verantwortlichkeitsklagen kommen. Sehr wichtig ist auch ein durchgehendes 4-Augenprinzip innerhalb eines Vorstandes.
Da wir ein sehr kleine Wohnbaugenossenschaft sind, ist das Thema sehr fremd für mich. Ich kann mir aber vorstellen, dass wir mit diesem Thema trotzdem einmal konfrontiert werden könnten.
Die Frage ist, ob es eine Verantwortlichkeit überhaupt gibt. Man hat ja gesehen, dass dies auch bei einer grossen AG (Fluggesellschaft!) nicht zum Tragen kam.
Wir haben unsere kleine Genossenschaft auf den 1. Jan.2020 verkauft, weil wir den neuen Aufgaben StromVV und StromVG und Risiko einem Grossen übertragen.

Bemerkungen
Haben Sie weitere Bemerkungen zu den befragten Themen?
n = 17
Keine / nein (5*)
ein heikles Thema, welches aber in meinem bisherigen Berufsleben zum Glück nicht von Bedeutung war
Jetzt, da Sie mich mit Ihrer Arbeit auf dieses Thema aufmerksam gemacht haben, werde ich mich vertieft informieren. Insofern besten Dank von mir persönlich und alles Gute für Sie.
Wir sind eine kleine Solargenossenschaft mit ca. 300'000 Genossenschaftsgelder. Wir haben eine Versicherung für die Solaranlagen abgeschlossen, nicht aber für unser Handeln. Ich denke auch, dass wir dafür zu klein sind.
Grundsätzlich wäre es sicher gut, wenn in Genossenschaften dieses Thema bekannter wäre.

Quelle: Eigene Darstellung

A.6. Musterregelung

E-Art. 917 OR

B. Haftung gegenüber Genossenschaft, Genossenschaftern und Gläubigern

1 *Die mit der Verwaltung und der Liquidation befassten Personen, welche die für den Fall der Überschuldung der Genossenschaft vom Gesetz aufgestellten Pflichten absichtlich oder fahrlässig verletzen, haften der Genossenschaft, den einzelnen Genossenschaftern und den Gläubigern für den entstandenen Schaden.*

2 *Der Ersatz des Schadens, der den Genossenschaftern und den Gläubigern mittelbar durch Schädigung der Genossenschaft durch die mit der Verwaltung und der Liquidation befassten Personen verursacht wurde, ist nach den für die Aktiengesellschaft aufgestellten Vorschriften geltend zu machen.*

E-Art. 918 OR

C. Solidarität und Rückgriff

1 *Sind für einen Schaden mehrere Personen ersatzpflichtig, so ist jede von ihnen insoweit mit den anderen solidarisch haftbar, als ihr der Schaden aufgrund ihres eigenen Verschuldens und der Umstände persönlich zurechenbar ist.*

2 *Der Kläger kann mehrere Beteiligte gemeinsam für den Gesamtschaden einklagen und verlangen, dass der Richter im gleichen Verfahren die Ersatzpflicht jedes einzelnen Beklagten festsetzt.*

3 *Der Rückgriff unter mehreren Beteiligten wird vom Richter in Würdigung aller Umstände bestimmt.*

E-Art. 920 OR

E. Bei Gross-, Kredit- und Versicherungsgenossenschaften

1 *Bei Grossgenossenschaften, Kreditgenossenschaften und konzessionierten Versicherungsgenossenschaften richtet sich die Verantwortlichkeit nach den Bestimmungen des Aktienrechts.*

2 *Als Grossgenossenschaften gelten diejenigen Genossenschaften, die zwei der nachstehenden Grössen in zwei aufeinander folgenden Geschäftsjahren überschreiten:*

a. Bilanzsumme von 20 Millionen Franken,

b. Umsatzerlös von 40 Millionen Franken,

c. 250 Vollzeitstellen im Jahresdurchschnitt.

A.7. Rechtsprechungsübersicht

1. Bundesgericht und ehemaliges eidgenössisches Versicherungsgericht

In den im Internet veröffentlichten Entscheiden des Bundesgerichts sowie des ehemaligen eidgenössischen Versicherungsgerichts[480] konnten nachfolgende Entscheide zur Verantwortlichkeit der Mitglieder der Verwaltung oder der Geschäftsführung einer Genossenschaft gefunden werden:

BGer 4A_60/2012 vom 30. Juli 2012

Das Bundesgericht hatte in diesem Fall eine Beschwerde von vier Mitgliedern der Verwaltung der konkursiten Genossenschaft Q gegen die Gläubigerin Y. AG zu beurteilen. Nachdem die Masse auf die Geltendmachung von Verantwortlichkeitsansprüchen verzichtet hatte, machte die Gläubigerin gegenüber den Beschwerdeführern einen Verschleppungsschaden geltend, der von den zwei Vorinstanzen zumindest teilweise anerkannt wurde. Die Beschwerde wurde vom Bundesgericht vollumfänglich abgewiesen. Die in der Beschwerde gestellten Anträge der Beschwerdeführer waren unzureichend begründet. Die Verjährung sei noch nicht eingetreten, da die absolute Verjährungsfrist bei fortgesetzten Schädigungshandlungen bzw. Unterlassungen erst mit deren Abschluss zu laufen begännen. Ausserdem könne derjenige Schaden, der durch eine verzögerte Konkurseröffnung entstanden sei, bundesrechtskonform in der Weise festgestellt werden, dass der aus den Buchhaltungsunterlagen ersichtliche Saldo zum Zeitpunkt der Verletzung der Benachrichtigungspflicht mit dem (höheren) Verlust zum Zeitpunkt der tatsächlich erfolgten Konkurseröffnung verglichen werde.

BGer 1B_497/2011 vom 30. November 2011

Das Bundesgericht beurteilte in diesem Fall eine Beschwerde des X. X. und sechs weiteren Personen wurde von der Staatsanwaltschaft Winterthur/Unterland, Zweigstelle Flughafen, im Rahmen einer Strafuntersuchung wegen Widerhandlungen gegen das BetmG vorgeworfen, durch ein Firmenkonglomerat, namentlich die Genossenschaft Q., Hanfpflanzen mit einem THC-Gehalt zwischen 1.5 und 8.5 % angebaut, gezüchtet und geerntet zu haben. Die erzeugten Produkte würden sie in verschiedenen Hanfläden verkauft haben.

Mit Beschwerde in Strafsachen an das Bundesgericht vom 19. September 2011 beantragte X. die Aufhebung des Beschlusses des Obergerichts. Im Entscheid des Obergerichts wurde über einen Rekurs gegen einen Kostenentscheid des Bezirksgerichts Andelfingen entschieden, welches in der Hauptsache erstinstanzlich zuständig war. X beantragte, die Kosten des Strafverfahrens, einschliesslich der Kosten der amtlichen Verteidigung, seien von der Staatskasse zu übernehmen. Sämtliche von ihm sichergestellten Vermögenswerte seien herauszugeben. Für die Folgen des Strafverfahrens sei ihm eine angemessene Entschädigung auszurichten. Ebenfalls sei

480 <https://www.bger.ch/ext/eurospider/live/de/php/clir/http/index.php?lang=de>, abgerufen am 30. Mai 2019 und <https://www.bger.ch/ext/eurospider/live/de/php/aza/http/index.php?lang=de>, abgerufen am 30. Mai 2019.

er für die verschiedenen Rekursverfahren im Zusammenhang mit dem Strafverfahren angemessen zu entschädigen.

Die Beschwerde wurde gutgeheissen. Der angefochtene Entscheid, wurde weitgehend aufgehoben. Die Sache wurde zur neuen materiellen Beurteilung im Sinne der Erwägungen an den Einzelrichter in Strafsachen des Bezirks Andelfingen und zur neuen Beurteilung der Kosten- und Entschädigungsfolgen des Rechtsmittelverfahrens an das Obergericht des Kantons Zürich zurückgewiesen.

BGE 135 V 65 / BGer 9C_915/2008 vom 13. Februar 2009

Das Bundesgericht beurteilte in diesem Fall eine Beschwerde des BSV gegen einen Entscheid des Versicherungsgerichts des Kantons Solothurn in einem Folgeverfahren von BGE 134 V 306. Die Beschwerdeführerin beantragte, der Abschreibungsbeschluss, der aufgrund eines Vergleichs zwischen der Ausgleichskasse und K. ergangen ist, sei aufzuheben und die Sache an die Vorinstanz zurückzuweisen, damit diese über die Schadenersatzpflicht von K. in einem begründeten Urteil entscheiden könne. Das Bundesgericht wies die Beschwerde ab. Ein Vergleich sei bei Schadenersatzforderungen nach Art. 52 AHVG zulässig, da neben den Beitragsforderungen weitere Anspruchsvoraussetzungen gegeben sein müssten, namentlich die Rechtswidrigkeit und das Verschulden der Arbeitgeber bzw. ihrer Organe. Bezüglich dieser Forderungen bestehe häufig ein Sachverhaltsermessen, so dass eine vergleichsweise Regelung Sinn ergebe. Ausserdem stehe es der Ausgleichskasse frei, gegen bestimmte Personen betreffend Schadenersatzforderungen gar nicht vorzugehen. Es sei deshalb widersprüchlich, ihr zu verbieten, einen Vergleich einzugehen. Das Gericht hält abschliessend fest, dass der Beschluss, mit welchem ein Gericht das Verfahren infolge eines vor ihm geschlossenen Vergleichs abschreibe, zumindest eine summarische Begründung enthalten müsse, welche darlege, dass und inwiefern der Vergleich mit Sachverhalt und Gesetz übereinstimme.

BGE 134 V 306 / BGer 9C_767/2007 vom 24. Juni 2008

Das Bundesgericht beurteilte in diesem Fall eine Beschwerde des BSV gegen einen Entscheid des Versicherungsgerichts des Kantons Solothurn. Jenes hatte in einem Einspracheverfahren des Präsidenten K. der konkursiten Genossenschaft X., dessen Schadenersatzpflicht für ausgebliebene Beiträge an die Ausgleichskasse des Kantons Solothurn aufgrund einer Gehörsverletzung in einem Vorverfahren, welches weitere Personen von der Solidarhaftpflicht aufgrund fehlender Organstellung befreite, verneint. Das Bundesgericht hiess die Beschwerde des BSV gut und wies die Sache an das kantonale Gericht zur Neubeurteilung zurück. Ein Grund für eine Haftungsbefreiung aus formellen Gründen des Präsidenten K. bestehe nicht.

BGer H 235/04 vom 18. April 2005

Das Bundesgericht beurteilte in diesem Fall eine Beschwerde des O. und des M. gegen einen Entscheid des Verwaltungsgerichts des Kantons Bern. Sie bestritten die Pflicht zur Leistung von Schadenersatz für entgangene AHV / IV / EO / ALV- und FAK-Beiträge. Die Klagen der Ausgleichskasse seien vollumfänglich abzuweisen. O. war seit Juli 1999 Präsident der Genossenschaft K. M. amtete als deren Kassier und Sekretär. Die Genossenschaft führte das Restaurant A. und war bei der Ausgleichskasse des Kantons Bern als beitragspflichtige Arbeitgeberin angeschlossen. Am 16. Juli 2001 wurde über sie der Konkurs eröffnet und am 12. Oktober 2001 mangels Aktiven wieder eingestellt. Die Ausgleichskasse erliess am 17. Oktober 2002 unter anderem gegen O. und M. Schadenersatzverfügungen in Höhe von je CHF 42'658.35. Die Betroffenen erhoben Einspruch. Die Ausgleichskasse reichte Klagen auf Zahlung von Schadenersatz im verfügten Umfang ein, welche das Verwaltungsgericht des Kantons Bern unter Vereinigung der beiden Verfahren im Umfang von Fr. 21'637.05 guthiess und im weitergehenden Betrag abwies.

Das Bundesgericht erwog, dass O. als Präsident und M. als Sekretär / Kassier der Genossenschaft ihre Aufsichtspflichten gegenüber den als Geschäftsführer für die Genossenschaft Handelnden grobfahrlässig missachtet hätten und daher für die Ausstände gegenüber der Ausgleichskasse haftbar seien. Die Ehrenamtlichkeit der Verantwortlichen habe keinen Einfluss auf die Haftung nach Art. 52 AHVG. Die Verwaltungsgerichtsbeschwerde wurde abgewiesen, soweit darauf einzutreten war.

BGer B 101/06 vom 23. Februar 2007

Das Bundesgericht beurteilte in diesem Fall ein Revisionsgesuch des Beschwerdeführers des Falls B 101/06 vom 12. Juni 2006. Der Gesuchsteller machte geltend, dass wesentliche, in den Akten enthaltene Tatsachen übersehen worden seien. Das Bundesgericht erwog, dass für die Annahme einer versehentlichen Nichtberücksichtigung von in den Akten liegenden erheblichen Tatsachen die Voraussetzungen fehlen würden. Sollten gewisse in den Akten enthaltene Berichte unberücksichtigt geblieben sein, so seien diese für die Beurteilung ohne Belang gewesen. Es bestehe deshalb kein Revisionsgrund, da die Berichte für den Verfahrensausgang nicht entscheidwesentlich gewesen seien. Das Revisionsgesuch erwies sich in allen Teilen als unbegründet. Das Bundesgericht wies die Beschwerde vollumfänglich ab.

BGer B 99/05 vom 12. Juni 2006

Das Bundesgericht beurteilte in diesem Fall eine Verwaltungsgerichtsbeschwerde des X. im weiter unten aufgeführten Fall «Entscheide Thurgauische Verwaltungsrechtspflege 2006, Nr. 37». Der Beschwerdeführer beantragte die Aufhebung des kantonalen Gerichtsentscheids. Das Bundesgericht führte aus, dass alle Voraussetzungen für eine Verrechnung gegeben seien, die Verrechnung zulässig sei und die Verrechnungsschranke das Existenzminimum nicht tangiere. Das Bundesgericht wies die Beschwerde vollumfänglich ab.

2. Kanton Aargau

In den im Internet veröffentlichten aargauischen Gerichts- und Verwaltungsentscheiden[481] konnten keine Entscheide zur Verantwortlichkeit der Mitglieder der Verwaltung oder der Geschäftsführung einer Genossenschaft gefunden werden.

481 <https://agve.weblaw.ch/?method=hilfe&ul=de>, abgerufen am 30. Mai 2019.

3. Kanton Bern

In den im Internet veröffentlichten Entscheiden des Kantons Bern[482] konnten nachfolgende Entscheid zur Verantwortlichkeit der Mitglieder der Verwaltung oder der Geschäftsführung einer Genossenschaft gefunden werden:

Obergericht des Kantons Bern, 2. Strafkammer, Urteil vom 26. Februar 2018, SK 17 208

Das Obergericht des Kantons Bern hatte in diesem Fall über eine Berufung des A. gegen ein Urteil des Regionalgerichts Bern zu befinden. Im angefochtenen Urteil sprach die Vorinstanz den A. von den Anschuldigungen der ungetreuen Geschäftsbesorgung als Geschäftsführer der Baugenossenschaft C., der Genossenschaft D. und der Genossenschaft E sowie des Betrugs gemeinsam mit G. zum Nachteil von H. frei. Allerdings sprach es den A. gemeinsam mit G. des Pfändungsbetrugs schuldig und verurteilte beide zu einer bedingten Geldstrafe. A. war Geschäftsführer der C. Baugenossenschaft. Die C. war beauftragt neben ihren eigenen Ansprüchen gegenüber dem G. auch die Ansprüche der Genossenschaften D. und E. gegenüber dem G. geltend zu machen. In Absprache mit G. reichte A. für die Genossenschaften C., D. und E. zu hohe Zahlungsbefehle gegen den G. ein, gegen welche dieser keinen Rechtsvorschlag erhob, so dass das anteilsmässige Pfändungssubstrat der übrigen Gläubiger, insbesondere der Gläubigerin H., durch die Geltendmachung und Anerkennung der offensichtlich nicht bestehenden Forderungen durch G. entsprechend geschmälert wurde. Das Obergericht bestätigte das Urteil der Vorinstanz vollumfänglich.

Obergericht des Kantons Bern, Beschwerdekammer in Strafsachen, Beschluss vom 9. Juli 2012, BK 2012 132

Das Obergericht des Kantons Bern hatte in diesem Fall über die Beschwerde der Genossenschaft B. zu befinden. Gegen den Beschuldigten A. war zum Zeitpunkt der Beschlussfällung vor dem Wirtschaftsstrafgericht ein Verfahren wegen Urkundenfälschung hängig. Ihm wurde vorgeworfen, in der Erfolgsrechnung der Beschwerdeführerin falsche Buchungen vorgenommen zu haben. Die Beschwerdeführerin war als Privatklägerin von der Vorinstanz aus dem Verfahren ausgeschlossen worden mit der Begründung, dass eine Falschbeurkundung in einer der Beschwerdeführerin zustehenden Urkunde nicht ausreiche, um ihre Stellung als Geschädigte zu begründen.

Das Obergericht befand, dass durch die angeklagte Falschbeurkundung das Interesse der Beschwerdeführerin an einer klaren und wahren Darstellung ihrer wirtschaftlichen Lage (Art. 959 OR) unmittelbar verletzt worden sei. Die Fehlinformationen, die mutmasslich durch die falschen Buchungen in der Erfolgsrechnung der Beschwerdeführerin entstanden seien, hätten die Entschlussfreiheit in der Steuerung der Genossenschaft beeinträchtigt. Somit sei die Beschwerdeführerin durch die dem

482 <https://www.zsg-entscheide.apps.be.ch/tribunapublikation/#>, abgerufen am 30. Mai 2019 und <https://www.justice.be.ch/justice/de/index/entscheide/entscheide_rechtsprechung/entscheide/steuerrekurskommission.html>, abgerufen am 30. Mai 2019.

Beschuldigten vorgeworfenen Falschbeurkundungen unmittelbar in ihrem individuellen (Informations-)Interesse geschädigt. Die Beschwerde erwies sich als begründet und wurde folglich gutgeheissen. Der Entscheid des Kantonalen Wirtschaftsstrafgerichts war aufzuheben und die Beschwerdeführerin im Verfahren als Privatklägerin zuzulassen.

Verwaltungsgericht des Kantons Bern, Sozialversicherungsrechtliche Abteilung, Urteil des Einzelrichters vom 16. Oktober 2014, 200 14 740 AHV

Das Verwaltungsgericht des Kantons Bern hatte in diesem Fall eine Beschwerde des A. gegen einen Einspracheentscheid der Ausgleichskasse des Kantons Bern zu beurteilen. Im angefochtenen Entscheid wurde A. als Mitglied der Geschäftsführung und Präsident der Verwaltung zur Leistung von Schadenersatz für entgangene Sozialversicherungsbeiträge verpflichtet. Das Verwaltungsgericht legte im Urteil die Voraussetzungen für eine Schadenersatzpflicht dar. Es bejahte das Vorliegen sämtlicher Haftungsvoraussetzungen, reduzierte die Schadenshöhe allerdings im Umfang von CHF 200.- und hiess die Beschwerde somit teilweise gut. Im Übrigen wurde die Beschwerde abgewiesen.

4. Kanton Graubünden

In den im Internet veröffentlichten Entscheiden des Kantonsgerichts sowie des Verwaltungsgerichts des Kantons Graubünden[483] konnten nachfolgende Entscheide zur Verantwortlichkeit der Mitglieder der Verwaltung oder der Geschäftsführung einer Genossenschaft gefunden werden:

Kantonsgericht von Graubünden, Urteil vom 26. August 2014, schriftlich mitgeteilt am 28. August 2014, SK1 14 15

In diesem Fall hatte das Kantonsgericht eine Berufung des X. gegen ein Urteil des Bezirksgerichts Plessur zu beurteilen. X. wurde im erstinstanzlichen Urteil vorgeworfen, IV-Leistungen bezogen zu haben, aber gleichzeitig bei einer Genossenschaft als Geschäftsführer tätig gewesen zu sein. X. wurde im erstinstanzlichen Urteil des Betrugs schuldig gesprochen und mit einer Freiheitsstrafe sowie einer Busse bestraft. Die Berufung wurde vollumfänglich abgewiesen.

Kantonsgericht von Graubünden, Urteil vom 23. Juni 2014, schriftlich mitgeteilt am 6. August 2014, SK1 14 19

In diesem Fall hatte das Kantonsgericht des Kantons Graubünden gewisse Aspekte eines Urteils aufgrund einer teilweise gutgeheissenen Beschwerde ans Bundesgericht gegen ein Urteil neu zu beurteilen. Im Urteil wurde X. aufgrund von mehrfacher Veruntreuung, Betrug, gewerbsmässigem betrügerischem Missbrauch einer Datenverarbeitungsanlage, mehrfacher Urkundenfälschung, Geldwäscherei etc. zu Haft- und Geldstrafen verurteilt. X. nahm u.a. falsche Buchungen in der Siedlungsgenossenschaft M. vor. Er liess von der Genossenschaft eine private Rechnung

483 <http://www.lawsearch.gr.ch/le/>, abgerufen am 21.06.2019.

bezahlen und liess sich Zahlungen an sein eigenes Konto überweisen, welche eigentlich der Genossenschaft M. zustanden. Dies gereichte ihm zu seinem eigenen Vorteil.

5. Kanton Solothurn

In den im Internet veröffentlichten Entscheiden des Kantons Solothurn[484] konnte nachfolgender Entscheide zur Verantwortlichkeit der Mitglieder der Verwaltung oder der Geschäftsführung einer Genossenschaft gefunden werden:

Steuergericht Solothurn, Urteil vom 17. August 2009, SGSTA.2007.163

Das Steuergericht des Kantons Solothurn musste in diesem Fall über einen Rekurs und eine Beschwerde des A. X. gegen einen Einspracheentscheid des kantonalen Steueramts entscheiden. A. X. war bis zum 6. Oktober 2005 Präsident der Verwaltung und Liquidator der Gemeinnützigen Genossenschaft G. in Liquidation. Diese Genossenschaft musste in Anwendung von Art. 88a aHRegV aufgelöst werden, weil sie ihr Domizil per 8. November 2004 eingebüsst und innert Frist kein neues Domizil erhalten hatte. Da die Genossenschaft in den Jahren 2003 und 2004 keine Steuererklärung eingereicht hatte, wurde sie nach Ermessen veranlagt. Die entsprechenden Steuerveranlagungen erwuchsen unangefochten in Rechtskraft. Nachdem die ausstehenden Steuerschulden unbeglichen blieben, haftete A. X. als Liquidator der Genossenschaft für Steuerausstände solidarisch mit (Art. 55 Abs. 1 DBG und Art. 89 Abs. 1 StG).

Das kantonale Steuergericht erwog in seinem Entscheid u.a. folgendes:

1. Wird dem Liquidator einer Genossenschaft eine Mithaftungsverfügung zugestellt, kann er gegen die Veranlagungsverfügungen der Genossenschaft sämtliche Einreden geltend machen, die der Genossenschaft zugestanden haben.
2. Ermessensveranlagungen von juristischen Personen können nur durch einen umfassenden Richtigkeitsnachweis widerlegt werden. Nachweise, die sich bloss auf einen Teil des bisher ungewissen Sachverhalts beschränken (Teilnachweise), sind grundsätzlich unzulässig. Die Ermessensveranlagung ist in solchen Fällen lediglich auf Willkür bzw. offensichtliche Unrichtigkeit zu überprüfen.
3. Ist ein Steuerpflichtiger im Handelsregister als Liquidator einer Genossenschaft eingetragen, haftet er für deren ausstehende Steuern selbst dann, wenn er mit der eigentlichen Liquidation nichts zu tun hatte.

In der Sache hielt das Gericht fest, dass A. X. der solidarischen Mithaftung unterliege. Allerdings habe die Vorinstanz ihr Ermessen bei der Feststellung des massgebenden Liquidationsergebnisses überschritten, indem sie von einem zu hohen Reingewinn ausgegangen sei.

---

[484] <https://gerichtsentscheide.so.ch/>, abgerufen am 31. Mai 2019.

6. Kanton St. Gallen

In den im Internet veröffentlichten Entscheiden[485] des Verwaltungsgerichts, des Versicherungsgerichts, der Verwaltungsrekurskommission, des Kantonsgerichts, des Handelsgerichts und der Anklagekammer des Kantons St. Gallen konnte nachfolgender Entscheid in Zusammenhang mit Verantwortlichkeitsklagen gegen die Mitglieder der Verwaltung oder der Geschäftsführung einer Genossenschaft gefunden werden:

Anklagekammer, Entscheid vom 31. Mai 2017, AK.2017.129

Ein Kreisgericht musste in einem Wirtschaftsstraffall, in welchem die verantwortlichen Organe einer Genossenschaft zur strafrechtlichen Verantwortung gezogen wurden, zwei voneinander abgetrennte Verfahren beurteilen. Der Entscheid im ersten dieser Verfahren beinhaltete auch einen Schuldvorwurf an einen Beschuldigten im zweiten Verfahren. Die beiden Gerichtspersonen wurden von der Anklagekammer in den Ausstand versetzt, da das zweite Verfahren aufgrund des Entscheids im ersten Verfahren nicht mehr in der erforderlichen Weise offen erschien.

7. Kanton Thurgau

Es wurden sowohl die Rechenschaftsberichte des Obergerichts des Kantons Thurgau als auch die Thurgauische Verwaltungsrechtspflege des Kantons Thurgau[486] durchsucht. Es wurde nachfolgender Entscheid gefunden:

Verwaltungsgericht Thurgau, Entscheide Thurgauische Verwaltungsrechtspflege 2006, Nr. 37

Der Kläger S., ehemals Vorstandsmitglied und Präsident der beklagten Partei, der Pensionskassenstiftung der C., welche als Genossenschaft organisiert ist, bestritt die Verrechenbarkeit von Rentenleistungen mit Schadenersatzforderungen aus gesellschaftlicher Verantwortlichkeit gegründet auf Art. 52 BVG. Das Gericht stellte fest, dass die Verrechnung für Gegenforderungen aus Art. 52 BVG mit Rentenforderungen grundsätzlich zulässig sei, unabhängig davon, ob es sich um Rentenleistungen aus obligatorischer oder überobligatorischer Vorsorge handle. Die Forderungen müssten zwischen den gleichen Rechtsträgern bestehen; die zur Verrechnung gebrachte Forderung müsse fällig und rechtlich durchsetzbar sein.

Laut Art. 52 BVG sind alle mit der Verwaltung, Geschäftsführung oder Kontrolle der Vorsorgeeinrichtung betrauten Personen für den Schaden verantwortlich, den sie ihr absichtlich oder fahrlässig zufügen. Die Sorgfaltspflichtverletzung bestand vorliegend darin, dass der S. nicht den Erlös aus dem Verkauf der Aktien löste, der im Verkaufsmandat festgesetzt war, sondern stattdessen u.a. seine eigenen Aktien verkaufte. Der Schaden bestand in Höhe der Differenz des potenziell erlösbaren Betrags in Höhe von CHF 503'250.00 für die zum ursprünglichen Verkaufszeitpunkt nicht verkauften Aktien und den zum späteren Zeitpunkt erzielten Verkaufspreis in

[485] Alle abgerufen unter: <https://www.sg.ch/recht/gerichte/rechtsprechung/>, abgerufen am 21. Juni 2019.

[486] Beide abgerufen unter: <http://ogbuch.tg.ch/>, abgerufen am 5. Juni 2019.

Höhe von CHF 101'626.00. Die Höhe des Schadens betrug somit CHF 401'624.00. Die Voraussetzungen des Schadens, der Pflichtverletzung, des Verschuldens und des adäquaten Kausalzusammenhangs zwischen Schaden und Pflichtverletzung waren vorliegend erfüllt. Im vorliegenden Fall war die Verrechenbarkeit der Forderungen somit gegeben und S. konnte von der Beklagten keine Rentenleistungen mehr fordern.

8. Kanton Zug

Im Kanton Zug werden jährlich Entscheidungen in den Berichten zur Gerichts- und Verwaltungspraxis[487] veröffentlicht. Diese wurden für die Jahre 2004 bis 2018 durchgesehen. Es wurden keine Urteile zu Verantwortlichkeitsklagen in der Genossenschaft gefunden.

9. Kanton Zürich

In den im Internet veröffentlichten Entscheiden der Gerichte Zürich[488], des Verwaltungsgerichts Zürich[489] und des Verwaltungsgerichts des Kantons Zürich[490] konnte folgender Entscheid zur Verantwortlichkeit der Verwaltung oder der Geschäftsführung einer Genossenschaft gefunden werden.

Sozialversicherungsgericht des Kantons Zürich, Urteil vom 3. März 2010, AK.2008.00035

Das Sozialversicherungsgericht des Kantons Zürich hatte in diesem Fall eine Beschwerde von A., B. und C. gegen verschiedene Einspracheentscheide der Ausgleichskasse zu beurteilen. Die Ausgleichskasse entschied in den Einspracheentscheiden, dass die Beschwerdeführer und D., welcher zum Prozess beigeladen wurde, ihr in solidarischer Haftung einen Schadenersatz für nicht geleistete Beitragszahlungen vonseiten der E. Genossenschaft in der Höhe von CHF 29'345.55 schuldeten. Die Beschwerdeführer beantragten die ersatzlose Aufhebung der Einspracheentscheide, eventuell die Rückweisung der Sache zu ergänzenden Abklärungen. A. und C. waren Mitglieder der Verwaltung der im Handelsregister des Kantons Zürich eingetragen gewesenen E. Genossenschaft. B. war deren Geschäftsführer.

Der Schaden und die Pflichtverletzungen waren gemäss den Erwägungen des Gerichts ausgewiesen. Allerdings stand auch fest, dass die von den Verantwortlichen ergriffenen Sanierungsmassnahmen Erfolg gezeitigt hatten und der Beschwerdegegnerin,

---

487 <https://www.zg.ch/behoerden/staatskanzlei/kanzlei/gvp>, abgerufen am 30. Mai 2019.

488 <http://www.gerichte-zh.ch/entscheide/entscheide-anzeigen.html>, abgerufen am 5. Juni 2019.

489 <https://vgr.zh.ch/internet/verwaltungsgericht/de/ueber_uns/rechtsprechung/entscheiddatenbank.html>, abgerufen am 20. Juni 2019.

490 <https://chid003d.ideso.ch/c050018/svg/findexweb.nsf/suche.xsp>, abgerufen am 5. Juni 2019.

wäre die Bilanz eher deponiert und Konkurs angemeldet worden, ein grösserer Schaden entstanden wäre. Die seit jenem Zeitpunkt entstandenen Beitragsforderungen bis auf jene, die erst nach Konkurseröffnung in Rechnung gestellt wurde, wurden zudem allesamt beglichen. Damit kann den Verantwortlichen auch nicht vorgeworfen werden, sie hätten den Betrieb auf Kosten der Sozialversicherungen weitergeführt, sondern durch die Weiterführung des Betriebes war es der E. Genossenschaft überhaupt möglich, wenn auch nicht alle, so doch einen Teil der Beitragsschulden abzutragen. Unter diesen Umständen konnte nicht von einem schweren Normenverstoss gesprochen werden. Mithin fiel ein haftungsbegründendes qualifiziertes Verschulden, wie es Art. 52 AHVG für die Schadenersatzverpflichtung verlangt, ausser Betracht, was zur Gutheissung der Beschwerde führte. Die Einspracheentscheide wurden ersatzlos aufgehoben.

Recht in privaten und öffentlichen Unternehmen

Band 1 Ute Buschmann / Salome Krummenacher
Eignerstrategien für Spitäler als Teil der Hospital Governance
2012. XXVIII, 125 Seiten, broschiert, CHF 45.–

Band 2 Stefan Rieder
Whistleblowing als interne Risikokommunikation
Ausgestaltung eines unternehmensinternen Whistleblowing-Systems aus arbeits- und datenschutzrechtlicher Sicht
2013. LIX, 362 Seiten, broschiert, CHF 88.–

Band 3 Manuel Stengel
Der Vertrauensarzt im privatrechtlichen Arbeitsverhältnis
2014. XVI, 348 Seiten, broschiert, CHF 88.–

Band 4 Simone Küng
Taschenkontrolle in Theorie und Praxis aus arbeitsrechtlicher Sicht
2015. XXIV, 107 Seiten, broschiert, CHF 43.–

Band 5 Alexander J. P. Ertl
Das befristete Arbeitsverhältnis in Theorie & Praxis
Unter Berücksichtigung des Arbeitsvermittlungsgesetzes
2015. XXXI, 259 Seiten, broschiert, CHF 78.–

Band 6 Johannes Sokoll
Referenzen im Arbeitsrecht
2016. XXVII, 113 Seiten, broschiert, CHF 45.–

Band 7 Manuel Vogler
Haushaltshilfen im schweizerischen Arbeitsrecht
2016. XIX, 98 Seiten, broschiert, CHF 42.–

Band 8 Belinda Bieli
Mobbing aus Sicht des Schweizer Arbeitsrechts
2016. XXIII, 129 Seiten, broschiert, CHF 46.–

Band 9 Mathias Fernandez
Entschädigung und Genugtuung wegen missbräuchlicher Kündigung
2017. XXV, 97 Seiten, broschiert, CHF 45.–

Band 10 Carina Oehri
Arbeitsunfähigkeit, Ferienunfähigkeit und Stellensuchunfähigkeit im Arbeitsrecht
2017. XXI, 84 Seiten, broschiert, CHF 40.–

Band 11 Selina Kämpfer
Überwachung des E-Mailverkehrs von Mitarbeitern
2017. XXIX, 119 Seiten, broschiert, CHF 45.–

Band 12 Nicolas Scheibler
Pflichten des Arbeitgebers bei Drohungen unter Arbeitnehmern
2017. XXI, 99 Seiten, broschiert, CHF 43.–

Recht in privaten und öffentlichen Unternehmen

Band 13 Silvia Baschung
Praktikantenverträge aus arbeitsrechtlicher Sicht
2017. XXII, 120 Seiten, broschiert, CHF 45.–

Band 14 Sandro Gauch
Grundlage und Bedeutung der Business Judgment Rule in der Schweiz
2018. XXIV, 166 Seiten broschiert, CHF 50.–

Band 15 Alexander Wiederkehr
Arbeitszeiterfassung in Spitälern und Kliniken
2018. XXI, 122 Seiten, broschiert, CHF 45.–

Band 16 Fabian Akeret
Verantwortlichkeitsklagen in der Schweiz während den letzten 20 Jahren
2018. XXXIX, 171 Seiten, broschiert, CHF 64.–

Band 17 Tobias Kaufmann
Funktion und rechtliche Stellung von Beiräten auf strategischer Führungsebene
2018. XXVII, 116 Seiten, broschiert, CHF 46.–

Band 18 Anusanan Sambasivam
Probezeit im schweizerischen Arbeitsrecht
2018. XXIII, 112 Seiten, broschiert, CHF 45.–

Band 19 Nicolas Dommer
Die Auskunftspflichten der Bank gegenüber Vermögensverwaltungskunden
2018. XXXVI, 189 Seiten, broschiert, CHF 64.–

Band 20 Carla Sophia Wälty
Verbot zum Tragen von Kopftuch oder Piercing durch den Arbeitgeber
2018. XXV, 96 Seiten, broschiert, CHF 43.–

Band 21 Jens Niemeyer
Probearbeit aus arbeitsrechtlicher Sicht
2018. XXV, 84 Seiten, broschiert, CHF 40.–

Band 22 Antonia Herger
Die sozialversicherungsrechtlichen Folgen einer ungerechtfertigten fristlosen Kündigung
2018. XXII, 79 Seiten, broschiert, CHF 40.–

Band 23 Christina Nydegger
Gleichstellungsprozesse in der Schweiz
2019. XXIX, 145 Seiten, broschiert, CHF 54.–

Band 24 Betty-Annett Meier
Bewertung des Arbeitgebers im Internet
2018. XXV, 92 Seiten, broschiert, CHF 45.–

Recht in privaten und öffentlichen Unternehmen

Band 25 Jonas Wüest
Haftung von Arbeitnehmenden im Konzern
2019. XXVII, 173 Seiten, broschiert, CHF 64.–

Band 26 Claudia Grüning
Funktion und Bedeutung von Einigungsstellen im schweizerischen Arbeitsrecht
2019. XXV, 140 Seiten, broschiert, CHF 54.–

Band 27 Mathias Mauchle
Das Rechtsverhältnis zwischen dem Beistand und der Erwachsenenschutzbehörde
2019. XLVII, 308 Seiten, broschiert, CHF 88.–

Band 28 Liliane Ruch
Verwarnungspflicht vor Kündigung gemäss GAV-Vorschrift
2019. XXIII, 109 Seiten, broschiert, CHF 46.–

Band 29 Michael Toneatti
Löschungsanspruch von personenbezogenen Daten des Arbeitnehmers gegenüber der Arbeitgeberin
2019. XXVII, 146 Seiten, broschiert, CHF 60.–

Band 30 Valérie Dätwyler
Sozialplan in der Schweiz aus arbeitsrechtlicher Sicht
2019. XXV, 177 Seiten, broschiert, CHF 65.–

Band 31 Laura Kunz
Schwarzarbeit aus sozialversicherungsrechtlicher Perspektive
Unter besonderer Berücksichtigung der Rolle der Arbeitgeberin
2020. XXVII, 85 Seiten, broschiert, CHF 48.–

Band 32 Debora Horst / Marie Anne Nauer
Graphologische Gutachten in Theorie und Praxis aus arbeitsrechtlicher Sicht
2019. XXXV, 223 Seiten, broschiert, CHF 72.–

Band 33 Daniel Herschkowitz
Der Belegarztvertrag – Theorie und Praxis
2020. XXXII, 107 Seiten, broschiert, CHF 54.–